成为20%的大学生

——助你20岁跑赢同龄人

CHENGWEI 20% DE DAXUESHENG
ZHU NI 20 SUI PAO YING TONGLING REN

一片沃土 著

河南大学出版社
HENAN UNIVERSITY PRESS

·郑州·

图书在版编目（CIP）数据

成为 20% 的大学生：助你 20 岁跑赢同龄人 / 一片沃土著. -- 郑州：河南大学出版社，2024.4（2025.11重印）.

ISBN 978-7-5649-5879-4

Ⅰ.①成…Ⅱ.①一…　Ⅲ.①大学生－人才成长－研究　Ⅳ.① G645.5

中国国家版本馆 CIP 数据核字（2024）第 093312 号

策划编辑　陈晓林　聂会佳
责任编辑　陈　炜
责任校对　陈晓林
封面设计　高枫叶

出　　版	河南大学出版社
	地址：郑州市郑东新区商务外环中华大厦2401号
	邮编：450046　网址：hupress.henu.edu.cn
	电话：0371-86059752（大众文化出版中心）
	0371-86059701（营销部）
排　　版	郑州市今日文教印制有限公司
印　　刷	河南印之星印务有限公司
版　　次	2024 年 4 月第 1 版
印　　次	2025 年 11 月第 3 次印刷
开　　本	710 mm×1010 mm　1/16　　　印张　21
字　　数	340 千字　　　　　　　　　　定价　69.00 元

（本书如有印装质量问题，请与河南大学出版社营销部联系调换。）

前言

在党的十九大报告中,习近平总书记勉励青年:青年兴则国家兴,青年强则国家强。青年一代有理想、有本领、有担当,国家就有前途,民族就有希望。中国梦是历史的、现实的,也是未来的;是我们这一代的,更是青年一代的。中华民族伟大复兴的中国梦终将在一代代青年的接力奋斗中变为现实。全党要关心和爱护青年,为他们实现人生出彩搭建舞台。广大青年要坚定理想信念,志存高远,脚踏实地,勇做时代的弄潮儿,在实现中国梦的生动实践中放飞青春梦想,在为人民利益的不懈奋斗中书写人生华章!

每次读到这段话,扑面而来的感受是总书记对广大青年满满的期待,总书记的号召就是我们行动的方向,夜深人静,我总在想,我该如何响应总书记的号召。总书记已经给我们清晰地界定了整个民族的中国梦,就是民族的伟大复兴梦,而要实现这个中国梦,具体分为两个百年奋斗目标。第一个百年奋斗目标已经实现,第二个百年奋斗目标的宏伟蓝图已经徐徐展开,并且已经在快马加鞭地稳步推进。到2049年,也就是中华人民共和国成立一百年时全面建成富强民主文明和谐美丽的社会主义现代化强国,距离现在还有25年的时间。在此期间,我们国家会在各个领域领先世界,尤其是文化领域,伟大的民族复兴梦,其中一个重要组成部分,就是我们中华优秀传统文化的伟大复兴,军事是民族的肌肉,经济是民族的血液,政治是民族的骨骼,而文化就是民族的灵魂。

从现在到2049年的25年时间里,在中华优秀传统文化的复兴使命中,谁才是主力军?毫无疑问,是目前二三十岁的青年,他们才是未来扛起中华优秀传统文化走向世界的主流力量。很幸运,我在2010年就开始学习中华优秀传统文化,并就如何把中华优秀传统文化与青年相结合，将咱们的文脉注入青年的心灵，重塑青年的生命力，摸索了十几年。

青年人身上显现出来的不成熟，都只是暂时的，不用太大惊小怪，青年人年轻，一切都有可能。人生的第一个阶段就是沼泽期：没有方向，深陷泥潭，浑身有力气，却使不出来，甚至越是挣扎，陷得越深。谁年轻时没有经历沼泽期呢？在这个阶段，靠自己是绝对不行的，必须有人能拉一把，所以，才有了这本书的诞生。

青年人成长面临的问题是有共性的，是有规律的，所以，我结合自己在青年成长领域十几年的经验，写成这本书，共分为三个部分：

1. 青年人必备的顶级认知。这个板块主要是协助青年人建立对家庭、对社会、对梦想、对自身担负责任的正确认知。

2. 大学生蜕变之路。这个板块主要是针对大学生如何成长，如何能在社会立足，进行系统论述，层层推进，提供从"小白"到"人才"的具体路径。

3. 大学生百问百答。这个板块是针对大学生提出的个性化问题，进行有针对性的解答。

希望这本书，能"拉一把"处在沼泽期的青年，助力他们早日踏上人生的康庄大道。我相信这本书，能唤醒一个青年，就能为助力民族复兴多一份力量。一个又一个心中有光的青年，必将汇聚起磅礴的力量，投入第二个百年奋斗目标的征程中。

魏燕龙

2024 年 4 月

目录

一　青年人必备的顶级认知　　1

1　关于阶层固化　　3
2　关于学习效率的问题　　8
3　赢在大学的几个关键点　　13
4　人孝了，事就顺了　　18
5　面临毕业的第一次择业　　25
6　大学三问　　29
7　上大学要避的坑　　40
8　你成长路上最大的拦路虎是谁？　　46
9　《觉醒年代》——当代青年的历史使命　　48
10　人与人最大的不同就是：思维空间维度不一样　　57
11　人生的加减法　　61
12　月入过万的职场思维　　66
13　立身之战　　71
14　下定义的权利不能丢　　77
15　老板招聘人，到底要什么？　　81
16　家庭教育的五大误区　　84
17　梦想的力量　　90
18　生命要发光，需要角度　　96
19　年轻人，世界没有你想的那么简单　　99
20　你就是自己的神(1)　　104
21　你就是自己的神(2)　　110
22　认知的四个维度　　114

23	逆袭人生的核心武器(1)	118
24	逆袭人生的核心武器(2)	122
25	逆袭人生的核心武器(3)	124
26	一个人成长的要素	128

二　大学生蜕变之路　　　　　　　　　131

1	为生存而奔波，为发展而奋斗	133
2	选对赛道，大学就赢了一半	135
3	你对大学的定位，决定了一切行为	137
4	读书不是为了搬运，而是为了创造	140
5	把知识变成技能的人，牛	142
6	用行动定义自己	143
7	选择什么样的平台锻炼自己	145
8	除了专业课，还需要读什么书	147
9	读书第一要务：形成自己的读书方法论	149
10	人生事业是顶级奢侈品	151
11	能提升自己核心竞争力的事要多做	153
12	三类贵人	155
13	读书单一是硬伤	157
14	大学期间的三大课题	159
15	室友关系有那么重要吗？	161
16	开启精彩人生的第一步	163
17	别让自己太闲	166
18	做一个不内耗的自己	168
19	年轻人要敢闯敢拼	170
20	鸡汤是毒药还是营养？	172

21	你还不会学习	174
22	顶级学习能力	176
23	牛人间接学习能力都很强	178
24	你坚持认为的,也许就是错的	180
25	这才是真正的勤奋	182
26	冠军心太弱	184
27	问对人,事就成了一半	186
28	优秀的习惯造就优秀的你	189
29	想要革新自己,必须离开垃圾层,远离垃圾人	191
30	花钱是有顺序的	193
31	无效社交	195
32	你值得拥有最好的,前提是你得努力	197
33	获取别人信任能力太差	199
34	普通人不相信梦想,是自废武功	201
35	人生模式从来没有快进过	204
36	面临选择的第一权重是什么	206
37	人生轮回的根源在于信息茧房	208
38	古往今来的商业法则	210
39	人生最关键的是提升能量和智慧	212
40	他们才是时代的创造者	214
41	三个关键好习惯	216
42	你手里的工具太低端了	218
43	人可以选择自己的生存模式	220
44	自己还没毕业,父母催你找对象	222
45	考研(1)	224
46	考研(2)	226
47	考研(3)	228

| 48 | 选择环境，就是选择与谁同行 | **230** |
| 49 | 如何选择另一半 | **232** |

三　大学生百问百答　　　　　　　　　　**235**

1	大学生成长	**237**
2	班级社团活动	**257**
3	大学考证考研	**262**
4	人际关系	**275**
5	时间规划	**286**
6	读书学习	**291**
7	赚钱理财	**298**
8	家庭和谐	**303**
9	恋爱情感	**308**
10	生活健康	**315**
11	立志榜样	**319**
12	职业就业规划	**322**

结尾篇　　　　　　　　　　　　　　　　**327**

一

青年人必备的顶级认知

1 关于阶层固化

不知道从什么时候起,阶层固化已经成为人们大脑里的高频词语,甚至有人在网上贩卖恐慌,说什么寒门再难出贵子,说什么阶层固化。如果你信了,阶层有没有固化不知道,但你肯定是个笑话,看着别人活成神话。

每个朝代正常发展几十年之后,社会的整体现状会趋于稳定,各行各业的老百姓都有了自己的一片天地,也确实形成了不同的阶层和圈子,这都是事实。但是看问题不能片面,以上虽然是事实,但绝不是很多人宣称的那样,咱们就被固定了,就无法突破本来的阶层,不能向上走了。其实,发展再成熟的社会,虽然整体趋于稳定,但是稳定不代表就没有了流动性,更不代表会扼杀流动性,尤其是当前这个时代,稳定反而保证了阶层与阶层的流动性。今天就从以下几个方面聊聊阶层固化这个话题:

▶ 阶层如何划分

首先就是阶层到底是如何划分的,有人说是根据财富多少,有人说是根据权力大小,等等。其实这样划分都是片面的,这样划分阶层的人,除了证明自己内心狭隘,没什么作用。哦,对了,还有其他作用,就是让那些和他一样糊涂的人,通过阶层划分来获取点安慰:看,不是我不优秀,是这个社会不公平。

对于阶层这个概念,根本就不能用单一的维度来一刀切。根据财富来划分,那马云可能是中国第一层的,那么马云遇到姚明,而这次的谈话主题是打篮球,请问,谁是主导者?如果马云遇到季羡林,谁又是阶层里的佼佼者?谈篮球,马云只有点头称赞的份儿;谈文化,马云也只能乖乖地听季羡林的。古代皇帝是这个俗世的最高统治者吧,但是皇帝都听谋士的,皇帝和谋士,谁是第一阶层?

说了这么多,只强调一点,阶层划分,不能单靠一个维度(财富、地位、权力等)来划分,这是很容易误导人的。那阶层如何划分呢?根据一个人的实力来划分。一个人的实力强大,阶层就高,段位就好;一个人的实力弱,阶层就低,段位就差。而一个人的实力强大与否,取决于什么呢?这才是问题的关键,大致分为四个维度来评判:

第一个维度:身体越强壮就是实力越强。在远古时期的部落时代,一个人强大与否,看块头,块头大,力气大,能干倒猛兽,你就有实力,你就是部落里的首领。现在的非洲,有些部落的人,仍然用这套准则来推举自己的首领。还不清楚这一点的,看看动物世界就知道了。当你站在泰森面前的时候,你的心会马上感受到最原始的力量威慑。当然,武功高强也属于这个范畴。

第二个维度:财富越多就是实力越强。财富的主要代表就是金钱,相信没人会怀疑财富在这个社会中的巨大力量。

第三个维度:权力越大就是实力越强。人们对权力的痴迷近乎疯狂,围绕权力,历史上发生多少匪夷所思的暴力事件。有了权力,就有了生存所必需的一切。

第四个维度:知识越多就是实力越强。古时候,不论东西方,知识从来都是被统治阶层垄断的,因为这是人类最宝贵的资源。

看一个人的社会阶层,最起码要从以上四个维度去观察,当然,第一个维度现在基本没什么用了。但是在学生时代,还是很有用的。重点看后三个维度:财富,权力,知识。

各位朋友,这三个维度你看出什么了?

最起码看出两个东西,先说第一个:互通性。这三个维度是互通的,有了财富之后,想在知识这个维度提升一下,还是比较容易的。为什么城市的孩子上好大学的概率高一些，农村的孩子上好大学的概率低一些？因为城市的家长能支付起给孩子买知识的钱（上高价辅导班、请名师等等），而农村的孩子买不起，甚至买不到。从这个维度来看，农村的孩子确实不占优势。有了权力之后，对财富和知识就是双层获取，只要你想。而从知识的角度来看呢，在某个领域成为专家，甚至成为像季羡林先生那样，在某些领域独步全球，不管是社会地位、名誉等等，我相信都不会少的。最重要的也是最关键的，咱们给他们排个顺序：有钱的人遇到有权的人，你得好好当学生，不让你这么干，就不能这么干，因为，我是规则的制定者，所以自古以来，咱们会看到有钱的都是去巴结有权的；有权的人遇到有知识的人，你也得当学生，让你怎么干，就得怎么干，因为，我是行家，我懂，你不懂。

所以，哪怕是古代的皇帝，也得听谋士的。而有钱的人遇到有知识的人，你更得靠边站，你有的，我不缺，甚至不稀罕；我有的，是你一生难以企及的高度。而且从古至今，仅仅有钱的人，都想让自己往文化人身边靠，更希望自己的后代能成为文化人，生怕别人说自己只是个暴发户。（目前社会上评判一个人的标准，有趋于单一化的倾向，也就是只看钱，但是谁也挡不住有钱人想变成文化人的内心渴望。）

各位，从这三个维度还能看出更重要的一个东西。既然从权力这个维度，咱们很多人没法突破，那么，还剩下财富和知识两个维度，你可以创业或者工作，你可以持续学习，发展兴趣爱好，在某个方面做到极致，能做的事情还是很多的。也许有人会说，不管是创业还是工作，竞争都太激烈了，更何况发展兴趣爱好，哪有那么容易，等等。我想告诉各位朋友的是：正因为竞争激烈，咱们普通老百姓才有机会，竞争激烈其实是对咱们的保护啊。

咱们在什么情况下感受不到激烈的竞争？答案是垄断，真正的垄断，压根就没有你我什么事，连机会都没有。有竞争也是权贵之间的竞争，你我连看的份儿都没有。退一万步来讲，有个事情，收益又高，竞争又不激烈，你觉得这样的好事会轮到你吗？那些有资源、有人脉、有垄断机会的人，会给你留一丁点机会吗？正是因为有些事情很难，有钱、有资源、有人脉等等，也不一定能干成，或者时间成本太大,或者没有垄断,正处在春秋战国争霸的阶段,你我这样光着脚的老百姓,才有机会入局。没有爹妈赋能,只能自己拼命。哪怕你不想创业,不想给人打工,那你持续学习,在某个方面出彩也行啊。只要你做的东西是有价值的,对别人是有帮助的;只要自己的东西好,做自由职业者也可以啊。不管是在喜马拉雅发出你的声音,还是在抖音上创作你的作品等,互联网的时代,给了咱们普通老百姓太多机会,无限的可能,这个时候不要抱怨,行动起来。

罗振宇说了一句话,我很认可:有的选总比没的选,要强得多。尤其是从知识的角度,让自己成为一个文化人,对社会有价值的文化人,现在的学习门槛极低,甚至就没有门槛,任何人只要想学习文化知识,哪怕不识字,听书也行啊。就怕拥有大好的机会,而自己没那个决心,整天只知道躺在那里,你这不是阶层固化,而是要石化了,朋友!

▶ 什么是真正的阶层固化

真正的阶层固化,其实是一个人内在的认知固化,内在有什么样的认知模式,外在的生活就处在什么层次。

什么是认知固化?

我讲个小故事说明一下:假如咱们国家有个城市,就叫东南市吧,由于城市脏乱差,领导决定彻底改变这个现状,于是市领导班子开会,通过一项伟大的决议:要花上千亿巨资将东南市装扮成人间天堂,这里可以拥有你对天堂的一切想象。自然环境优美,鸟语花香,连大楼都是被花朵和绿色植物环绕。就这样,通过一年的努力,对这座城市的装扮完成,领导班子也是异常兴奋,认为以后城市的居民就可以生活在天堂里了。但是不到一个月,东南市又是垃圾遍地,甚至比之前更脏乱差,而最终因为维护成本过高,财政不支,被迫宣告打造天堂城市的计划以失败而告终。

我想大家也都知道失败的原因是什么,就是住在城市里的人没有改变,城市里真正的主人不改变,只是一味地改变外在形象,事倍功半。就像前几年社会出现了一个特殊群体:拆二代。当自己家里没有拆迁的时候,都老老实实上班,本本分分做事,但是突然有一天,因为拆迁,有了一笔巨款,家里就彻底发生了变化,连平凡的幸福也失去了。这样的事例很多,大家感兴趣的话可以上网搜索一下。另外,还有买彩票中奖的,有人做过统计,这些人最后的结局基本不太好。

请问,这些人通过一些特殊的机遇,短时间内有了巨额财富,最后他们让自己的命运变得更好了吗?没有,甚至很多人变得更差了。

为什么?

文化里早就说过:厚德载物。你的德行承载不了这些东西,就算得到了,也会失去,而且会把原先拥有的一并带走。由俭入奢易,由奢入俭难。内在认知包括思维方式、知识框架、承载力、对钱的认知等等,这些东西必须不断学习才能提升,不是天生就拥有的。不学习,不改变,不提升,这才是阶层固化的深层次原因,外在的环境再好,国家给的政策再及时,学习资源获取再便捷,自己不争取,如何有明天。

一个国家能给老百姓最大的机会,就是趋近于零成本的学习资源,能学习,就能改变命运。请好好把握,共同努力。

2 关于学习效率的问题

下面的几种情况你有过吗?

(1) 每次去上自习,抱了一堆书,但是当吃饭时间到的时候,才发现根本没看多少。

(2) 每次放假回家,踌躇满志地把包里、行李箱里塞满了书,发誓假期回去要发愤图强,结果假期结束才发现,没看几本书还免费当了书籍的搬运工。

(3) 不论自己多努力,一到考试,总是比不上那些聪明的人,不用怎么学习,还能考高分!

(4) 自己定的学习计划完美无瑕,时间节点卡得无比准确,但每次都不能带来理想的结果。

(5) 平时学习成绩非常好,一到关键时刻就掉链子。

如果你的学习生涯里有以上几种情况,请认真往下看;如果没有,请自动划走。

一个人的学习力包括学习效率、学习的深度广度和转化能力这三个方面。这三个方面,学习效率决定了后面两项。所以,学习效率是学习力最重要的组成部分。

学习效率就是学习的速度,比如给你一本书,你用最快的时间能将里面的知识点吃透,这就是学习效率。这个问题曾经一直困扰着我,从初中到高中,再到大学,自己学习也很努力,基本没有玩的时间,但身边总是有一些大神,看着人家学习的时间也不多,课余时间该玩就玩。放假回家,我是背着塞得满满的书包,带着满脑子复习计划回家的,但假期结束了,不出意外,又是一个让自己失望的假期。因为带回来的书太多,没看多少,总不能按照计划进行,反观身边的大神,放假回家,空着手就潇洒地走了,我心中那个不服气啊。但是每次考试,人家都比你考得好,我也只能用"笨鸟先飞"来安慰自己了。虽然自己考得也不错,但是,我是真羡慕那些又能学又能玩的同学。

　　来到大学后,这样的情况还在持续着,直到有一天我听了一场讲座,才知道学习效率的秘密,原来不是自己笨,而是方法不正确。

　　那是大二的一天,新东方老师来我们学校开讲座,主讲英语四、六级考试,其间他讲了个自己身边发生的事情,让我瞬间明白学习效率的问题。这位老师说,他有一位室友是南方某个省的状元,老师他本人则是踏踏实实学习、老老实实奋斗的那种人,但是这位室友就属于你身边的那种大神。进入大学后,这位室友买了一台电脑,然后整天打游戏,每天除了上厕所,其他时间都在上铺打游戏,粮草都是让室友带,大一上半年结束后,全部挂科,这个结果太严重了,用他们系书记的话说:打破了本系的历史。所以书记就要求必须劝退这个学生,但是辅导员觉得,还是要给这个学生一个机会,书记同意后,辅导员就来做这个学生的工作,谁知他百毒不侵,说啥都没用,根本没有悔改之意。辅导员灵机一动说了一句话,彻底打动了这个学生。这句话是:如果你被开除了,到哪里去自由自在地打游戏啊!这个学生最后向辅导员保证,会好好学习的。从大一下半年开始,这个学生还是老样子,整天玩游戏,当然,他也上课,但只上其中两位老师的课,因为这两位老师点名三次不到就直接挂科,没的商量。其他时间,他和大一上半年没啥两样,粮草室友运,恨不得上厕所也让别人代替,只是没法儿而已。老师说,作为室友,一直提醒他,但人家不当回事。但是到大二下学期快结束,还有一周时间要考试的时候,这个学生把电脑关了,把室友的书和作业本借过来,他自己的书没法儿用啊,太干净了,和新书是一样的,如果用书籍评比卫生标兵,他绝对能排上号。拿到室友的书和作业本之后,他就把打游戏的时间,全部用来看书学习,最后人家考试科科都是九十分以上。老师说,从大一下学期开始,人家所有的考试都是班级里的前几名,自己拼死拼活也干不过他,然后就向这位室友请教学习方法。人家就说了一句:挺简单的啊,没啥方法,一看就会了。既然人家不愿意说,那咱就观察呗,后来发现,这家伙看书学习的表情和打游戏的表情一模一样,就是极度专注。

当时我听到这里,醍醐灌顶,哦,原来秘密在这里。第二天我就运用这个法则,拿我之前一直学不会的科目做实验,效果真的好。从那之后,这个学习方式一直伴随我到现在,对我的帮助越来越大。

总结一下,这个方法就是:单位时间内目标绝对地单一。

首先咱们得确定一个事情,那就是咱们彼此之间的智商其实差不多,没那么大差距,真有神童,那也是万里挑一。咱们在学校所学习的内容,远没有超出人类平均智商所具有的能力,所以当自己学习又拼、成绩又低的时候,不要老是拿智商说事儿,大概率是学习方法出了问题。接下来通过几个关键词来聊聊这个学习方法。

▶ 定能生慧

人的脑袋都有智慧,但是这个智慧的掌控者是心,当心能定住的时候,脑袋清醒,反应灵敏,分析问题也是最准确的。心就是司机,脑袋是车,司机不乱,车开得就稳妥。另外,咱们出去旅游的时候,看看湖面,当湖面很平静的时候,湖边大树的形象倒映在湖面,倒影看着也清晰。但是,当湖面被风吹动,湖面上大树的倒影也就乱了,这个现象就是:定能生慧。湖面就像我们的心境一样,当心定住的时候,对外界事物看得是很清楚的,但是,当心被外界的风给吹动了,看透外界事物的智慧也就丧失了。

很多贪官面对诱惑,铤而走险,最后做下害人害己的蠢事,等事后清醒过来的时候,追悔莫及,财迷心窍讲的就是这个道理。所以,咱们面对自己的学习,不是脑袋笨,是心乱了,不能开启自己的聪明智慧。就像很多中学生,考试成绩很差,家长就比较急,拼命地给孩子报辅导班,甚至因为孩子学习问题,夫妻关系异常紧张。其实只要冷静下来,好好分析一下,就会发现,自己的孩子智商正常,学习的知识完全在他能力范围之内,但就是学习成绩差,这本身就是不正常的现象,反常则妖,孩子肯定遇到学习以外的问题了,比如讨厌老师、惧怕父母、心里压抑,除了学习之外没有关注其他方面等等,这些原因都会造成一个结果:孩子不想学习,甚至讨厌学习。一辆车的发动机不发动,单靠外力去推,你想想结果是什么。把孩子心中的发动机发动起来才是关键。那些学习优秀的孩子,哪个是靠外力的推动才跑得快的?说这个事情,是想提醒咱们,学习效率低,不是学习本身的问题,而是非学习因素引起的,这些因素中,首先就是:心乱了。

有一个小和尚问禅师,请问:您在悟道之前主要做什么?禅师讲:砍柴担水。小和尚又问:那悟道之后呢?禅师讲:砍柴担水。小和尚很纳闷,就问:这不是没啥区别吗?禅师笑了,回答道:悟道前,砍柴时想着担水,担水时想着砍柴;悟道后,砍柴时就想着砍柴,担水时就想着担水,如此而已。大家回想一下自己的学习过程,是不是看着语文想着英语,学着英语想着数学呢?制心一处,无事不办。

▶ 单位时间

有些朋友制定学习目标的时候,恨不得把自己当成机器人,周一早上5:00—6:00背英语单词,6:00—7:00背语文课文等等,时间节点卡得非常严,计划异常周密,但随着年龄的增长,突发事件增多,如果还是这样制定目标,显然与自己的实际情况脱节,更何况人又不是机器,谁会喜欢把自己的时间安排得如此精准呢?追求完美没有错,但如果一味地追求完美,就是追求完蛋。看似完美的计划总是不能很好地实施,最后不但时间耽误,事没干成,还打击自己的自信心,很不划算。以制定一天计划为例,我的建议就是:一、将自己这一天的任务按照重要性划分等级,并排序写好;二、将自己一天中效率最高的时间段分给最重要的任务;三、任务与任务之间要留有空余时间。一方面是作为随机事件的缓冲,另一个是给自己奖励的时间,一个任务完成了,奖励自己吃点好吃的,听听自己喜欢的歌曲等等。以上三步就是制定具体计划需要注意的三个点。另外,在具体执行的时候,需要注意,一天可以学习多个科目,但学习每个科目的时候,切记一定要目标单一。单位时间内目标绝对单一,这个学习方法,我很受用,推荐给大家,也希望能帮助到大家。

▶ 节奏

不论是大学学习还是社会人士学习,都是一件长期的事情,所以,把握好节奏极其重要。学习要有节奏,首先要克服自己人性的弱点,面对学习,咱们最大的障碍就是自己的人性,而人性是好逸恶劳的,是需要鼓励的,是需要成就感的,咱们的心灵很可爱,要好好哄它,不要觉得咱们很了解自己。

其实,人最不了解的就是自己,没有节奏的学习,很容易被自己的惯性带到沟里去,惯性是潜意识,节奏是显意识,你觉得自己应该重点把握哪个?节奏的本质就是好习惯,也就是让自己的生活和学习进入良性循环,好习惯造就优秀的人生。没有学习的节奏很可怕:有些朋友学习效率高的时候,就像车上了高速一样,一路狂飙突进,很猛,但是不能持久。突然,有一天身体扛不住了,生病才能让你停下来;有些朋友是熬,看一页书,能两个小时不翻页,脑袋转不动了,就放松一下,调整一下;还有的同学,平时不怎么学习,考试前突击一下,也能考个不错的成绩。但有句话大家都听过:聪明反被聪明误。

3 赢在大学的几个关键点

盖大楼要提前设计好图纸,建桥梁要提前勘测地形地貌,而上大学这件事情,对咱们绝大多数人来说,都是意义非凡的大事,不光是上大学要花费家里很多的钱,更要花费个人最美好的四年青春。正因为咱们付出的代价巨大,所以不管是父母还是个人,都对四年后抱有很高的期待。也正因如此,对待上大学这件事情,一定要认真研究,从大学里走出来的佼佼者,他们的大学奋斗史,有没有一些我们可以借鉴的东西?答案是肯定的!

虽然有人说这个世界上没有完全相同的两片树叶,但是所有的树叶成长规律是相同的。对于上大学,这个产生了近百年的行业,怎么会没有一些规律呢?今天就从以下几个关键词来聊聊,当然,天赋异禀,已经确定自己人生奋斗方向的人请直接划走。

▶ 定位

在我们心中我们到底是如何给自己定位的?是大学生、家里的顶梁柱,还是时代英雄?我们如果不能给自己一个清晰的定位,那么我们的潜意识就会给自己一个默认的定位:学生。人们的行为,都是与自己的定位相匹配的。当我们给自己的定位是学生的时候,我们的眼光就盯在日常学习上,看似没有问题,其实这是最大的问题。因为,当我们进入大学校门的那一刻,就在用四年的时间来准备,让自己能更好地走出大学校门,进入社会。也就是说,大学对于上大学的人来说,不是纯粹的学校,而是进入社会的一个过渡。就像一辆汽车进入加油站,不是为了在里面睡觉,而是为了加满油,接下来能跑得更远。如果我们给自己的定位是四年后我要成为家里的顶梁柱,成为父母的依靠,那么,请写下来,认真看几遍,闭上眼睛想想四年后如愿以偿的场景。

我相信,如果我们的定位是家里的顶梁柱,我们的大学生活和定位是学生的人肯定完全不一样,外在呈现出来的气象都不一样。这里我要强调一下女大学生,毛爷爷谈解放妇女,说妇女能顶半边天。经过几十年的改革,女士地位好不容易提高了一大截,我们自己的脑袋里先不要有重男轻女的思想。在女大学生中,不乏内心深处有类似这样想法的人,如:我父母的希望都在哥哥弟弟身上;我父母以后也不靠我养老;我父母说了,女孩家以后找个稳定的工作挣的钱够自己花就行;等等。身边人说得多了,我们的内心慢慢也就接受了,深入潜意识,在无形中动摇着我们的奋斗热情,这是最可怕的。各位女大学生,以后要幸福,自立自强是前提,我们以后可以靠另一半,但是,精神独立和经济独立是底线,只有拥有不依靠的资本,才能更好地"依靠"。

作为私立大学的校长,我们是否知道自己学习导向的问题?

进入大学校门后,咱们上了两所大学,一所是你录取通知书上的大学,还有一所是私立大学,这所私立大学的校长就是你本人。每天24个小时,8个小时在上课,这段时间人与人可以拉开的距离很小。除了睡觉的8个小时,还有8个小时的业余时间在上私立大学,这才是人与人拉开距离的时间段。在这8个小时的业余时间里,你可以自由安排学习内容,这个时候的关键问题只有一个,那就是明确这8个小时的学习内容,它的直接导向是什么?

对于大多数人来说,最好的导向就是:社会需要什么人才,我就在这8个小时里把自己塑造成什么样的人才。现在互联网上学习资源如此丰富,大学的自由时间又那么多,自己完全可以利用这8个小时,逐渐建立自己的思维框架和知识框架,重点完善自己的能力体系。永远记住一句话:大学给咱们的,真的是一个广阔的平台,在这个平台上,自己需要培养自己,不要对别人苛求太多。

成就自己的三个因素：自己读的书、自己做的事和自己结交的人。

自己读过的书会在谈吐中显现；自己做过的事会在具体的待人接物上体现；而自己结交的人，会在认知层次和格局上时刻体现。

咱们读过的书、做过的事和结交的人会时刻塑造我们。所以，对于读书，要读几百年上千年流传下来的经典书籍以及古今中外各行各业的牛人传记，这些都是首选，让自己的心中住进去几位牛人，不敢说能像人家一样建立辉煌的人生，最起码，读过生命的奇迹，自己也不会轻易甘于平庸。最差的情况，当自己落魄的时候，书中的牛人事迹能够激励自己前行，拥有再来一次的勇气。对于大学里做的事情，就一条原则：永远做正确并且有挑战的事情。什么是正确的事情？坚持早起、坚持付出、坚持读书、坚持锻炼能力等，总之绝不能随波逐流。什么是有挑战的事情？练口才、练销售能力、练领导能力。总之就是做对自己有挑战、未来价值又大的事情，绝不能只做自己擅长的事情。不然，如何使自己快速成长？人不要高估自己短时间内奋斗的热情，更不要低估自己长时间坚持的结果。正确而有挑战的事情，就是青年人给自己最好的礼物。坚持下来，你会为自己鼓掌。

举例：小李大学四年每天坚持六点起床跑步，小王大学四年，每天坚持玩游戏。等大学毕业的时候，两个人站在你面前，不用开口说话，简历也不用看，作为面试官的你，就能感受到两个人的生命力不一样，高下立判。最后，大学期间接触的人，是对自己影响最大的。在人生最关键的时期，如果能遇到对的人，给自己指点一二，是极其幸运的。人对人的影响超过读书和做事。换句话说，你读书做事，关键是看和谁一起读书做事，谁在指导你读书做事。

古往今来，这样的例子太多了：一个素质很好的年轻人，因为遇到另一个人或者另外一群人，人生从此发生巨大改变。毛泽东就是这样的例子，年轻的时候，遇到以杨昌济先生为代表的一大批老师，还有一群志同道合的同学，人生从此发生巨大改变！强烈推荐一部电视剧给大家——《恰同学少年》。所以，一定要借助各种机会去结交牛人。

▶ 大学四年的关键时间点

很多人觉得大学毕业后，才能看到同学之间的差距，其实不然，大学真正的分水岭是在大三。当大学的时间点来到大三的时候，如果你仔细观察，你会发现身边的同学已经分类：有方向的一类和没有方向的一类。有方向和没有方向的人，区别还是很明显的，他们的思维模式、作息时间、兴趣爱好、谈话主题和日常业余时间安排等等，都会不一样。明眼人一看，就知道哪类人将来进入社会更有前途。造成这种差距的原因是什么呢？少数人究竟做对了什么呢？

答案是：刚进入大一的时候，自己的奋斗热情是最高的，但是在大学里泡了几个月之后，请问，我们的奋斗热情还保留多少？进入大学时，容易陷入迷茫，这很正常，但区别就是当你人生迷茫的时候，你会怎么做？有的人越是没有方向，就越是折腾，学生会、社团、早起读书、锻炼身体、兼职等，根本就不让自己停下来。但是大多数人，面对人生奋斗方向的迷失，会选择暂时停下。大家注意：停下来简单，想再启动，就没那么容易了。

如果有人问我：大学里如果只有一个东西最重要，请问是什么？我会毫不犹豫地告诉你：奋斗的热情。很多事情都可以重来，但是有些事情，一旦失去，就不再拥有。有人会说，如果是瞎折腾，没结果，也要折腾吗？肯定的，人生的路都是折腾出来的，大家去看那些企业家，哪个不是一路失败、一路折腾，最后终于找到了人生的正确方向！就是瞎折腾也比不折腾强，错误的路走得多了，才会知道自己究竟适合什么样的路，更何况大学期间试错成本非常低，此时不折腾，你等到什么时候？等到毕业？不好意思，绝大多数人是这么想的。

所以，成功者是少数。在大一上半年，守住自己的底线，累了，可以休息一下，但千万保护好自己的奋斗热情，这个无比重要。因为，堕落，会养成习惯，而奋斗，也会养成习惯。所以，要想大学赢，先在大一上半年赢。

▶ 读大学的同时也在读城市

读大学的同时也在读城市，大学所在的城市就是咱们的练兵场。大学生早晚是要进入社会的，但面对未知，人总是恐惧的，而战胜恐惧最好的办法，就是直接面对它。

比如对于小孩子要学会看红绿灯过马路，这是孩子迟早要独立面对的事情，但作为父母有两种选择，第一种就是让孩子永远待在家里，以后再学习认识红绿灯过马路；第二种父母会细心给孩子讲解如何看红绿灯，过马路需要注意什么，然后再手牵手带着孩子亲自过几次，直到孩子掌握了看红绿灯和过马路的技巧。

对于大学生进入社会，这也是早晚要独自面对的，与其内心恐慌，不如早早面对，越早面对，对社会和本身的认知越清晰，就越明白大学究竟该如何学习。其实如果你明白了自己是私立大学的校长，那就会很清楚地知道，大学期间接触社会，就是去实地考察。回来后，私立大学的那 8 个小时的安排，就更落地、更实战、更有用。没有这种认知能力，你这个私立大学的校长是严重不合格的，赶紧看看哪个私立学校的校长优秀，投奔人家吧。

具体建议就是：找一份兼职。特别注意，找兼职一定不要去那些乱七八糟的地方（如 KTV、酒吧、网吧等），钱再多也不能去，环境对人潜移默化的影响太大，做兼职安全第一。这个时候不是为了赚钱，就是为了让自己接触社会，破除内心那种莫名其妙的恐惧感，进而更好地安排自己在大学期间的成长规划，更加珍惜自己在大学的时光。请记住：大学绝对值得自己好好经营，而不是稀里糊涂地过日子。

愿你我都能成为更好的自己。

4 人孝了，事就顺了

提到中华优秀传统文化，"孝"是我们绕不开的话题，甚至有人说：中国文化就是孝文化。不管是在历史上，还是在当下，孝文化都是社会的主流。一个人再混蛋，也不敢在公开场合声称：我就是不孝的人！周围人的唾沫星子能教你重新做人。

孝文化已经深入中华民族的基因中，是咱们家庭观念厚重的基石，是咱们个人行为的底层逻辑，更是蕴含了中华民族先祖对人的透彻认知，孝文化是开启一个人精神力量的一把神奇钥匙。

诸事不顺亏孝道，智慧不开亏师道。孝顺的意思是：人孝了，事就顺了。如果你认为只要顺从父母就是践行孝道，建议先去孔圣人那里补补课，这里不赘述。在咱们司空见惯的孝文化里到底蕴含了哪些秘密，为什么人孝了，事就顺了？下面来聊聊我个人的一些体会。

▶ 人生第一课：理解别人

《孝经》里面有一句话："天地之性，人为贵；人之行，莫大于孝，孝莫大于严父，严父莫大于配天，则周公其人也。"在这句话里，明确提出，人类的行为中，最重要的就是行孝道，而孝道最重要的就是敬重父亲。

我第一次读《孝经》的时候，这句话给我的印象最深，它蕴含着一个人应从孝道入手，进而拥有成熟思维的钥匙。孝道中为什么特别强调敬重父亲,而不是母亲呢?我的理解是,在传统家庭里,父亲常年在外,而母亲在家养育子女,操持家务,孩子从小和母亲相处较多,自然就和母亲更亲近,但是父亲一方面常年在外,和孩子相处的时间少,另外,男人的特点,在孩子这里不善言谈,所谓父爱如山。最后造成的结果就是孩子对父亲不是很亲近。这个时候,就需要母亲在孩子面前塑造父亲的形象,让孩子了解父亲整天在外面有多辛苦,为了这个家有多操劳,让孩子理解父亲不能在家陪孩子玩耍的背后原因是什么。很幸运,我的母亲就是这样的人。母亲嫁给我的父亲时,她的父母都已经去世了。母亲在我父亲家里没少受气,也没少挨打,我记事的时候,这种状况也没有多大改变。但是,在我们姐弟三个很小的时候,母亲就一直告诉我们,你的父亲在外面干什么工作,多危险,多辛苦,都是为了这个家等等,虽然我母亲在家里操持家务、种地、喂牛、喂猪、喂鸡、做衣服做鞋、打煤球,每天凌晨四点多就起来做饭(我们姐弟三个每天早上都能吃到热乎乎的早饭,可班里有同学早上要么随便吃点,要么父母不做),一直忙到晚上,母亲也确实辛苦,可她从来没在我们面前说过她多辛苦。由于母亲在我们三个面前经常说父亲很辛苦,所以我们三个打内心深处都很心疼父亲,甚至父亲和母亲发生矛盾时,我们三个都坚定地站在父亲一边,指责母亲不理解父亲。哪怕是这种情况,我的母亲也没抱怨过,没为自己辩解过。直到我们三个慢慢大了,上了高中,才回过神来,原来这么多年,背后默默付出,承受最多的,最辛苦的,是母亲啊!当然,这些都是后话了。小时候由于母亲的慈爱、忍让和谆谆教导,我们姐弟三个从小就懂得体谅父母的难处,平时在学校,如果遇到下雨天,人家的父母都带着雨伞来接孩子,但是我们三个是需要自己跑回家的,因为我们知道,父母太忙了,没时间来接我们,更何况家里也没那么多雨伞。周六、周日其他小朋友休息,我们三个要赶着牛去山上放牛,因为每年老牛生个小牛犊,第二年就能卖几百块钱,这是我们家庭的一大笔收入。到了放暑假,那是我们三个最开心的日子,因为,我们要用这两个月的时间挣够自己的学费。我们的主业就是上山逮蝎子,其他小朋友逮蝎子是给自己买冰糕、买零食吃,而我们是为自己挣学费。所以,在山上顶着大太阳,搬起一块一块石头时,我们从不觉得累,其他小朋友早就躲在阴凉处休息了,我和弟弟身上晒得脱皮，豆大的汗滴挂满了脸，还是不会停下来，因为我们知道父亲比我们更累。每次在大门前卖蝎子的时候，街坊邻居都会表扬我们，而爸爸妈妈这个时候也开心。看着爸爸妈妈高兴，我们吃再多的苦都值了。每次卖完蝎子，妈妈会给我们一毛或者两毛，让我们买个冰糕吃，但是我们从来不要，因为我们知道，下一年的学费还没攒够呢。

从我自身的经历中，我体会到"孝莫大于天"中蕴含的巨大生命能量，这里面蕴含的秘密就是：让一个孩子从小去心疼和理解父亲，其实就是让孩子从小学会从不同的角度看问题，从不同的角度看待世界。试想，如果父亲天天在外面奔波，母亲在家陪着孩子，从孩子的角度，他会如何看待父亲，他会不会觉得父亲不陪他玩耍，不陪他聊天，不送他上学等等，最后会不会在心中形成一个结论：父亲不爱我，或者父亲没有母亲爱我、疼我。更何况，有的母亲不但不在孩子面前塑造父亲的形象，还整天抱怨父亲如何如何，那给孩子的心灵深处造成什么影响？

孩子如果能理解父亲，也就拥有了人生最重要的能力：理解别人的能力，也就是站在别人的角度考虑问题的能力。这个时候，孩子不但理解父亲，更能理解母亲。举例：孩子每次回家都能吃上热乎乎的饭菜，但是有一天，孩子回到家里，桌子上空荡荡的，没有饭菜。这个时候，不懂孝的孩子，会使小性子，会发脾气，吵着闹着，我饿了，就要吃饭，父母再怎么解释，就是听不进去。但是，如果孩子拥有孝的能力，他会想，为什么今天没有饭呢？会不会是母亲生病了？还是今天有什么事情耽误了？还是母亲太累了？当然，如果母亲不仅在孩子面前抱怨父亲，还一直说自己带你们多辛苦，牺牲多少，直接导致的结果就是孩子不但不能理解父亲、敬重父亲，更不会理解母亲、尊重母亲，孩子的心灵没有打开，只会站在自己的角度看问题，那么，带着这样的思想进入社会，与别人共事，能顺利吗？

包括自己大学期间的室友关系处理不好，也是缺乏站在别人的角度考虑问题的能力。举例：有一天晚上十一点了，小李还在开灯写作业，这个时候对面下铺的小王翻来覆去就是睡不着，最后小王忍无可忍就冲着小李发飙了，由于小王语气太冲，小李也不甘示弱，最后闹得很不愉快。其实这个事情，如果小李能想到自己这么晚了开着灯可能会影响别人休息，就应该提前买个台灯，同时再买个灯罩,尽量不让灯光太散;或者小李能了解到小王刚刚失恋,心情处于低落期,刚才小王情绪有点失控也就能理解了。那从小王的角度,如果他能了解到,小李今天之所以这么晚了还在赶作业,是因为明天这份作业不交上去,就要面临挂科的危险,他也就能暂时忍一忍了,毕竟小李不是天天这样。

补充说明两点:一、现代家庭很多是男女一起出去工作,一起照顾家庭,这种情况下,夫妻之间就需要互相塑造;如果男士在家,女士在外,那毫无疑问,男士更应该塑造女士。二、如果女士没有塑造男士,男士不要一味地抱怨,要反思自己哪里做得不对,多和妻子一起探讨和学习,一家之主要承担把握整个家庭走向的重任。

▶ 突破思维的空间维度

能够站在别人的角度考虑问题,这其实是一个人长大和成熟的标志。咱们去观察周围很多活到四五十岁的人,有的还不具备这种能力,这种能力为什么如此重要?

再从空间维度去聊聊这个话题。咱们的身体是生活在三维空间的,但是,咱们的思维,不同的人思维的空间维度是不一样的。简单来说:思维在一维空间的人,只能看到事物呈现出来的一面;思维在二维空间的人,不但能看到事物呈现出来的那一面,还能看到事物没有呈现出来的那一面;思维在三维空间的人,不但能看到事物呈现出来的一面和没有呈现出来的一面,还能看到这两面是如何转化的,这样的人知道事物没有固定面,随着时空的变化,显现不同,随时变化。

拿看人来举例:一维空间的人,如果喜欢一个人,看到的全是优点;当不喜欢的时候,看到的又全是缺点。二维空间的人看一个人,就像《礼记·大学》里的一句话:好而知其恶,恶而知其美。喜欢一个人,不但能清晰地看到他的优点,更能看到他的缺点;讨厌一个人的时候,不但能看到他的缺点,更能看到他的优点。三维空间的人,就是智慧打开的人,不但能同时看到一个人的优缺点,而且能从更高层次上以动态的眼光看一个人,并深刻明白,一个人的优点在一定条件下可以是缺点,一个人的缺点在一定条件下也可以是优点,没有所谓的优缺点,只是条件不同罢了。(关于空间维度这个话题,可以详细参考《人与人最大的不同就是:思维空间维度不一样》这篇文章。)

分享这个和咱们的主题有什么关系呢?关系大了,先问大家一个问题,一个思维层次只有一维空间的人,能指导自己在三维空间过得好吗?用一维空间的思维,看世界都看不懂,更别谈在三维空间发展好了。财富里有一条定律就是:空间优化。这个空间优化不但指外在的物理空间,更是指思维空间。为什么人要多读书,多向老师学习,多干实事,目的就是拉升自己的空间维度。提升一个人思维的空间维度是非常难的一件事情,但是咱们的孝文化,就是将一个人的思维层次从一维空间拉升到二维空间的最便捷途径。比如因为孩子学习成绩不好,母亲吵孩子,如果孩子思维是一维空间,就会觉得自己好委屈,母亲好凶,就会一味地陷入母亲呈现出的"生气"这个表象里,不能自拔;但是一个懂得孝的孩子,会读懂母亲的良苦用心,从此奋发图强!这样的孩子能看到事情的真相,不会被母亲呈现出来的表象所迷惑。

▶ 人生品质的总基石

孝,是一个人心灵品质的基石,在家尽孝道,心中学会心疼别人,知道会去替自己爱的人担当,就有责任感,这样的人进入社会,就会生发出使命感,进而生发出事业心。会心疼人,这是精神贵族的标配。大家试想,一个会心疼人的人,行走在社会上,他会看到什么?他会看到很多受苦的群体,会看到有待解决的社会问题,归根到底一句话:他会看到别人的迫切需要。就像毛爷爷青年时期,虽然身无分文,但看到劳苦大众的悲惨生活,决定以菩萨之心,救民众于水火。就像习近平总书记,年轻时在延安梁家河当知青,自己受的苦没放在心上,但是立下了要让老百姓过上好日子的志向。当你一心为这个民族着想,这个民族的能量就会进驻你的心里,无限升华你的生命。哪怕物质生活很窘迫,内在能量源源不断地生发,浑身有使不完的劲儿;如果只有自私自利的心,只为自己着想,也可以,但是没有能量会给你的生命助力,物质生活很好,也会经常浑身没劲儿,需要通过外在刺激来让自己获得一点愉悦,因为内在的能量没有生发出来。有什么样的一颗心,人生就有什么样的局面。

时代迫切需要的,就是使命。为什么老人常说:一个家族兴旺的前提,是出孝子。孝子的那颗孝心,就是一切成就的源泉。反过来说,一个没有孝心的人,对自己父母都不好的人,心就像蒙着一层厚厚的灰尘,他连自己父母的呼唤都听不到,他能看到这个社会的需要吗?他能听到时代的呼唤吗?在社会上,我们不敢和不孝的人交朋友,不敢和不孝的人合作,不敢和不孝的人结婚。因为,和不孝的人在一起,你本能觉得没有安全感。他连生养自己的父母都不爱,我们在他面前又算哪根葱呢!父母付出那么多,在他心中都没有位置,你觉得你对他的付出,能超过父母对他的付出吗?一个不爱自己父母的人,我告诉你,他只爱他自己。

人孝了,事就顺了。当自己的人生很不顺利的时候,想想这句话,反问自己:自己真的会心疼人、会理解人吗?人活在这个世界上,都是渴望被爱的,都是渴望被理解的,那为什么不先把爱和理解给别人呢?什么是精神贵族?就是自己精神世界很丰富,在精神上总能给予别人一些东西。当然,你也可以做个精神贫族,处处要温暖,处处要理解。

这是自己的权利,只是我要告诉你两句话,这个世界永远是:

(1)能量低的跟着能量高的走,胸怀小的跟着胸怀大的走。

(2)天道损有余而补不足,人道损不足而补有余。

孝与不孝,自己做主。

当你一次次靠着聪明暂时过关的时候,你也错过了建立自己的学习节奏,养成好习惯的机会,同时,心底的傲气也在慢慢滋生。长期来看,贻害无穷,因为优秀而不能卓越,说的就是这个道理。这也是为什么赌徒只要进入赌场,不管你是输钱还是赢钱,最后都是输,因为你赢了钱,投机取巧的心就起来了,接下来你还会踏踏实实去工作,一个月挣几千块钱吗?更何况,能赢钱的没几个。反过来,你如果输了钱,你会想着下次一定要捞回来,结局就是输得更多。除非你输到一定程度,觉醒了,以后绝不再赌,甚至对人生有了更高层次的感悟,这个时候,你也赢了,而且是真赢。但,这样的人有几个?

5 面临毕业的第一次择业

面临毕业时的第一份工作该如何选择？这是很多小伙伴都感到困惑的问题，其实，我是一直主张将就业压力在大学四年期间进行分化的。但是，毕业了才考虑找工作的事情，仍然是大学生的主流思想。没办法，这就是二八原则。下面我们就来聊聊这个话题。

▶ 择业心态

自立自强是择业的第一心态。理论上讲，企业没有培养咱们的义务。企业花了时间、精力和金钱，是希望能找一个来公司就能解决问题的人才，而不是需要培养的人手。公司不管是大还是小，是处在蓬勃发展期间，还是处在刚刚起步的创业阶段，不论是互联网企业还是传统制造业，对于咱们找工作的人来说，都有值得咱们学习的地方，关键看自身的吸收能力如何。

首先必须明确，不论在哪里工作，工作都是给自己干的，绝不是给老板干的。老板是当下的受益者，这是不可更改的事实，平台是人家老板的，你要借助这个平台成长，又不让老板在你这里有收益，这是绝对不可能的。相反，要想着如何让老板在咱这里有更多收益。老板在咱们这里收益越多，说明咱们的价值越大，这是好事，不要害怕别人用自己，而要害怕自己没有用。

其次，工作的当下价值和未来价值一定属于自己。在做工作的时候，用的是自己的时间，花费的是自己的精力，所以，必须让自己把当前的工作做到优秀，做到卓越，做成标准，这就是利用工作的机会榨干工作价值。如果自己做的工作能成为公司工作的标准，那就成了！永远记住，不管公司目前支付你多少薪水，你都要知道，你是在为自己干，自己的生命价值不是这些工资可以衡量。打工真的不可怕，成功的人很多都有打工的经历，唯一可怕的是打工的心态：公司开多少钱，就干多少活。你干不好，公司大不了换人，你这种心态不变，就算换个公司，结果能如何？智慧的人都知道，刚毕业的时候，要让自己的收入小于创造的收益。因为，你要为未来储值，如果当下自己创造的都变现了，将来怎么办？自立自强的心态，就是让我们自己做自己的董事长，主动给自己找事情做，主动挑战，主动担当，只有这样才能实现自己的职业梦想。

▶ 公司的选择

具体到选择公司的时候，需要从以下三个方面来选择。

第一，看公司所在行业的行业趋势。什么是行业趋势？简单点说，就是四十年后人们是否仍然需要，受众群体是否广泛。比如纸媒，明显是夕阳产业，个人努力很难干过趋势。

第二，看公司产品。一个发展前景广阔的产品符合以下几个特点：产品的客户群体大；产品具备重复消费的特点；客户对产品很熟悉，市场成熟度高。能具备以上三个特点的产品，应该就是拥有广阔发展前景的产品，如果再加上一条就更好了，就是产品单价高。以上所说，不管你是要创业，面临选择发展方向，还是要打工，面临不同行业的选择，都适用。例如卖高端茶桌的公司和卖艾草保健产品的公司，假如两家公司规模、城市环境等外在条件都一样，单从产品角度分析，你会选择哪一家呢？答案肯定是卖艾草保健产品的公司。因为虽然高端茶桌单价贵，但是市场成熟度一般，客户群体不大，不具备重复消费的特性。而艾草保健产品，客户需求量超大，具备无限重复性消费，客户成熟度也比较好。综上所述，单从产品的角度来分析，从事生产艾草保健产品这个行业更具备发展潜力。

第三，观察公司老板。了解公司老板可以分为两个方面：直接了解和间接了解。直接了解就是直接看老板本人，有什么经历，有什么爱好，有什么追求等。小公司的文化其实就是老板文化；大公司的文化，是以老板为核心的公司领导班子呈现出来的文化。间接了解，重点就是看公司的员工，一方面看公司老员工的工龄，如果公司创立了五年，最老的员工工龄才一年，那你还是赶紧跑吧。相反，如果这个公司创立了十年，有十年工龄的、八年工龄的、五年工龄的等等，各个工龄都有，那就说明这个公司的凝聚力很好。凝聚力的强弱，直接反映的就是老板的魅力、公司的文化、公司愿景规划和财富分配机制等，这样的公司真的可以认真考虑。

另一方面就是观察公司的核心领导班子。看他们个人的财务状况，就能了解这个公司老板的胸怀；看他们平时的言谈举止，就能看到公司文化的正与邪，以及老板的个人魅力。如果核心领导班子和老板的梦想不一致，也不说老板的好话，那这家公司一定有问题，而且以后的发展也必然会出问题。所以，在选择公司时，如果能遇到以上三条都符合的企业，那是最好不过了；如果能遇到符合一两条的，那也是相当不错的。至于薪资待遇，对于刚开始择业的朋友来说，没必要看得太重，相对于好的平台、好的发展机遇、好的领导等等，用发展的眼光来看，这些都比当下的薪资待遇重要得多。可是，如果你急需钱，那就不用废话，只要是合乎法律的，谁给的工资高就选择谁，事情反而简单了。

▶ 城市的选择

不同的城市，对人的塑造不同。对于城市的选择，只记住两条就行：选择有资源的城市或者选择有前途的城市。对于有资源的城市，可以是你上大学的城市，这里有老师和同学，以及大学几年积累下来的城市熟悉度；也可以选择老家城市这种有各种资源优势的城市，不要觉得依靠家人没面子，毕业了不能尽快在社会上立足，不能让父母放心，是大不孝。没面子和大不孝，选一个吧。更何况，面子是自己挣的，不是别人给的。如果自己不想在大学所在的城市发展，又不想回老家城市,那就建议你去一线城市,竞争大、机会多。趁着年轻,去星辰大海搏一把。

以上几条建议是专门针对"找工作是第一需求"的朋友,还有一些朋友的第一需求是梦想,是人生价值,他们有的自行创业,有的回老家建设家乡等,都是好样的,这里就不赘述了。

其实,不管你是奉行"干一行,爱一行",还是奉行"爱一行,干一行",都请注意,当你认真考察选择一个公司后,也许工作会遇到不顺心,会有各种不如意,请不要轻易跳槽。因为,一旦毕业,自己的试错成本是比较高的,也就是自己能系统成长,无所顾忌地打拼时间是不多的。比如家人的催婚、父母日渐老去的身体、日益激烈的职场竞争等。请利用好这段还算"清净"的时间,选择一个好平台认真打拼,随着职位的提升,你的综合实力、格局眼界、人脉、行业地位等等,都会慢慢提升。在人生的赛道上,有时候"慢"就是快。慎于始,请认真对待自己面临毕业时的第一次择业。

6 大学三问

大学对于我们来说，是进入社会前的一个准备期，所以在大学期间的学习和高中的学习有本质的区别：高中的学习拼的是成绩，目标是考上大学；而大学的学习拼的是本事，目标是毕业后能尽快在社会上立足。很多大学生面对毕业，手忙脚乱，不知该如何是好，原因有很多，但从大的方面来看，主要是因为对大学的学习没有清晰的认知，大多数人都还是在延续中学阶段的惯性：把学习书本知识当作自己的主要任务。

人与人的区别就在于思维方式的区别，对事物不同的认知，导致不同的结果。

读大学更是如此。在中学阶段，学习成绩好，你就是明星；在大学，综合实力强才更受欢迎，当然，社会也更喜欢。

所以请记住一句话：从上大学的第一天开始，我们就已经在开拓自己的人生事业了，而这份事业的第一责任人就是我们自己。

那么我们该如何更好地开展自己的人生事业呢？必须解决三个问题：学什么？怎么学？向谁学？

在具体展开之前，有个普遍的问题需要解决，那就是很多大学生朋友会觉得很迷茫，不知道自己学习的专业有没有用。

我给出的建议是先给自己的大学专业定一条底线：毕业后能养活自己。

每个专业都对应很多职业，在这种情况下，具体的方法就是先给自己定个具体的职业,不用考虑喜欢与否,底线是保底的,比如你的专业是数学,那就定个保底目标:当中学数学老师。

接下来就搜集要当上中学数学老师,需要哪些能力和资质,甚至可以向自己的中学老师请教,让他具体指点一下。下面我们来重点谈一下大学三问。

(1)学什么?大学四年的学习其实是很紧张的,因为学校和社会的评判标准不一样,在学校,只要学习成绩好,就会获得同学的羡慕和老师的喜欢;在社会,只有实力,才能立足。

所以,大学四年,我们的任务和挑战是比中学时代还要高的,而学习成绩只是大学学习的一小部分,还要学习更多课堂外的东西。

既然是为进入社会做准备,大学的学习就应该直接对标社会,社会需要什么,大学期间就应该学习什么。大学期间的学习主要包括三个方面:完整的认知框架、做人的核心品质、做事的核心能力。

首先来看完整的认知框架。主要谈两方面:对历史的完整认知和对人的完整认知。

不能建立完整的认知框架,人们就容易形成偏见,自己的脑袋就容易成为别人的跑马场,别人就可以在你脑袋里跑马圈地,所谓的不良公知就是欺负你读书少。

比如咱们从中学开始学的历史,对于中华民族的辉煌历史,似乎有点蜻蜓点水,但是对于1840年之后的历史,却是浓墨重彩地描述。这样给学生造成什么样的认知?那就是咱们中国很落后。

我当时学习的时候,就有很大的疑惑:咱们中华民族五千多年辉煌文明,为什么不在课本上浓墨重彩地体现呢?包括学校墙壁上贴的名人画像和生平简介,大多数是外国的大胡子,我看着这些大胡子,心中就纳闷:为什么不多贴一些中华民族的伟人和英雄?

学习西方没问题,但是在小学、在中学,在形成认知的关键时期,应该是形成对中华民族的主体认知,辉煌灿烂的文明让我们建立民族自信,长大后才能有广阔的胸怀去海纳百川,而不是从小就让我们觉得西方好,自己的就不好,这是极其可怕的,这会导致我们的民族自信心建立不起来,而崇洋媚外的种子却在悄悄发芽。

我们得知道,在这个地球上,只有咱们中华民族的文脉是历经五千年的沧海桑田还没有中断的;

我们得知道,在这个地球上,只有咱们中华民族是历经无数亡国灭种的威胁仍能屹立于东方的;

我们得知道,在这个地球上,只有咱们中华民族是敢于战天斗地并坚信"我命由我不由天"的;我们脚下的土地称作华夏大地,历经上万年文化的养育,长出了一棵叫中华民族的大树,而我们每位华夏儿女,都是这棵大树上结的果。

请大家注意,这个"果"很不简单,是经过上万年文化的滋养才长出来的,十年树龄的茶树长的茶和百年树龄的茶树长的茶味道能一样吗?百年树龄的银杏树结的果和千年树龄的银杏树结的果能一样吗?

所以,咱们中国人的孝、家庭观念、勤劳善良等都是基因里带的,这些美好的品质不是哪个蛮荒的土地上随便就能长出来的。

有一次我听曾仕强教授讲课,他举了个例子:现在很多外国人喜欢收养中国小孩,原因就是中国小孩天生就懂得报答父母。

有了完整的历史认知,咱们就会知道最近一百多年的落后,不是咱们这个民族的主旋律,相反,一直处于世界领先位置才是咱们这个民族的常态。最近一百多年的屈辱产生的原因,咱们要好好总结,避免犯同样的错误,迎头赶上,没什么大不了的。

对人的完整认知,这个说起来很简单,就是我们看到一个人优点的同时也能看到他的缺点;我们既能看到一个人高尚的一面,也能看到一个人世俗的一面。

但是事实上,咱们很多人在和别人相处的时候,喜欢他,看到的全是优点,连缺点也是那么可爱;讨厌一个人的时候,看到的都是缺点,连优点也是缺点。

请问,如果对人的认知是这种水平,如何干事业?不能建立对人完整认知的人,往往会陷入自己的情绪不能自拔,对人生没有大局观念,而人生其实就是一场情绪游戏,能掌控自己情绪的人,是绝对强大的人。

其次是做人的核心品质。咱们大学毕业后,不管是做什么,都是在人类社会里活动,一切的成功都是做人的成功,一切的失败也都是做人的失败。不管以后从事什么职业,其实咱们的第一份职业都是做人。

如果把人生比喻成一棵大树,那么自己的品质就是树根,能力就是树干,树根扎根的深度,决定了将来开枝散叶的结果,也就是人生的局面能有多大。

做人的核心品质首推志向,阳明先生说:志不立,天下无可成之事。简单来说,就一句话:你究竟为谁而战!

为自己,为父母,为国家,为人类等等,这些都可以,但是如果只是为自己,人生的局面太小,局面太小就会导致人生的阻力太大。

因为人本身是受精神驱动的,而要将本身的精神动力挖掘出来,最好的一把钥匙就是利他,就像周总理为中华之崛起而读书,就像毛主席拯救民族于危亡之中。人因梦想而伟大,所以,我们要找到自己的梦想,让梦想滋养自己的身心,开启精神世界无穷的力量。

人一生最可悲的就是从来没有将自己的精神能量开发出来造福世界,请相信,我们每个人都具备这种能量。

第二个核心品质是感恩,尤其是感恩国家。当自己人生取得一点成绩的时候,千万不要以为自己多厉害,首先一定要感恩国家。

大学毕业后,我自己创业,有了结果后,我的父母就表扬我,我说:爸妈,我能取得结果,首先要感恩国家,是国家的政策、国家的护佑,您的儿子才能取得这点成绩。

如果我生在朝鲜,没有国家政策,我就是再聪明能干,也白搭,也只能在固定的阶层、固定的岗位忙碌一生。如果我生在叙利亚,国家战乱不断,我也不可能安安心心地追逐梦想,就没那个条件。

其次我要感谢您二老,是你们不计成本地供我上大学,自己吃野菜,也没少我的学费和生活费。如果没有您二老供我上大学,让我拥有重塑自己的机会,我也不会有什么出息。当然,如果自己不努力,也是绝对不行的。

所以,各位朋友,请记住,生命的本质就是链接,链接上谁,就能借助谁的能量。你感恩国家、感恩父母,那么,国家和父母就会成为你能量的源泉。

当然,我知道还是会有很多人问我,为什么要感恩国家?

我总是这样回答:退一万步讲,感恩国家是个智商问题,因为,不管你感恩国家与否,国家该怎么发展还是怎么发展,一丁点都不会受到影响,但是你自己的生命得不到赋能,能量得不到焕发,影响最大的是自己。感恩国家是咱们自己需要,不是国家需要。

最后这个核心品质就是诚信。人无信不立,业无信不兴。你愿意和什么样的人打交道,那就去成为什么样的人。

人一辈子不管学习多少本事,都需要将其变现,但是如果自己没有诚信,信誉很坏,那么你的变现能力是零,甚至本事越大,能力越强,别人不但不敢和你合作,还要防着你。多可悲!

在信息社会,人如果没有诚信,更是寸步难行,因为信息都是公开的。只要你有身份证,就可以在中国人民银行查到个人信用情况。所以,以后大家找对象,先用他的身份证去查查个人信用情况——开个玩笑。

诚信的人,给别人的是一种安全感。安全感,这是一个人在社会上很大的资本,因为有一条规律是:物以稀为贵。在这个时代,能不被很多歪门邪道之气影响,能拿住自己,这个过程不容易,请相信我,你的收获会超乎你想象。

最后是做事的核心能力。不管咱们现在学的专业是什么,毕业后都会面临一个巨大而又平常的问题:你从事的工作很有可能与本专业无关。

面对这种情况,作为大学生的你该如何准备呢?在这飘忽不定的未来中,有没有一些东西是可以把握的?

答案是:有。

请大家注意,不管以后从事的职业是什么,都有几个特点是共通的:需要与人打交道,需要不断学习,需要向上晋升。

那么基于这三个共同点,给出几种既重要又通用的能力:抉择力、学习力、口才和承载力。

抉择力锻炼的就是独立思考、独立承担责任的能力,这是一个人成熟的标志。

从上大学开始,以后的人生路基本都需要自己独立抉择,并且独立承担抉择的后果。大学期间是自己试错成本最低的时候,请大胆抉择,不要怕犯错,失败的教训有时候更能让我们快速掌握抉择的能力。

我是从高一开始,自己所有的事情都是自己抉择,我不想让父母担心,当然,我会把自己抉择的理由告诉父母,同时,因为是自己的抉择,所以我会全力以赴让它变成正确的。自己是自己的第一责任人,这种意识是优秀人才必须具备的。

学习力是决定一个人未来发展的能力。不管我们从事的工作是否与本专业有关,未来要想在社会上取得长足的发展,都必须不断地学习,而且学习的转化能力还要强,也就是学习力必须强。

大家可以去读历史名人和当代的大企业家,凡是成就斐然的人物,都有一个特点,那就是超强的学习力。反观我们自己,学习力实在是有待提高。

口才。口才分为一对一的人际沟通,还有一对多的演讲口才。具体运用场合,比如竞聘演讲、汇报工作、开会总结发言、谈判合作、销售成交等等,口才充斥在整个职场中。

所以,不管你愿意不愿意,这都是必须面对的,口才需要长期训练,绝不是读两本书、看两个视频就行了。

口才分为敢说、能说、会说和善说,真正在职场上的沟通,讲究的是效率、准确和清晰,也就是在最短时间内,将要表达的信息清晰准确地表达出来,因此,拥有良好的沟通能力和演讲能力,已经成为职场的基本能力。

如果你有创业或者职场晋升的愿望,那么请观察,不论是形形色色的创业者,还是各行各业的管理者,口才都是必备的能力。

你能在多少人面前演讲,你的影响力就有多大,最终你的事业就能做多大。好口才,将是人生事业的助推器,直接让你拥有和其他人不同维度的竞争力。

承载力。承载力是一个人的胸怀、格局、思维方式、气质、定力等心灵品质的外在综合展现。

一个人要想干大事,不但要能承载荣耀,更要能承载卑微;不但要能承载成功,更要能承载失败。绝不能别人夸两句,就心里美滋滋;别人损两句,心里憋屈几天还过不来劲。对于这样的人,我想说,你是别人手里的木偶吗?

不管别人说什么,永远知道自己几斤几两,知道自己的人生目标是什么,知道自己是干什么的,也就是人必须能拿得住自己。

除了自己心中的梦想能让自己哭和笑,其他的都不值得计较,失败的人永远陷入自己的情绪,成功的人永远为结果想办法。

人生就是情绪管理游戏,你的承载力越强,定力就越强,胸怀就越大,目标就越坚定。慢慢地,你会发现,你已经和别人不一样了。

当别人还在计较眼前的得失,当别人还在为一点小事而争论不休,而你只是微微一笑。因为,你已经超越了。

小孩子之间因为一个糖果的争执,大人会参与其中吗?在大人眼中,小孩子太可爱了,笑笑就行了。

不要说我是大学生,没有工作经验,没办法训练承载力,这句话我很不认可。

因为,大学对我们来说就是练兵场,就像承载力,从上大学开始,从你看到这篇文章开始,就可以在以后的大学生活中,借助与不同人打交道和共事的机会来刻意练习,你不练,有人会拿你练。

冰山理论大家都听说过,而人生这场竞技赛,比的就是水面以下,我们看不到的那部分是否优秀。拿高考来举例,通过高中三年的学习,其实我们很多人对知识的掌握不会有太大的差距,但是我们的心态,即承载力却完全不一样,因为这个东西决定了自己能把知识发挥出来的水平。

高考之前,也许是担心考不好,也许是与朋友、家人、老师发生不愉快或者生活中有不顺心的事情,如果这些不顺心使你耿耿于怀,不能在心里很好地化解掉,肯定会影响高考的发挥。

我相信,高考没发挥好,很多人不是因为知识没掌握好,而是心态没调整好,最终影响了高考。

再举例,能参加奥运会的人,不管任何项目,能来到这个场合比赛,都是一等一的高手。单纯从技能上讲,不会有多大的差距。影响自己的技术在比赛中发挥的最大因素,就是心态,也就是承载力。

面对全国观众的期待、现场的呼喊、家乡人民的瞩目以及比赛成功后的喜悦和荣誉、失败后的沮丧和失望,甚至有的人一辈子就这一次机会等等——这些因素对你的干扰,你能承载住吗?

各位朋友,经历过高考的洗礼,如果你属于承载力弱,没有发挥好的情况,我想提醒你:今后的人生竞技场,比如考研、工作晋升等等,你还要继续输在没有承载力上吗?

如果不想,那就利用大学四年把自己的承载力训练出来。

(2)怎么学?上面把学什么大致讲了一个框架,接下来就说一下怎么学的问题。记着一句话:知识可以通过课本来学习,但是能力必须通过实践才能获得。

读历史、读人物传记是让自己形成对历史完整认知的必经之路,而对于人的完整认知,也就是"懂人",是一辈子要学习的智慧,光读书是绝对不行的,更需要主动与形形色色的人打交道慢慢积累经验。

而对于做人的核心品质、做人的核心能力,请记住,必须通过锻炼才能获得。如何锻炼?一句话:永远做正确且有挑战的事情。

当自己在大学不知道该做什么的时候,请问自己一个问题:我绝不能做什么?

比如不能不读书、不能睡懒觉、不能失去斗志、不能随波逐流等等,这样反问一下,也许就清醒了。

在大学期间,人与人的起点都一样,但为什么有人能利用这四年的时间实现逆袭,最后改变了自己的命运,有人则不行呢?

原因就藏在这句话中,一个人的成就取决于三方面:结交什么人、做什么事、读什么书。

咱们结交的人一定是比自己优秀得多的人;做的事一定是对自己有挑战,最能塑造自己的事;读的书一定是能帮助自己建立对人和历史完整认知框架的书。

那么如何完成以上三个方面呢?

请记住,咱们每个人同时上了两所大学。白天上课的时间,上的就是你考上的这所大学,学的也是目前你报的这个专业。

但是除了上课以外的其他自由时间,你上的是一个"私立大学",大学校长就是你,在这自由的时间里,你可以给自己安排各种学习,锻炼各种能力。

人与人的区别就在于在这个"私立大学"里的时间是如何度过的?

有人给自己的"私立大学"安排的是享受;有人给自己的"私立大学"安排的是更实用的学习课程和平台锻炼。

大学的课堂上拉不开差距,"私立大学"的安排才是人与人拉开距离的主战场,是享受生活还是重塑自我,都是自己决定的事情,因为校长是你本人。

还是那句话,归根结底,大学给我们提供的是成长平台,自己将自己带向何方,自己说了算。

(3)向谁学?永远向有结果的人学习,结果是不会骗人的。有一次一个企业家在讲课,有人现场提问他:你没有上过大学,学历还没我高,凭什么取得的成就比我高?

这个企业家就说,因为"老师"不一样。

你学习的对象是你大学里的老师、课本、同学,而我学习的对象却是各行各业顶尖的人物。就像同样都是学习股票,你是向大学里的经济学老师学,我是向巴菲特学。同样的时间,同样的资质,咱俩谁取得的效果会更好呢?

就像你目前一个月的工资是两千,你想拿到一个月一万,你该向谁请教呢?毫无疑问,当然是月薪超过一万的人。

但是现实生活中,当自己面临这样的问题,会不会迷糊呢?

比如,你今天在外面看到一个创业的商机,你想创业,越想越激动,但是又拿不准主意,回到宿舍,你向室友们征求意见,你的室友会给出什么建议呢?无非是风险太大、不靠谱、不要冲动,再考虑考虑或者这确实是个商机,能赚钱,抓紧时间干吧等等。一堆为你好的善言善语迎面扑来。

各位朋友,我只想问一句:你的这些室友参与过创业吗?如果没有,他们不管是同意还是不同意,都只是用业余思维凭感觉在侃大山,你当真就完了。对于创业,一定要向亲身参与过创业的人咨询,你会得到专业的指导。

请大家记住,不管是大学期间的学习还是毕业之后的学习,你要学什么,都一定要向有结果的人请教,而不是向离自己近却没有结果的身边人请教。

现在这个时代给咱们老百姓最大的恩惠,就是低廉的学习成本,你想获得哪方面信息,手机上都能免费获得,甚至很多学习资料都是免费的。

总之,当我想了解哪方面信息的时候,我就打开手机,总是受益良多。

我永远相信一句话:我现在面临的任何问题,世界上一定有人也遇到了,并且已经解决了,我只需要找到这样的人或者这样的方法就行了。这也是我现在学习的一个方法。

当然,如果你拿着手机只是在玩,那是你自己的问题。再好的资源,你不用,对你来说连垃圾都不算。

就像咱们身处五千年文明的国度,如果整天还是迷茫,没有智慧,不能从五千年文明中汲取有价值的东西来滋养自己的心灵,那就是守着大江大河,最后把自己渴死,这究竟是谁的错?

对此,我深有感触,大学期间我迷茫痛苦了三年,后来大四的时候,有机会接触咱们中华民族的优秀传统文化,读了一本经典叫《大学》,我的天啊,原来我纠结迷茫的问题,这里面早就有答案,就在那里面写着,关键是咱们不学习啊。

举个例子,直到20世纪,这个地球上的很多地方,还有很多原始部落,天地宇宙人生的智慧就在他们身边,但他们就是看不到、参不透,更不会应用到自己的生活中,为什么?

就是因为这样的民族里没有出现通达宇宙人生智慧的圣人,一个民族出现圣人,就是这个民族发展史的转折点。

圣人,让这个民族有终极关怀,对于人生的重大问题,他已经在著作里给咱们讲清楚了,咱们只需要拿来用就行。

所以,咱们最应该学习的对象,就是中华民族上千年才出现的经典的人和经典的书,这些都是经过历史的检验才流传下来的。

对于咱们这个民族,孔圣人、毛主席就是值得咱们每个人认真学习的对象。

圣人相对于民族的成长,与有结果的高人对于咱们个人的成长是一样的。

为什么很多大学生大学期间也很努力,但是最终结果却差强人意,原因就是,你的生命里没有出现这样有结果的高人,自己的生命没有发生转折点。

当然,如果有人说,上面的我做不到,我就想学好自己的专业,其他没啥想法,但我现在也很迷茫,怎么办?

我的建议就是,以终为始。不管学习什么专业,毕业后都会对应很多职业,先选定一个职业,底线就是毕业后能养活自己,以这个职业为目标,准备相关的证书和能力。

这个建议就是给自己的大学画个底线,毕业后拥有能够在社会立足的本事,你可以不用,但不能没有。以上建议不涉及喜欢与否。

最后,想说一句,不管学习什么,都要踏踏实实的。水滴石穿,是水的力量,更是坚持的力量!——与君共勉!

7 上大学要避的坑

努力很重要,会努力更重要;读书很重要,读对书更重要;学习很重要,学习力更重要。

上大学的朋友,很多人过得不如意,不是大家不想努力,很多时候,真的是方法不对,更要命的是自己的努力方式,没有随着自己学习阶段的不同而随即调整,用上中学的方式来上大学,那肯定是不行的,随着大学时间的流逝,你会越来越心虚。最可悲的是:我也努力了,但结果真的不行。下面几个坑要及早了解:

(1)早起。咱们都知道要早起,毕竟一日之计在于晨,可我要问你:早上起来后,你会做什么?可能大部分人会说,当然是读书背东西啊。这就是大学里要避免的第一个坑!

我发现很多朋友早起读书的习惯能一直保持到工作阶段,我想请问,你辛辛苦苦读了一早上,背了多少东西,记住多少单词,具体效果到底如何?

为什么早上早起要背书?因为早上是咱们一天中脑袋最清醒的时候,所以要背书。

逻辑上似乎很合理,但是忽略了一个最重要的事实:对于成年人而言,记东西最快的方式是什么?大声读就是最好的方式吗?

大学期间我坚持早起读书,但是越读越痛苦,因为背会的东西很快就忘了,第二天早上还得复习,以此循环重复,早上背书的效果越来越差。后来我发现,早上背书的效果还不如我看书的效果好。

经过总结,我发现,成年人记忆东西最快的方式是理解式记忆,那为什么不在早上脑袋最清醒的时候运用理解式记忆呢?

之后早上我就从大声读书记忆,变成了不出声的理解式记忆,效果出奇地好。工作后,我也坚持这个习惯,早上起来看书,灵感很多。

当然,也许有的人认为早上大声读书效果更好,实践出真知,两种方式不妨都试一试,孰优孰劣,一试便知。

每天早起学习一个小时的人,到大学毕业,仅这一项,就比大多数大学生多学 1000 多个小时的知识。

所以,对于早起,必须坚持,必须慎重,必须高效。一句话,必须学到东西。大学所有的动作,必须以结果为唯一导向。不然,只是机械式努力的人,真的很傻。

(2)少凑热闹。我在上大一的时候,是绝对的积极分子,军训刚结束,手写的十几页入党申请书就递交上去了,还手写了三页的勤工俭学申请,第一个上台竞选班长,带领班级经常搞活动,系里组织活动我也是最积极的,等等。

但是,积极了一整年,由于个人性格原因,对很多东西实在看不惯,再加上大学越上越迷茫,就在大二开学的时候,以个人身体为由,做了大学里的自由人。

后来利用业余时间,找老乡、学长、老师等请教大学到底应该怎么过。

有一天晚上,和学长在校园里边走边聊,突然,他停了下来,看着远处一群大一新生在排练节目。停顿了两三秒钟后,像是自言自语地笑着说了一句:大学因为大一新生的到来而更加精彩。

听他说话的语气,加上我俩聊天的内容,还有我刚刚逝去的忙碌的大一生活,我瞬间明白了,学长的意思是少凑热闹。

就目前大学里的基本情况而言,要想让自己脱颖而出,有一条准则可以供大家考虑:永远不要随波逐流。

这是那天晚上和学长聊天得到的最重要的一句话。

作为刚成年的大学生,面对未来,面对人生,暂时出现迷茫很正常,在没有找到能够为之奋斗一生的方向之前,能守住自己,就是胜利,绝不能随波逐流。

因为,在大学期间随波逐流,别人干什么,你也干什么,那最后的结局就是:大学毕业了,随着大众一起去人才市场找工作。

但我要告诉你一个残酷的事实,真正优秀的大学毕业生,在毕业之前肯定已经解决了工作问题。毕业后才去人才市场找工作,如此常规的操作,人家根本不会做。

凡是强者,哪有不经历孤独的,凑热闹不会让你完成自我修炼,而孤独才是勇士的征途。

当别人早上睡懒觉,你能早起;当别人逛街无所事事,你在锻炼身体;当别人侃大山,你在图书馆遨游在知识的海洋里。

总之,孤独是强者的标准姿势,弱者才喜欢合群。

(3)人脉资源。看了上面第二条,估计有人心中有疑问了,难道不交朋友了?也不参加活动了?不是很多人说大学期间的人脉很重要吗?

当然重要,而且绝对重要,这里注意两点:第一,分享上面第二条不是让你与世隔绝,而是告诉你,做个清醒者,不要瞎起哄,自己的时间最宝贵,自己不重视自己的时间,自己不赋予自己的时间以价值,那就别怪别人也不重视你的时间。当毕业来临,你的时间就是没有价值的,只能做一些价值量很低的工作。

第二,这是重点要说的,人脉,本质上是一种人际关系资源,既然是资源,就符合资源的共同特质:交换。

资源的最大特点就是交换,人脉资源,本质也是交换,你认识多少人,或者多少人认识你,这都不是你的资源,也根本不可能成为你的资源,只有当你能为别人输出价值,也就是别人需要你的价值时,你们之间才能成为彼此的资源。

就像马云身边的保镖,天天跟着马云,认识的牛人、高人是真不少,但是一旦那些高人、牛人不需要你提供安全保障这项服务,人家就不是你的人脉资源。

大学期间最该做的不是广泛社交,更不是刻意地去认识一些人,如果自己没啥价值,那都是虚的。

但是大学期间又是交朋友最容易的时候,因为这个时候,自己给别人的价值是多元化的,自己提供的价值可以是快乐、知识、积极向上的精神、讲义气等等。

这个时候只要自己身上有闪光点,都可以交到很多朋友,相比较社会上的,没有那么功利化。

但是交朋友容易,失去朋友也容易,特别是毕业后,当自己的价值对别人来说需求不大的时候。不管大学期间多好,随着毕业后时间的流逝,最后难免沦落为茫茫人海中的陌生人,曾经的美好成为掩藏在心底的回忆。

所以,大学期间的人脉资源就两点:广泛结交高质量的人脉,就是那些在某个方面很优秀的人。

另外,也是最重要的,就是要把自己绝大多数的优质时间,放在提升自身上,只有自己才是最值得投资的。自己的层次决定了自己能交到什么层次的朋友。

我不是教大家功利化,不是让大家不相信友谊,相反,我的建议是让大家和自己朋友的友谊能更长久、更稳定。

毕竟,如果自己不行,当朋友需要你的时候,你什么也帮不上;当你的朋友越来越优秀,你们坐在一起,除了谈过去的点滴,没有能聊得来的东西。那你拿什么去护佑你们之间的友谊呢?

(4)人生赛道。我知道,咱们很多人进入大学后,多多少少会有一些心理落差,都觉得自己不属于这里,都是因为高考没发挥好等等。

请接受你现在拥有的一切,高考失败不是最可怕的,自己心里一直过不去这道坎才是最该警惕的。

从上大学开始,不管你愿意不愿意,真正的比赛开始了。通过高考,咱们都拿到了这场比赛的入场券:那就是通过四年的大学时光重塑自己,进而能更好地在社会上打拼,最终赢得人生这场终极比赛的胜利。

不管承认与否,以分数论英雄的比赛,咱们很多人确实输了。暂时落后没问题,但是,对于已经开始的人生终极比赛绝对不能输。

这里尤其强调一点,不要因为高考暂时失利,再把整个大学给输了,进而输掉整个人生。

为什么这样说呢? 因为,我发现大学里太多人,因为高考没考上心仪的大学,就一定要通过考研来弥补这个缺憾,这里有两个关键问题被忽略了。

第一，对于考研，请认真对待，绝不能跟风。

考研这件事，它和高考不一样，这个时候需要考虑个人志向、人生方向选择、家庭的经济能力、个人的时间成本等。

有一些人非常适合考研，比如找到了人生奋斗的方向，而本科四年学的东西太浅，非考研不可；比如自己将来的职业规划对学历的要求比较高，那也是非考研不可。

咱们一定要根据自身情况来决定是否考研，只有对自身认知清晰才能做出最恰当的决定。

不管考研与否，一定是经过自己客观而深度分析后的理性决定，绝不能因为高考失利，再通过考研去弥补遗憾，这是极不可取的。

说到底，这根本就没有更换人生赛道，获胜的概率不高。高考都没考过人家，考研就一定能考过吗？

为什么非要在这条赛道上一较高下呢，人生不是只有这一条赛道，换条赛道，也许更能发挥自己的优势。

下面分享第二条，不包括非常适合考研也必须考研的朋友。

第二，高考也好，考研也好，本质上都是为了让自己能更好地在社会上立足，如果自己本科四年都没有实现人生翻盘，再多花三年上个研究生（如果真的能考上），就一定能实现人生翻盘吗？

"本科 + 考研"应该是"优秀 + 优秀"，达到更优秀的结果。也就是研究生是在原有的基础上，持续进阶的结果，而不是因为高考失败，再利用考研翻盘。

读研能不能实现人生翻盘，这是不确定的，但可以肯定的是年龄更大了，压力更大了，家人和自己的期待更大了。

就像种子能否发芽，长成参天大树，土壤空气、阳光雨露等这些外在条件是极其重要的。

通过高考，咱们应该把它只是当成一场考试，通过这件人生大事，好好分析一下，更加认清自己。然后在大学踏踏实实完善自己、提升自己，最后离开大学的时候，能在人生的比赛中取得优异的成绩，这对于自己和家人，才是实实在在的。

上了大学,人生赛道已经从拼成绩,变成了拼结果。及时调整心态,调整策略,积极面对才是正道。不要把自己的大学读成高四、高五、高六、高七。

(5)凡事要有标准答案。经过十几年的应试教育,咱们每个人被训练得非常善于寻找标准答案,但是当来到大学之后,尤其是当投入社会之后,我们会发现很多事情压根就没有标准答案。

孔圣人的几位弟子都问过什么是孝,孔圣人的回答都不一样,因为每位弟子的情况不一样。

如果咱青年朋友们去问不同类型的人,大学该如何去过?得到的答案也是不一样的。

比如你问你的学长,他也许会说,不管将来如何,先把当下的大学课程学好。他之所以这么说,是因为他本人也不清楚大学该怎么过,这个建议是他找到的最好答案。你问你的辅导员,他也许会说,多考证书,考研进修是非常不错的选择。因为他本人就是这样一路走过来的,其他的路他也没走过。你问在社会上创业成功的人,他也许会说,大学除了专业课,在课余时间要多读书,多接触社会,除了学习知识,更要多锻炼能力。因为他本人深刻明白社会需要什么人,在大学里如何做才能更好地在社会立足。

面对同样一个问题,他们给出的建议都是最诚恳的建议,这个时候就该结合自己的实际情况认真思考了:我适合哪条路?

如果辅导员的前途就是我想要的,那就多向辅导员请教,前进的路肯定会越来越清晰。

如果自己想尽快在社会立足,那就多请教在社会上拿到结果的人。

如果这两条路都不想走,那就去找其他类别的人请教,这里就不再举例子。

自己到底想要什么,只能自己去探索,去求取,别人给的,永远只是建议。

人生就像一间屋子,如何装修,别人只能提建议,接不接受应该自己拿主意。但是,请注意:在这个屋子里住一辈子的人是你。

 你成长路上最大的拦路虎是谁？

进入大学后，需要学习的东西越来越多，但是得益于互联网，不管咱们要学习什么，网上的学习资料和方法都非常多，学习工具也很先进。

就像学习英语，上世纪七八十年代的人学英语，学习资料少，学习方法靠摸索，练习工具只有录音机这一种选择，听磁带学英语已成为那个年代的记忆。

但是就是在这种条件下，很多人的英语居然能够学出来，我们就不得不思考，现在很多人学英语的问题到底出在哪里了？

不是资料不好，不是方法不精，不是工具不先进，而是人性里的懒惰和傲慢。一句话：阻碍我们成长的不是外在环境，而是自己人性的弱点。

当我明白这个的时候，我就知道怎么管理自己了。

比如有一年，我决心要把《论语》读够一百遍，我很清楚读一遍需要几个小时，很难，但是我就喜欢挑战自己。

决心已定，然后，我就思考如何能够达成目标。

不能半途而废，不做就不做，要做就必须做好，绝对不能允许自己半途而废。

分析过后我得出结论：能让我失败的就是自己的懒惰。

为了对抗自己的懒惰，我把自己身边最好的朋友请过来，然后向大家宣布，我要用一年的时间将《论语》读一百遍，我说到做到，请大家监督我等等。

最后不到一年我就达成了目标,暂且不问读一百遍《论语》有啥具体用处,单单通过坚持一年读书,这个坚持的过程,就是重塑自己核心品质的过程,我到现在都受益良多。

公众承诺是对抗自己懒惰的最好方法之一。

不信,大家要减肥,就向自己的亲朋好友、关系最近的人,尤其是刚确定恋爱关系的那位,当众承诺要在多长时间内减肥多少或者给每个人发条承诺短信。你看自己有没有动力去坚持。

人都爱面子,尤其是在最亲近的人面前,当众承诺后就开启了自我督促模式。

说这个事情,只是想说,各位朋友,我们缺的不是学习方法和资料,缺的是做事情的决心和毅力。

只要是正确的事情,不要那么功利地问,我做这个有啥收获?这样的问题很幼稚。

只管下定决心去做,在做的过程中,你收获的不只是知识,更是一颗强大的心,而这颗强大的心,才是咱们人生最需要的。

人的心也是要磨炼的,不经历磨炼,心会越来越小,而这样一颗越来越小的心,不管经历什么事,都会变成大事。

不管是大学还是人生,都要学会避坑,不然,挫败经历得多了,成就感建立不起来,自信就没了,这样的生命状态如何撑起我们的豪情壮志?

 《觉醒年代》——当代青年的历史使命

最近观看了《觉醒年代》,当看到陈延年和陈乔年慷慨就义的那一幕,内心中一股力量涌上心头,浑身颤抖,痛哭流涕,不能自已。

脑海里浮现出很多人的面孔,他们为了心中的梦想,为了万民的福祉,为了民族的前途,不惜赴死。

泱泱中华五千年,正是由无数中华好儿女前仆后继,用自己的身躯铺路,才一步一步走到今天,历史的接力棒已经传到我们手中,而中华民族伟大复兴,需要更多的觉醒者。特以此文,致敬那些为了梦想前仆后继的中华好儿女!

现在的我们生活很幸福,身体健康、安全自由、四肢健全,也没有战争的威胁,最重要的是可以追逐梦想。

曾经看到一则新闻,一位年轻人吃饭的时候浪费粮食,长辈就告诉他,无数革命先辈抛头颅洒热血才换来今天的幸福生活,你不能浪费粮食。

谁知年轻人理直气壮地说:他们那么拼命,不就是为了让我们今天过上好日子吗?

长辈哑口无言……

当我第一次看到这样的新闻时,我真想告诉那位年轻人:先辈拼命去奋斗,当然是为了让你过上好日子。但是,不仅仅是让你这一代过上好日子,更是要让中国人世世代代都能过上好日子。

如果只知道享受先辈的奋斗成果,而不去继承和弘扬先辈的奋

斗精神,这是对自己身为华夏子孙的辜负,是对千千万万烈士的辜负,更是对中华民族百年抗争的辜负。

历史是有延续性的,所有的进步都是有人用毕生经历去推动的。

我们现在之所以眼前一片光明,能看到千米以外的风景,谈未来、谈事业、谈梦想等,那是先烈用身躯和鲜血一寸一寸去开拓的。

没有共产党就没有新中国,是说没有成千上万的人去无畏奋斗,去为国人争取未来,那么,军阀混战延续到现在,也不是不可能的。

虽说中国合久必分,分久必合,但是纵观古今的时间轴,一旦大乱,都是几百年的时间。

周朝衰落,进入春秋战国的动乱时代,直到秦始皇统一全国,前后经历了481年;

东汉末年的三国鼎立到隋朝大统一,历经369年;

唐朝之后的五代十国时期,经历时间72年,直到宋朝建立;

而清朝1911年灭亡,到1949年新中国成立,只用了38年!

而且请各位朋友注意,以前的内乱都是中国这片土地上的内部势力进行竞争,但是清朝后期,我们面临的是中华民族三千年未有之大变局!

民智未开,军阀林立,世界头号列强在这片土地上都有各自的势力欲主导整个局势,还有日本法西斯发动的全面侵华战争。

在危机深重,整个民族面临亡国灭种的危急时刻,中华民族最有担当和觉醒意识的英雄成立了中国共产党!

中国共产党人以不畏强权、不怕牺牲的身姿傲立在这片土地上,从1921年中国共产党成立到1949年中华人民共和国成立,历时28年,不但将这片土地上的蛀虫一扫而光,而且将自清朝后期开始签订的一切不平等条约全部废除!更是在1950年派出志愿军,将世界头号强国打败,从此让世界相信:东方雄狮真的醒来了!

当时面对国人的麻木,面对军阀的混战,面对世界列强对中国的虎视眈眈,无数共产党人抛头颅洒热血,最终用28年的时间,就彻底拯救了这个民族,这不是奇迹是什么?!

如果没有中国共产党,就当时的形势,当时的政府,当时的民众和社会基础,试问:中华民族何时能出头？五十年后还是一百年后？

不管是五十年还是一百年,对于我们个人来说,都是很长的时间跨度,但是对于历史进程来说,只是一个时间段而已。

处在那个时代的人如果意志稍微不坚定,稍微一迟疑,可能历史的车轮就转过上百年了。

如果上百年后中华民族才摆脱困境,那么咱们现在的生活如何？

我小的时候不懂,可后来随着年龄的增长,读书越来越多,对党史了解得越来越多,我心中就涌现出这句话:没有共产党就没有新中国。

咱们现在享受的每一分幸福,都是先辈流血牺牲换来的;

咱们的尊严,是志愿军战士和科学家牺牲自我、默默奉献换来的;

咱们的安全,是有使命和担当的军人、干部以及医护人员敢于"逆行"守护起来的;

咱们的自由,是强大的国家实力用后盾支撑起来的;

⋯⋯⋯⋯⋯

没有他们的牺牲和守护,咱们的尊严、安全和自由,这些人生幸福的主要因素将荡然无存,日常的衣食住行更别谈了。

当咱们取得一点成绩的时候,千万注意,自己的努力只是很少一部分因素。

毕业后没几年,我取得了一点成绩,父母夸我能干,我赶紧说:爸妈,我今天取得的一点成绩,首先得感谢这个国家,是国家给了好的环境和政策,我才能上大学,我才能创业改变命运。如果我身处叙利亚,别说干事业、追逐梦想了,天天想的是如何生存而已,生存就是最大的梦想。

其次我要感谢您二老的抚育,是您二老不辞辛苦,省吃俭用,供我上大学,并且没有强力阻止我去创业,是您二老的包容、理解和爱支撑着我走到现在,还有姐姐和弟弟的支持,亲戚朋友的帮助,没有他们在咱家危难时伸出援手,我是走不到今天的。

还有就是团队对我的信任,大家的齐心协力才干成一点事情,至于我的努力,那是最不值得一提的事情。

这些话是我内心的真实想法,不管这辈子取得多大成就,咱们一定要知道,咱们穿的衣服、戴的眼镜、坐的凳子等等,都是别人付出劳动做出来的,不相信的话,你现在去做个凳子试试。

这是个互助的世界,咱们的强大,是因为整个群体强大,不要觉得都是自己厉害,看不到别人对自己的帮助,不然很容易迷失自我,也是衰败的开始。

不管干哪一行,个人肯定是要奋斗的,但是观察整个自然界,连一棵小草、一只蚂蚁每天都在努力奋斗。

这是每个生物的本分而已,没必要因为自己奋斗而骄傲,因为想获得任何东西,都得奋斗,都得努力去争取。

习近平总书记早就说过:要幸福就要奋斗。

咱们这个民族从苦难走向辉煌,也是先辈一步一步奋斗过来的。

从1840年的鸦片战争起,我们的这片土地上开始了长达一百多年的屈辱历史,西方列强就像野兽一样,贪婪地吸食中国人民的血肉。

1840年中国的GDP占世界总额的三分之一,当时中国富甲天下,但是经过西方上百年的盘剥压榨,到1940年的时候,这个曾经世界上最富有的国家,被西方列强抢得只剩下一片焦土,几乎变成世界最穷的国家。

发生在中国这片土地上,称得上战争规模的就有近百场,死亡人数无从统计。

哪怕是新中国已经建立,战争也从未离我们远去,从1949年新中国成立至今,我们打了多次战争(战役):抗美援朝战争、中印边境自卫反击战、中苏珍宝岛冲突、中越西沙海战、中越边境自卫反击战等。

和平是用战争打出来的,是用我们中华儿女的鲜血换来的。最近几十年虽然没有热战,但是其他形式的斗争从未间断。

1993年美国公然搜查中国银河号商船;

1996年台海危机,美国出动两支航母舰队,干涉我国台海军事演习,并大规模对台军出售150架战斗机；

1998年印度尼西亚军警大肆屠杀华侨；

1999年美国公然轰炸中国驻南联盟大使馆；

2001年美国侦察机在中国周边撞落我国战斗机；

2008年3月西藏拉萨发生严重暴力犯罪事件；

2009年7月新疆乌鲁木齐发生打砸抢烧严重暴力事件；

2014年3月昆明火车站发生暴力恐怖袭击事件；

2016年南海仲裁案，中美两国在南海分别进行大规模军事演习，那一年"若有战，召必回"的口号响彻中华大地每个角落。

我想说，如果老百姓都能感受到战争的气息，请你想想情况有多严重。就像一个家庭，如果作为孩子都能感受到家庭的重大压力，那肯定是整个家庭的状况已经很不乐观。（以上事件大家可以上网查询了解一下。）

各位朋友，作为青年，我们应该知道咱们这个国家到底在发生什么，经历了什么，只有这样，咱们才能跳出小我，燃起斗志，去奋发图强。

这个世界还是那个世界，历史上发生的事件还在身边上演，不要认为自己拥有的一切都是理所当然的，更不要以为自己拥有的会一直拥有，这是愚蠢、幼稚甚至危险的想法。

戴旭先生说：国家与国家比拼的就是青年人的质量。只有每一代的青年都能积极奋斗，学习和传承先辈们的无畏精神，这个民族才会屹立不倒，革命先辈的血才不会白流。

习近平总书记的青年时代就是咱们最好的学习榜样，他在延安梁家河找到了一生奋斗的方向，从村级党支部书记一步步成长为一国领袖，《习近平的七年知青岁月》建议每位青年朋友认真阅读一下。习近平总书记对青年的关注，对青年人的期待，咱们要多关注。

习近平总书记说：青年兴则国家兴，青年强则国家强。青年一代有理想、有本领、有担当，国家就有前途，民族就有希望。

习近平总书记说：青年要保持初生牛犊不怕虎、越是艰险越向前的刚健勇毅，勇立时代潮头，争做时代先锋。一切视探索尝试为畏途、一切把负重前行当吃亏、一切"躲进小楼成一统"逃避责任的思想和行为，都是要不得的，都是成不了事的，也是难以真正获得人生快乐的。

习近平总书记说：自古英雄出少年。在漫漫历史长河中，人类社会青年英雄辈出，中华民族青年英雄辈出。

听从领袖的呼唤，跟上时代的步伐，才无愧于祖国的培养。

中华民族之所以历经五千年沧桑巨变而屹立不倒，就是因为，在每个时期，都有中华好儿女站出来，扛起整个民族的脊梁，延续民族的精神，拯救民族于水火之中。

每个时代都有英雄，如果你想和英雄聚会，请先让自己成为英雄，成为自己家族乃至整个民族的一道光，让别人想起你的时候，浑身充满力量。别人靠近你，读你的故事，就能滋养别人的生命。

1919—1949的这三十年，民族使命是争取民族独立，挽救民族于危亡，建立一个新国家。

那一代的新青年，他们做到了，他们高贵的精神追求、无私奉献的气魄，面对黑恶势力的不屈不挠，现在读起来，仍然荡气回肠，仍然激励着每一个中国人。

1949—1978的这三十年，民族使命是保护革命果实，投身国家大建设。

那一代的新青年，他们做到了，不畏强敌的抗美援朝，彻底打出了中国人的尊严；无数青年才俊投身大漠，隐姓埋名几十年，献身保卫国家的强大国防科技；更有无数青年响应国家的号召，奔赴祖国需要的地方，奉献自己的青春。

这个时代的新青年，奉献得多，索取得少，不管是农民、工人还是军人，都以饱满的热情投身祖国的建设中，咱们应该铭记他们的贡献。

1979—2008的这三十年，民族使命就是全力以赴搞经济建设。

那一代的新青年，投身商海，为国家经济建设立下汗马功劳。

那个时候各个方面都是空白，一切都靠摸索探路是最不容易的，当然，时代给予他们的回报也是丰厚的。

2008年之后的十几年，是文化复兴的十几年，咱们国家在军事、科技、经济等领域已经全面发力，而且势头非常好。

唯一慢了一点的是文化板块。现在最重要的是文化的复兴，这一块的短板必须补上。

任何事业都是人干成的，而人的精神靠文化去熏陶和塑造：

文化能塑造民族的铮铮铁骨，所以每个时代的危难时刻，都有逆行者，他们薪火传承，构筑民族脊梁；

文化能守护民族的精神家园，只要文化长城不倒，历经磨难的华夏子孙总能在苦难中重新站立起来；

文化是孕育民族道德的土壤，只要每个时代的好儿女都能添一把土，咱们走到哪里，都是精神贵族；

文化是土壤，而军事、科技、经济这些大树要长在这片土壤上，他们需要这片土壤给他们输送源源不断的营养。

从历史事实来看，党的胜利，就是中华民族优秀文化的胜利，是咱们的优秀文化打开了人类精神的大门，释放出了无穷的能量，助推党从红军长征、抗美援朝、两弹一星等一路踏着奇迹走过来。

所以，党的胜利，也是人类精神的胜利。

没有文化的全面复兴，经济再富有，也是待宰的羔羊，看世界，强盗从未远去；

没有文化的全面复兴，军事再强大，也是外强而中干，看历史，霸权灰飞烟灭；

没有文化的全面复兴，科技再先进，那是出笼的猛虎，看战争，蘑菇云在微笑。

经过几十年的改革开放，中国地面上的高楼大厦不论是数量还是质量，都已经让世人惊叹，但是人们心灵上的高楼大厦却迟迟没有建立起来，甚至人们的心灵深处还是一片废墟，任何一种外来文化都可以开疆拓土，这是很危险的。

文化是民族的魂，文化是民族的根，文化长城是保护民族在世界屹立不倒的根本。

所以，对于当今之新青年，民族使命就是将中华民族的优秀文化复兴起来，构筑坚固的文化长城，保护人民的心灵家园健康成长。

文化的作用就是打开生命之门，让生命的洪荒之力奔腾而出。

而我们中华民族的文化就是这样的文化，无数中华好儿女被这样的文化打开生命之门，他们是觉醒者，正是他们敢上刀山下火海，英勇无畏地挺立起来，这个民族才得以守护。

每个时代觉醒的新青年，就像一个个火炬，在民族黑暗的时候，毅然决然地点燃自己，给民族照亮一片光明。

哪怕黑暗势力再强大，也挡不住他们的光亮，他们不但照耀了他们所处的时代，他们的精神也将融入民族的文化血液里，滋养更多中华好儿女的心灵。

五千年的民族发展史，就是靠这些觉醒的人，燃烧着、照亮着、引领着，一寸一寸走过来的。

当我们读历史的时候，再不堪回首的黑暗时代，正因为有他们的光芒，才会觉得那个时代是彩色的。

中共中央提出"两个一百年"奋斗目标：到中国共产党成立一百年时，全面建成小康社会；到新中国成立一百年时，全面建成富强民主文明和谐美丽的社会主义现代化强国。

在实现第一个百年奋斗目标的过程中，有超过1800名基层干部牺牲在了脱贫攻坚战之路上，黄文秀、樊贞子、张华等，每个名字背后都有一个感人肺腑的故事。

心中装着一百万人民和心中装着一百万人民币的人，这是两种人生。

如果咱们心中能装下一百万人民，哪怕自己只有初中文化，也能做成大事。

我在高中时遇到一位老板，只有初中文化，却立志要治理污水，经过十几年的刻苦学习，人家有了自己的工厂，手里还有二十多项国家专利。

这件事情对我触动极大。

原来，人的愿力可以有如此大的能量。

这样的例子，我相信还有很多。

各位朋友，人生之所以不顺，很多时候，不是外在条件不好，而是自己内心没有愿力，没有造福一方百姓的志向，没有大志向，就生发不出气吞万里的气魄。

现在离第二个百年奋斗目标还有二十多年的时间，请问，谁是这二十多年的主力军？

是青年！是现在才二三十岁的我们！现在二三十岁，接下来的二十多年正是干事创业的黄金年龄。

所以，各位新青年，方向已经清晰，道路就在脚下，该启程了！

我们都会读历史、评判历史，但是不要忘了，我们也会成为历史。别人也会来评判我们。

在这个实现中华民族伟大复兴的历史时刻，如果不参与其中，五十年后，当自己的孙子孙女用两个忽闪忽闪的大眼睛看着你说：我们老师在讲历史的时候说五十年前我们国家在习近平总书记的带领下，吹响了中华民族复兴的号角，爷爷（奶奶），您那时候在做什么啊？

人生在世：

送给父母最好的礼物是荣耀；

送给孩子最好的礼物是榜样；

送给朋友最好的礼物是机会；

送给自己最好的礼物是奋斗。

对英雄的最好缅怀，就是传颂他们的故事，继承他们的精神，让更多人觉醒。

希望中华民族在奔向伟大复兴的路上，有你，有我！

10 人与人最大的不同就是：思维空间维度不一样

我们生活在一个世界里吗？

相信很多人有这种困惑，今天就聊聊这个极其重要的话题。

我们的身体生活在三维空间里，也就是生活在同一个物质世界，但是，每个人的思维所在的空间维度是不一样的。

更准确地说，我们生活在自己看到的世界里。

所以，两个人对待同样一件事情吵架，不是说两个人一定有一个看错了，可以说，两个人看到的都是事实。

只是对同一个事物，他们看到的事实深度不同。

所以，当你看到这个世界是不公正的，都是让你难受的、不开心的事情时，你是对的，你看到的是事实。

同样，当你看到这个世界到处都是美好、感动、恩典，自己心情很好，更爱这个世界，你也是对的，你看到的也是事实。

咱们都生活在自己看到的世界里，咱们都是自己世界的主宰者，一切的感受都是四个字："自作自受"。怨不得别人。

思维空间维度不同，在生活中、工作中时刻影响着人们。

同样一家公司，你去面试的时候，觉得这家公司真是没前途，朋友去面试后，就像发现新大陆一样，觉得这家公司太有前途了。几年过后，你还在打工，但你的朋友已经是事业有成了，区别在哪里？

你看到的公司问题不存在吗？

你看到的明明是事实啊，为什么结果却和自己判断的大相径庭呢?

还有一个故事:两头狼发现了一片大草原,一头狼灰头土脸,因为在茫茫草原上没有一只猎物,但是另一头狼却很兴奋。因为,它知道,有草原的地方,一定会有猎物。

有人为这个故事总结一句话:一个人的眼光很重要。

总结得很对,但是没有抓住核心。

简单来说,人的思维空间维度分为四个等级:

思维在一维空间的人,只能看到事物呈现出来的一面;

思维在二维空间的人,不但能看到事物呈现出来的一面,还能看到事物没有呈现出来的一面;

思维在三维空间的人,事物呈现出来的一面和没有呈现出来的一面,他都能看清楚。而且,他还能以动态的眼光看到,事物呈现出来的一面和没有呈现出来的一面,在条件变化的情况下,是会相互转化的,是动态发展的。

思维突破空间维度的人,就是民族的圣人和伟人,普通人理解不了他们,他们是人类里最孤独的。

在一维空间的人看东西,叫现象。

万物现象千变万化,自己的心也跟着千变万化,这样的人很累,看不到出路;

在二维空间的人看东西,叫真相。

真相也是"象"的一种,但是已经不一样了,他们是生活中的明白人;

在三维空间的人看东西,叫心相。

这是"象"的总源头,抓住这个牛鼻子,看世界很简单,人生也很豁达;

突破空间维度的人,就是一面镜子。在这样的人面前,我们能清晰地照见自己,他们境随心转,活在无我的境界中,没有"象",没有你我,只有当下。

就像当年曹操率八十多万军队攻打东吴,当时孙权的大臣里分成了主战和主和两派,争执不下。

不管是主战还是主和,要么自视甚高,要么只看到敌人的强大,思维都属于在一维空间。

但是当周瑜赶来,对当前敌我双方的优劣势进行了客观透彻的分析后,坚决支持主战，坚定了孙权的战斗决心。

而周瑜这样的人，不但看到敌军的优势，也看到敌军的劣势；不但看到自己的劣势，更看到了自己的优势。

同时也看到，当时间和空间发生变化的时候，自己和敌人的优势与劣势是动态发生变化的。更知道自己何时何地以何种方式给敌人以致命一击。

诸葛亮和周瑜都属于三维空间的人，别人面对他们，为什么打不赢？因为思维空间维度不一样，看到的世界就不一样。

当一个三维空间的人，面对一个二维空间的人，就是降维打击。

三维空间的人，总能根据当前局势做出最好的判断，毛泽东带兵和蒋介石带兵就是降维打击的最好例证，尤其是四渡赤水，更是神来之笔。

当两个人在一起较量的时候，处在三维空间的人，能洞悉低维度空间的人的想法和目的。

而低维度空间的人往往看不懂高维度空间的人在干什么，以及接下来会怎么干。

如果两个人相处，高维度空间的人会深刻洞悉你的需求和你的想法。然后，你和他相处，会很舒服，并让你感觉自己很厉害。

你以为你主导了整个交流过程，其实，人家早就不动声色地坐庄了。

就像大家去找工作，你会看重这个公司的什么，办公面积、团队数量、薪资待遇？公司呈现出来的这些东西，一定要看。但更要看这个公司的愿景规划、发展历史、团队凝聚力等等。

如果这个公司当前规模不大，但是初心正、愿景规划清晰、团队凝聚力强大、未来市场广阔等，那么这样的公司发展潜力就巨大，就值得认真考虑。

相反，如果这个公司办公面积很大、员工很多、薪资待遇也好，这些呈现出来的东西看起来很好，但是团队没有凝聚力，企业文化形同摆设，愿景规划只有老板自娱自乐，在这样的公司也许能挣到一点钱，但是对自身的成长很不利，因为整个公司不正，会严重影响个人的职业习惯。

千军易得，一将难求。这句每个人都耳熟能详的话语，说的就是这个道理。

为什么千军易得？

因为绝大多数人是生活在一维空间或二维空间。而带兵打仗，是三维空间里操作最难、变化最迅速、碰撞最激烈的事情。必须找一个思维在三维空间的人才能胜任。

对敌我的分析、时空变化的影响、各兵种的有机配合要能够统筹安排。

而这里的每一项，都不是一、二维空间的人能够胜任的。

人一辈子要修炼的就是提升自己思维的空间维度，这就是传统文化讲的，内圣而外王。

如何训练自己的思维空间维度呢？

不二法门就是去服务别人，在服务别人的过程中，耕耘自己的心田，在实践中去练习。

从服务一个人，到服务三个人，到能够服务数十人，随着服务人数的不断增多，职位也从普通员工一步步变成领导。

这个过程就是一个人的思维空间不断升级的过程。

自己内在的维度决定了你能带多少团队，这也就是为什么有人说，企业的规模其实就是老板内在格局的外在展现。

最后要强调的是，思维空间的提升，绝不是说我能看明白就行了，这个没用。

自己思维空间提升的标志是：能拿住自己，真的不动心，真正地做到才算数。

就像你经常和另一半吵架，有一天，你们又发生矛盾，你心里也知道不怪对方，但就是控制不住自己，又大吵一架。

这样的情况根本不算思维空间提升了。

如果非要给一个明确的标志，那就是看一个人的承载力，承载赞美、承载委屈、承载误解等等，承载的东西越多，而又不影响自己的心境，那这样的人就完成了思维空间的升级。

人与人的终极较量，就是思维空间维度的较量。

要强大，就升级自己的思维空间，去看到不一样的人生境界。

11 人生的加减法

人生是由一个又一个的选择构成的,而每一次的选择,都是一次加减法的运算。

人生的加减法影响着生活的方方面面。这个很有必要来聊聊,人生加减法就是常说的"舍得"二字。

在该加的时候减——错,在该减的时候加——错。那么什么时候该加,什么时候该减呢?有没有一个原则可以让我们把握?当然有。

我们面对任何事情,都要学会从宏观和微观来看问题。先看宏观,找对方向;再看微观,找对方法。

宏观和微观通俗来讲:宏观是指从大的方面去观察,微观是指从小的方面去观察。就像咱们的人生,从宏观来看,可以分为四个阶段:

第一阶段:0—18岁,学生阶段;

第二阶段:19—30岁,锻炼成长阶段;

第三阶段:31—55岁,贡献社会阶段;

第四阶段:55岁以上,落叶归根阶段。

在第一阶段,我们需要学习知识、成长身体等。毫无疑问,在这个阶段要做加法,吃得多点、学得多点、成绩多点、历练多点。

在第二阶段,是我们锻炼成长的黄金十二年。那么在这个阶段是加法还是减法呢?不着急回答,咱们先看第三阶段。

在第三阶段,是最能干、最成熟的25年。一般来说,这个阶段是大部分人事业能否成功、家庭美满与否的关键时期,也就是人生成就的高峰期。大多数人最辉煌的成就是在第三阶段取得的,也就是说,这个阶段最好是能做加法。

在第四阶段,人生进入后半场。这个时候就像《论语》里面说的:少之时,血气未定,戒之在色;及其壮也,血气方刚,戒之在斗;及其老也,血气既衰,戒之在得。

人生进入后半场,就是要做减法,才能护住自己的心。奋斗了一辈子,放手让年轻人去干,不能再斗来斗去,这也看不惯,那也看不惯。一颗躁动的心,不会给你带来一个幸福的晚年。

第一阶段学生阶段和第四阶段落叶归根阶段,好理解,也好操作。关键是第二阶段锻炼成长阶段和第三阶段贡献社会阶段。

个人观点:只有在第二阶段做减法,第三阶段才能更好地做加法。如果在第二阶段一直做加法,到第三个阶段,估计你想加也加不上了,只剩下忍耐和无奈。为什么这么说呢?

因为,我问过几位人生结果还不错的前辈,他们在回忆自己前半生的时候,总是给出相同的建议:年轻的时候要选个好的行业,然后踏踏实实干下去,不能朝三暮四,一个行业干两三年就换,这是对自己最大的不负责任。

同时,咱们多读一些各行各业头部企业的老板,你会发现,他们有个共同特点:从年轻的时候就认定一个行业,然后在这个行业深耕细作。

所以在大学期间,最重要的是多读书、多做事、多关注社会各个行业的资讯。关注他们不是为了让自己朝三暮四,而是从中不断地认识自己,发现自己的长处,然后做减法,删减想法,删到只剩一个梦想,然后置心一处,以一厘米的宽度、一千米的深度去深入、去扎根。十年后,你在这个行业必然有所成就。

那么,进入人生第三阶段,你也一定会在这个厚实的基础上获得蓬勃发展。哪怕会失败,但人生的层次已经不可同日而语了。

这就像一棵大树,树根扎得深,树干才能长得壮。最后不管往哪个方向开枝散叶,都有底气,哪怕有一两个树枝坏了,也不影响整棵大树的形象。

在年轻的时候,越早认定一个方向、认定一个行业,并且为之全力以赴,对自己的人生越好。

但很多人不敢横下一条心,早早确定自己的行业。其实,不是你不能或者没有机会,而是自己脑袋里的观念害了你。

比如:害怕深入做了某一个行业之后会失败,得到与付出不成正比;没有开始做,是因为没有找到自己喜欢的;身边人都没开始做,我没开始也正常;等等。

关于第一个问题,我想告诉你,要以发展的眼光看问题,请放心地深入去做。当别人还在迷茫、还在不确定的时候,你已经确定一个方向去做,这个动作本身就已经先人一步了。

同时,一个人在深入做一个行业的时候,综合能力、工作经验、眼界的开阔、学生思维到工作思维的转变与养成、高质量人脉的增加、对人的认知等等都在增强,这些对于年轻人的未来发展来说,都是具备巨大潜在价值的。当你在一个行业做到一定水准后,这些经验也是具备跨行业性质的。

退一万步讲,就算到最后失败了,不做这个行业了,那么,转做其他行业,也会有优势。因为行业与行业有很多共同性。

这也是很多长辈劝年轻人,在找工作的时候要慎重选择,但是一旦选了,就不要轻易跳槽。

从基层员工踏踏实实向上干,当在一个公司晋升到高管之后,自己的综合实力会随着职位的晋升得到系统、全面、立体的提升。

这个时候,如果这个公司的梦想和你的梦想不一致,或者这家公司的天花板太低,限制你的人生发展,可以考虑跳槽,若不是如此,建议你轻易不要跳槽。

其次再说喜欢不喜欢的问题。这本身就是个伪命题,因为如果上了大学,还没有发现自己在某个方面的天赋,那么,基本不用再找了。

这倒不是说自己就废了,而是要恭喜你,你将成为综合型人才,以后面临选择的时候,不用再考虑喜欢不喜欢,而是要重点考虑这件事情的未来价值是不是巨大的。

什么是未来价值呢?举个例子,你现在毕业了,面前有两个机会:一个是去三线城市的电子厂，工资每月一万；另一个是跟着毕业导师去北京做个创业项目，工资不高，但对人的历练很大。

很显然，第一种的未来价值没有第二种大，当然，如果你家里着急用钱，选择第一种也是明智的。

为什么我说不用考虑自己喜欢不喜欢呢？原因有两个：第一，年轻人不谈责任，只谈喜欢的话，不用说，都是喜欢吃喝玩乐；第二，咱们的父母做工作，有没有先考虑喜欢与否？

答案是"没有"。因为他们考虑的就是哪份工作能挣钱、挣钱多，就干哪个。这是一种成熟的体现，更是一种担当和责任的体现。

钱，对于咱们每个人，如果只是为了自己，是够花的，无非挣得少了少花点。就像咱们的父母，如果不是为了孩子，他们挣的钱环游世界也没问题。但是，咱们都是有爱的人，爱无限，所以钱也就不够花了。

总结一句话，成年人为责任而活，总是在做自己该做的事情，而不是自己想做的事情。

就像咱们年轻人，干什么能把自己历练出来，就干什么，哪里能让自己成长起来，就把自己的时间和精力花在哪里。

面对父母，当父母还在为我们拼命的时候，当自己手心还在向上的时候，没资格谈喜欢。

我希望大家毕业后都能过上自己喜欢的生活，但在这之前，好好成长才是王道。

最后一个，别人还没开始，我也不着急开始。对于有这种想法的人，我只想说一句：人要干成事，绝不能随波逐流。

在人生职场上，人与人之间，就是通过一些很细微的动作才拉开很大距离的，早早下定决心，给自己确定一个行业，就是这样的动作。先人一步，步步领先。

当然，以上四个阶段你也可以微调。同时，每个阶段也不是绝对的加或者减。比如在第一阶段，以加法为主旋律，中间也有减法；对于第二阶段，以减法为主旋律，也会有加法。

就像在大学阶段，刚开始上大一，协会报名两个，院系学生会或者校级学生会得参加，兴趣爱好班报两个，感觉什么都想拿。半年过后，很多人会减去很多不必要的活动，然后把时间用在自己觉得最有未来价值的事情上。

　　到了大二，大多数同学都不会对这些协会、爱好班再提起多大的兴趣。到了大三，每个人都开始选择方向，并且为之努力，其他与之不相干的，都不会再让你提起兴趣。其实这个过程，就是大家自然而然做的一个加减法的过程。

　　找对方向，让人生在该做加法的时候，一往无前；在该做减法的时候，轻装前行！

12 月入过万的职场思维

人要想在职场有大的发展,必须成为上级领导的左膀右臂,而成为别人的左膀右臂,只是把本职工作做好是远远不够的。这篇文章分享的内容,不牵扯工作技能,但和工作技能同样重要,甚至有时候比工作技能更重要,那就是职场思维。

我发现那些在职场如鱼得水的人,不一定是工作技能最突出的那个人,但一定是老板最赏识的那个人;那些职场不如意的人,也不一定是工作技能不行,而是职场思维不行。要想在职场中顺利晋升,工作技能和职场思维哪个都不能缺。以下分享的观点,如果你和老板没有直接接触的机会,可以换成自己的直系领导即可。

(1)老板看到你

只有先让老板看到你、记住你,然后才能赏识你、重用你。只有让别人看到你,别人才会重视你。也就是说,虽然你和大家干的活一样,付出的辛苦一样,但是只有老板心里有你、知道你,才会真正认可你的付出,而大部分人的职场之路之所以坎坷,就是犯了这一条,他们认为:只要自己踏踏实实干,就能得到老板的赏识。

但事实真不是这样,领导都没看到你,如何认可你的付出?如何赏识你的才华?如何重视你的发展?领导是人不是神,他不会面面俱到。他更不可能在众人中一眼就看到你,除非很特殊的情况才可能让老板直接记住一个人。

有一天老板来工地视察,所有工人都在努力工作,工人们大都穿着一模一样的蓝色工作服,但是其中有个工人穿着耀眼的红色上衣,在众人中,老板一眼就看到了这个穿红色上衣的工人,只见他工作认真,忙前忙后,给老板留下了深刻的印象。

然后老板就问了身边的项目负责人,询问关于这个工人的基本情况及平时工作表现,老板听后很是满意。没多久,这个穿红色上衣的工人就得到了提拔。通过这个故事,我们得到了什么启示?

最起码两条:好好工作积累口碑,抓住机会让别人看到你。让别人看到你,需要你的主动,而不是让老板主动。有时候老板不重用你,真不是你工作不努力,而是老板压根就没看到你。

(2) 维护老板

在职场上,维护老板是最重要的一条规则。老板不完美,但是正因为如此,才需要我们维护。总的来说就是维护老板的利益、面子、权力。看起来很难的事情,有时候又是最简单的,甚至简单到就是我们一句话的事情。

一家公司,经理在和刚入职的员工见面时,看着名单念到"黄烨(huà)",全场一片静寂,没有人回答。经理又念了一遍。这个时候一位员工站起来,怯生生地说:"我叫黄烨(yè),不叫黄烨(huà)。"新员工中发出一阵低低的笑声。瞬间,经理的脸色很不自然。"报告经理,我是打字员,是我把字打错了。"一个精干的小伙子站出来说道。"太马虎了,下次注意!"老板挥挥手,接着念下去。没多久,那个站出来的打字员被提升为公关部经理。每个人都有自己的认知边界,有自己的短板,老板也是如此。犯错误出洋相在所难免,而如何让别人从尴尬中走出来,就需要很高超的随机应变能力。不管对老板还是朋友,都适用。

(3) 永远站在老板的角度考虑问题

做到站在老板的角度思考问题不容易,但是要知道,如果我们永远站在自己的角度去考虑问题,那么你永远是你;但是如果你能站在老板的角度去考虑问题,那么相信不久之后,你的位置一定会不断上升。

人的改变首先从思维方式开始改变。当你拥有失败者的思维方式,哪怕暂时取得成功,也终将失败;相反,如果你具备成功者的思维方式,哪怕暂时很落魄，很不堪，等时机成熟，那你也必将登上人生巅峰。

三流选手改变自己的穿衣打扮，二流选手改变自己的知识储备，一流选手直接改变自己的思维方式。所以在一家公司里，最重要的是借助平台锻炼自己的老板思维，而不是打工思维，当你真正能站在老板的角度考虑问题，一定是最特别的那个，想不突出都难。因为，你的言谈举止已经与众不同了。

比如当老板把一个项目交给你的时候，他最想知道什么？肯定是工作进程啊，你作为项目负责人不但要把项目干好，更重要的是要在合适的时机向老板汇报，汇报的次数要少，信息要少，但是要准确，让老板一看，就能得到他需要的信息，这是让老板放心。

相反，如果你什么都不汇报，甚至老板都电话询问了，还是半天说不清楚，请问，你还有机会吗？再有项目的时候，老板还会交给你吗？最重要的是，你给老板留下的不安全感会一直萦绕他的心头，一旦这种印象形成标签，你再想有大的发展，几乎是不可能的。

永远要团结同事，这是老板最想看到的，不能团结人的人，老板敢重用吗？除非你有特殊才能，或者老板有特殊需求。永远不要在老板面前说别人坏话，因为这是老板最讨厌的。如果小李在老板面前说你坏话，你更要在老板面前说小李的好话，因为只有经过对比，老板才知道谁能堪当大任。

给老板提建议，永远在提出问题的同时，必须拿出解决方案，因为公司的问题，老板心知肚明，不需要你给他重复一遍，老板迫切需要的是解决方案。当然，你如果能提出切实可行的为公司赚钱的建议，老板是来者不拒的。

(4) 给安全感

能够给别人安全感，是做人的基本条件，也是有智慧的基本表现。就像谈恋爱，女孩子为什么决定嫁给你？因为你能给她足够的安全感，相反，如果一个女孩子和你谈恋爱了，但就是不想结婚，其实就是女孩子内心有很多担心的东西，你还没有替她化解掉。

别人为什么找你合作？也许你能力很强，但是你能给别人安全感，一定是不可或缺的一条。为什么中国不管是找结婚对象、事业伙伴等，都很看重这个人孝道如何？最重要的原因是，这样的人更容易让人有安全感。一句话：做人有底线，做事很靠谱。

俗话说，聪明反被聪明误。这说的就是安全感。任何人都不傻，如果一个人处处显示自己的聪明，那就已经不聪明了，因为任何人都在防着你，和你打交道没有安全感，你还怎么聚人心、干大事？

不管在生活中还是在职场中，给别人安全感都是能干成事的基本条件，但是很多人又忽略这一条。在职场上的具体表现就是老板交给你一项工作，一定要主动向老板进行汇报，并且汇报的时候，要言简意赅，讲老板最关心、最想知道的内容。相反，很多人接到老板分配的任务，杳无音讯，这样的人会让老板心里极度不踏实；还有一类人是接到项目后，整天向老板请示，这很招人烦，这样的人会把老板累死。

如何给人安全感？一句话，心里装着别人。其实别人在乎的就是如此，你心里到底有没有我？不管是谈恋爱还是职场，都是如此。谈恋爱，心里装着对方，这叫爱；职场上心里装着老板，这叫敬。

(5) 永远相信自己一定能行

我们只要相信自己能干成大事，最后一定心想事成。最怕的就是连我们自己都不相信自己。哀莫大于心死，就是告诉我们：最悲哀的事情就是自己不再相信。

罗杰·罗尔斯是美国纽约历史上的第一位黑人州长，他出生在纽约一个非常糟糕的贫民窟里，凡是在这里出生的小孩，长大之后，很少有人能够获得一份较为体面的工作。然而，罗尔斯是个例外，他不仅考上了大学，而且还当选了州长。在他就职的记者招待会上，罗尔斯对自己的奋斗史只字不提，他仅说了一个大家都非常陌生的名字——皮尔·保罗。这个人是罗尔斯在读小学时的一位校长。

原来，罗尔斯读小学的时候，皮尔·保罗以校长的身份走进罗尔斯就读的那所小学。那是1961年，正值美国流行嬉皮士的年代，可皮尔·保罗却发现，这里的穷孩子无所事事，他们旷课、斗殴，甚至砸烂学校的黑板。有一次，当罗尔斯从窗台上跳下,伸着小手走向讲台时,皮尔·保罗说:"我一看你这修长的小拇指就知道,将来你是纽约州的州长。"

当时罗尔斯大吃一惊,皮尔·保罗先生竟然说他可以成为纽约州的州长,着实出乎他的意料。罗杰·罗尔斯记下了这句话,并且相信了。从那天起,纽约州州长就像一面旗帜,时时刻刻在他心中飘荡。在以后40多年时间里,他没有一天不按照州长的身份要求自己。终于,在51岁那年,罗杰·罗尔斯真的成了纽约州的州长。

多给自己身边的人送去充满爱意的鼓励,这是最好的礼物。但是不要忘了,要把这样的礼物也给自己备一份。

13 立身之战

新中国于1949年成立,当时世界上很多国家对于新中国成立是很不以为意的,因为从1840年鸦片战争之后,我们对外的所有战争,基本就没打赢过,就算打赢了,也是割地赔款,屈辱至极,所以才有人说:"这里有一个很富有但是不愿意打仗的国家。"

当别人这样给我们下结论的时候,不就是号召别人可以来抢劫吗?这也是为什么在解放军要渡过长江的时候,英国的紫石英号战舰不顾我方一再警告,阻碍我们渡江,虽然最后我们将英国战舰打败了,但是这个事件反映的就是当时世界强国的心态:中国人就是被欺负的。

只有经过抗美援朝战争之后,世界上的国家,尤其是那些老牌帝国才终于意识到:中国人真的站立起来了!所以对于抗美援朝战争,咱们的通俗定位就是"立国之战"。

关于抗美援朝战争的视频和文献资料很多,这里重点是要强调,国家在世界上立足,尚且需要立国之战,而我们个人,在家庭里要有地位、有话语权,同样也需要立身之战。包括在公司里,如果要让别人重视你,首先要让别人看到你,而要让别人看到你,你就必须站出来,打一个漂亮的立身之战,都是一个道理。

尤其是在家里,很多年轻人已经成年,但是家里的事情根本没有发言权,甚至自己的事情,也得听父母的安排。青年朋友,这个时候请不要抱怨,事实是:不是家长不听你的建议,而是因为你没有打一个立身之战。从小到大的所有表现，让他们在心中给你贴了个标签，就是一个什么都不懂的小屁孩儿。

回想一下，从小到大，自己做过哪些独立决定？并且独立承担决定后的责任了吗？如果都没有，请问，这不就是一个小孩子的表现吗？你越是表现得乖，父母越是不放心，越是管着你，甚至很多大学生没毕业呢，家里就催着婚姻的事情。这些迹象，都表明一个事实：自己没长大，父母不放心。

虽然父母不放心，但是他们爱孩子，不会责备孩子，而是行动起来，用自己能想到的最好方式把孩子保护起来，比如安排工作、安排婚姻等。但是父母的安排是他们目光所及最好的，而孩子不一定满意，发生争执甚至是冲突在所难免。

如果真想把握自己的人生，那你现在最需要的不是争论，而是行动，打一个立身之战，向所有人证明：我是可以的。立身之战对每个人都是至关重要的，拿我自己举例，回想自身的成长经历，就是一次又一次的绝地反击走过来的。

当我中招考了 295 分之后，没有任何一所高中和中专给我发一张录取通知书（这个成绩，怎么可能有人给你发录取通知书？）。但是，正是中招的惨痛失败，一棒子把我打醒了。我知道自己不能放弃，我要逆袭，不为别的，就是为自己和父母争口气，那个时候写日记，只要写到我的父母，就会痛哭流涕，为父母的辛苦，更为自己的不争气。

幸运的是，我居然有学校上，虽然只是一所中专，但是通过上中专有考大学的机会，我其他什么都不求，只要能考大学，我就知足了，我只要这个机会！有一次机会就足够了！进入中专，虽然学习环境确实不太好，但是我知道自己来这里是干什么的。当真正开始学的时候，才发现我初中的知识都不会，但这难不倒我，欠下的"债"是必须还的。勤能补拙形容我最合适不过了，经过三年的日夜奋斗，最终我以 685 分顺利考上大学。

这是我为自己的人生打的第一次立身之战，前后历时三年，这三年中我做到了完整逆袭。这次的胜利，为我赢得了上大学的机会，从此人生才有了各种可能。

出发上大学时，母亲告诉我："家里的希望就寄托在你身上了。"我也斗志满满，要更加努力去拼搏，但是当我来到大学后，由于中专三年省吃俭用（一周的生活费加上来回车费我努力控制在 5 至 12 元之间,每周先吃从家里带来的馍和咸菜,然后再花钱去食堂吃饭),那时候饿了就喝开水,每天休息时间又短,透支太严重,所以高考后身体就不断生病。

到了大学,又陷入极度迷茫之中,身体就更差劲了,先后患上鼻窦炎、十二指肠炎、胃溃疡,眼睛过度疲劳睁不开,气胸只得住院手术,整天浑身没劲,甚至走路速度稍微快一点儿,肚子里都是疼的。当时我不断喝开水,但嘴唇永远是干裂的。总之大一和大二两年药没停过,身体状况实在堪忧。

在大二的国庆假期,我的父亲突然对我说:"走,去给恁爷上坟!"我心中很诧异,怎么现在去上坟?心中有疑问,但是嘴上没说啥,一路上默默无闻地跟着父亲来到山里,看着父亲的背影,内心很难受。到了爷爷的坟前,父亲拿出香点上,将吃的摆上,又把给爷爷的"钱"烧着。余晖洒在父亲的脸上,本来黝黑的脸,显得更红了,一道道岁月的痕迹刻在父亲的脸上,此刻父亲的表情是无奈、是无助。父亲终于开口了:"爹,我带着龙来看恁了,这是给恁烧的钱,恁收住。唉,家里好不容易出个大学生,恁也好好照看一下,他咋一直生病嘞,身体这个样子会中?"父亲全程低着头,好像自言自语一样,语速很慢,无奈又无助。

回家的路上还是没说话,父亲是个农民,没啥文化,本本分分干活,挣的都是辛苦钱,但是我知道,父亲一辈子要强,可现在父亲却那么无助,我心里揪着疼。

回到学校之后,我知道自己必须改变,必须做点什么,必须开始行动!去拜访我认识的老师、学长、老乡等,去请教大学到底如何学习、如何才能在社会上立足、如何才能追逐梦想等问题,去向所有我认识的人请教,我迫切想改变现状,但是当请教几十人之后,我更加迷茫了。

因为我发现他们也深处迷茫之中,根本解决不了我的问题,甚至我提出的问题,他们都没有想过。当身边人不能给我答案的时候,我就去听讲座,所有能找到的讲座,不管是本学校的还是其他学校的,我都去听,关于考研的,英语四、六级的,公务员考试的,招聘的,等等,讲师在我认知中是属于成功人士,我重点想听这些讲师是如何读大学的,如听讲座查资料等等。

又过了三个月,虽然人生大方向的问题没有解决,但是具体学习的方法有了新的借鉴，更重要的是这个时期，由于我的注意力转移在寻找方向上，不再专注于病痛之中，而是开始积极地奋斗，行动行动再行动，早起读书、系统学习英语、锻炼身体等等，一心一意做好自己该做的事情，到大三的时候身体已经有大的好转。

所以，我从自身的病痛经历中，切身体会到人精神力量的强大。纵然大学三年身体极度糟糕，思想极度迷茫，但是我一直记得母亲对我说的话："家里的希望就寄托在你身上了。"所以，不管是无数次想过自杀，还是放弃，我都扛了过来，最后终于在大四的时候遇到了自己内心渴望的教育事业，然后，就开始了艰难而丰富的创业生涯。

创业一点儿也不酷，因为我的基础太差，学了八年的化学专业，现在突然主攻英语口语、演讲口才、组织管理等，真是从小白开始干，而且还是从自己最不擅长的地方开始干起，但是既然决定干了，就一点一点来，勤能补拙。别人早读6:20开始，我5:30开始，别人早读结束去吃饭，我再背二十分钟。吃了早饭就到湖边，开始背英语，用三个月的时间将一整本英语书上的全英文章，全部能够脱口而出。

背汉语文章，自己口才笨，那就多上台啊。上课的时候，只要有机会上台分享，我总是第一个冲上去，虽然没少丢脸，但是口才在进步，丢脸也值得。就这样经过一年的刻苦练习，我终于当上课程助教，一点一点向老师的岗位上冲刺。

一年半之后，我成功应聘上讲师，并开始了人生中的第一次讲座。从一个说话支支吾吾（受大学三年说话不多的影响），对面是女生就脸红的"傻大个儿"，用一年半的时间终于蜕变出来了，可以正式开启创业之路。

从进入大学苦苦寻找人生方向的三年，到大四遇到事业，然后开始没日没夜地锻炼口才、背英语文章，直到能站上讲台，这是我打的第二次立身之战，总共历时五年，中间有停歇，但绝没有放弃，一直在坚持，直到迎来曙光。这次战斗的胜利，为我赢得了人生追逐梦想的机会。

在第一家公司工作四年。之所以选择这家公司，是因为这家公司的教育梦想和我的教育梦想一致，主要业务是教大学生英语口语和口才，以此为载体唤醒更多大学生的奋斗热情和家庭责任感。我是从农村出来的大学生,家里为了供我上大学,石板、树和粮食等,能卖的都卖了。我深知农村家庭供一个大学生多不容易,更知道大学四年对人生的影响太宝贵了,但是看看周围迷茫的大学生,我也很想唤醒他们,看着每年进入大学的新生,我很想把自己的思考或者教训分享给他们,让他们少走一些弯路。

因此就果断放弃考研,加入这家公司,从小白开始干,一路晋升干到分公司经理,但是后来由于种种原因创业失败,公司也解散了。原来的教育梦想也遭遇到空前的打击,难道就这样放弃吗?绝不!经过两天的调整,我告诉自己一句话:永远跟着内心的渴望走,永远不放弃心中的梦想!这只是我追逐梦想的一段小插曲,而且刚毕业两年就亲身经历了一家公司的失败,这对我的人生是宝贵的经验,我绝不可能因为某个人、某家公司的失败,就改变自己的梦想,绝不可能!

就这样经过两个月的准备,然后就一个人开始创业,虽然身边的所有人都反对,包括我的家人,但是我心意已决,人活一辈子,为什么不跟随内心的梦想而活?如果这次我因为暂时的困难而妥协,我会后悔一辈子的。

所以就这样,我一个人开始了独立创业生涯,一直到现在,已经有了七年的时间。从一个人到一群人,这一路的披荆斩棘,只有我自己知道其中的滋味。我更深刻地明白了,企业的规模反映的就是老板的格局和综合实力。创业,是对一个人全方位的塑造,比如思维认知、心胸气度等等,很疼,但必须扛过去,不然,怎么配得上自己心中的梦想。

这是我的第三次立身之战,目前历时七年,这次的战斗,让我赢得了周围人的信任和支持,为接下来的大发展和大布局奠定了基础,让自己在高中时对人生的规划,从不可能变成现实,并且向着更好的方向发展。

如果自己当前处于人生困局,那就是该行动起来的时候,就是该打一场立身之战的时候,与其躺在床上无病呻吟,变成连自己都讨厌的人,不如真正有尊严地战斗一次,不行动是永远找不到人生路的。只有打破当前的困局,人生才能上一个台阶,不然,会永远被锁死在低层次的人生困局中,因为打破人生困局是有保质期的,错过了这个时机,想打破也没机会了。

人生总会遇到这样那样的困境,困境不可怕,可怕的是没有再次出发的勇气,每个人都需要打自己的立身之战,与其逃避,不如直接面对,做个有尊严的人生战士!

14 下定义的权利不能丢

我们在生活中经历的事情,除了极个别外,大多数没有好坏之分,但是我们对于事情的看法,却会主导我们的情绪,进而影响我们的判断,因为有个事实,那就是我们生活在自己定义的世界里,自己下了个好定义还是坏定义,直接决定了这件事情对自身生活的影响。只要自己下定义的权利不丢,哪怕失去了自由,失去了健康,失去了健全的身体,你都可以重新振作起来,开启新的生活。相反,如果自己把这项权利丢了,或者不知道它对自己的深刻影响,那么,就算自己拥有很多,也会经常烦恼,因为自己下的定义,一直在心底影响着自己,时时刻刻都在影响。就像我们和另一半约会,对方迟到了半个小时,这个时候有人就下结论了:"你不爱我。"一旦对"迟到半个小时"这件事情下个这样的定义,请问,后来会发生什么事情呢?多半双方会很不愉快,就算经过一番苦口婆心的解释,这件事情过去了,那还会不会遇到生活中的其他小事情?比如给你带的零食不合口味、忘了给对方过生日等等。如果一个人对生活中的事情,动不动就下个消极的定义,你能忍受几次?约会迟到有很多种原因会导致这个结果,没必要就下个"你不爱我"这样消极的结论。定义权分为两种:用思想下定义,也就是换个角度看问题,选个好角度下定义,这是对自己最大的保护;另一种更重要,就是用实际行动下定义,这是真正热爱自己的生命。

下定义在生活中的应用咱们可以举例说明:

(1)什么是美?这个定义权要把握在自己手里,不能做别人的复制品和衍生品。每次走在大街上,不管是理发店、服装店、美妆店等,看到店铺用来宣传的海报上有很多是外国模特,我心里就嘀咕:这商铺是开在中国这片土地上,是要卖给中国人的,为什么就不能请中国模特来推广呢?其实我心里也知道,这是整个民族丧失了对美的标准权所导致的,这是自1840年鸦片战争之后,中华民族被欺负了上百年导致的一个副作用,之所以现在国家一直提文化自信,就是要从根儿上治愈近代以来由于落后挨打给整个民族造成的创伤。每每想到这里,我就深刻地明白,作为21世纪的大学生,自己要好好奋斗,弘扬咱们的优秀文化,为构建强大的民族精神而奋斗终身。文化是民族之根,文化是民族之魂,一个民族只有文化强了,才能真正地屹立于世界民族之林,进而引领这个世界。当一个民族有了强大的文化,内在自信建立起来的时候,就有了自己对美的定义,自己的穿着打扮就是美的标准,就是世界潮流。那什么是个性?个性,就是按照自己内心渴望的方式去活。并不是外在穿着,或者故意耍个性。我从小就是很倔强的一个人,认定的事情就一定要做成。到了大学之后,最开始的一年超级积极,不管是组织班级活动,还是参加系里的活动,但是慢慢发现,个别组织或社团里面有我觉得不属于大学生的阿谀奉承、两面三刀、利益纠纷等,让我实在看不下去。我也听说过大学就是半个社会,社会上也需要我们去面对这些,但是我就是觉得:人与人之间是互信的、互帮互助的、充满正能量的。人活一辈子,我不想这么早就屈服于周围的"环境",所以从大二开始,我就辞职不干了,我要自己闯荡,后来自己创业。我始终秉持一句话:做人做事凭良心。这句话是老家农村的那片土地给我的最大财富,靠着坚守这句话,我一步一步走过来,这期间我的好朋友,甚至是合作伙伴私下给我说,你这样不行,说我太理想化了,你进入社会,一定会吃大亏的。我依然坚持我对人的看法,我依然坚持我的理想,做人要凭良心,做人要有使命和担当,靠着这股倔劲儿,就这样一路走过来。我心中认定了一件事:我的人生我把握,我的命运我做主,我的梦想独一无二,怎么可能去复制别人的人生。从毕业到现在有十年了,心中的梦想正在加速实现,我用自己的这十年,告诉各位朋友一句话:人要自己争气,敢和自己死磕、使劲儿"修理"自己、拼命提升自己、不用委屈自己的内心,从而变成自己讨厌的样子,也可以在社会上立足。希望各位朋友都"有个性"地活出自己的风采。随波逐流的人,没有个性!

(2)文化的作用是提升人们的自愈能力和客观看待世界的能力。不止一位朋友问过我:如何能让自己的孩子内心保持美好？我说:就算是父母,也没办法阻止孩子经历很多困难、挫折、同学的欺负、别人的欺骗等,这些不美好的东西,作为父母要做的,与其想尽办法不让孩子经历不美好的东西,不如想办法让孩子拥有一颗强大的心,遇到任何事情,他都能正常看待,积极处理。我们为什么要受教育,学习文化知识？其中一个很重要的原因就是让我们拥有正确看待世界的方式,进而拥有强大的自愈能力。很多人说,不能让孩子输在起跑线上。这是大错特错的观点,就像一对夫妻,经常吵架、打架,那么,请问这样的家庭里出来的孩子会如何？分为两种:第一种就是将来结婚了,也是和另一半吵来吵去;第二种也许会出现婚姻很幸福,因为孩子心里想,我不想像父母那样,我真是受够了,我要好好经营婚姻。当然,不可否认,出现第一种的可能性会大一点。但是,第二种产生的原因是什么呢？因为人的命运最重要的不是起点,而是转折点,就是在你的生命中,有没有出现一个人,他从不同的角度让你看世界、看自己、看过往的人生,让你突然明白了人生的正确活法,突然明白自己的命运可以自己把握,不用惯性地去复制别人,突然明白以前都活错了,父母原来是爱我的。这样的人可以称为我们人生的名师。让你重新定义自己的人生、重新定义自己与家庭的关系、重新定义自己过往的人生、有个全新的视角来看待自己和未来。一个人一辈子能遇到这样的人,是幸运的,对于整个民族也如此,一个民族是野蛮部落还是文明群体,就取决于这个民族有没有转折点,这个转折点就是圣人的出现。没有圣人的民族是可悲的,没有名师指路的人生是灰暗的,希望咱们各位朋友早日迎来自己的转折点。

(3)化解痛苦最好的方法就是给它下一个积极的定义,或者用行动赋予其真正的价值。任何人的生活,都不可能一帆风顺,童话故事也只是写道:从此王子和公主过上了幸福的生活。这就是结尾了,接下来没法写了,因为接下来是柴米油盐酱醋茶、锅碗瓢盆磕磕碰碰的小事。我们经历的事情不可改变，但是我们可以改变对这些事情的看法，可以给它下一个积极的定义。比如高考失败了，可以告诉自己：这是好事情，提醒自己平时学习要更踏实一些；向喜欢的人表白被拒绝了，可以告诉自己：这是好事情，提醒自己要更努力去提升自身。已经发生的事情不可改变，但是你可以将它变成自己成长的垫脚石，任何事情的发生都不是最可怕的，对事情的错误看法才是长久伤害自己的根源。请永远记住：在这个世界上，不经过你的允许，没人能伤害你。当然，除了下个积极的定义，最好的办法就是用事实将痛苦的事情扭转。就像父母养育孩子，在孩子身上付出的心血，不是几句话就能说清楚的，也没有谁是养孩子不辛苦的，更重要的是，养育孩子将占据父母黄金年龄，普遍是从25岁到45岁中的大部分时间。任何一个人，一辈子的黄金年龄就那么多，谁希望自己年老了，回想自己除了受苦就是受屈。如果孩子争气，考上大学，并且在社会上干得好，成为父母的骄傲，那么他的父母回想起养这个孩子的过往，那是幸福的，是喜上眉梢的，因为付出得再多都值了。如果孩子不争气，哪怕考上大学，将来在社会上却不能立足，甚至还啃老，父母想起这个不争气的孩子，就是心累，就是无奈，再想想养育这个孩子的过往，那叫一个不堪回首。所以，各位朋友，如果你认为自己是孝子，就好好奋斗，用自己的行动来告诉父母：您的付出是值得的，是有巨大意义的。父母经历的磨难和吃的苦，不是我们现在能想象的。我有时候和父母聊天，去了解他们所处的那个年代和经历，我就在想：如果我处在他们那个时代，我又该如何，我能做到父母那种程度吗？我们与父母相比，永远少了几十年的人生经历。他们这辈子奉献得多，享受得少，咱们现在拥有的，是他们年轻的时候梦寐以求的，是一辈子都没有的。父母也是人，也想依靠，也想倾诉，也渴望别人的爱和理解。所以，对于父母，要少要求，更不要指责和抱怨，多理解、多关心、多用行动去表达自己的爱。父母的心灵需要儿女去滋养，让父母想起自己，心中就是温暖和骄傲。牢牢把握住下定义的权利，自己就会立于不败之地。塞翁失马的主人公给事情的定义"塞翁失马焉知非福"，不就是给自己下定义的高手吗？自己是个什么样的人，用行动来定义自己。用行动定义的人生，才是不可撼动的人生。

15 老板招聘人,到底要什么?

2012年《非你莫属》的舞台上出现了一位来自牡丹江师范学院的女孩,她的名字叫夏丽男。她作为应届毕业生,而且是来自普通院校,竟然在台上用几句自我介绍获得所有企业家为她亮灯。为了把她抢到手,老板们开始开出各种条件来抢人。潘石屹给她销售经理的位置,搜狗公司CEO王小川给出年薪十万,咖啡之翼董事长尹峰给她店长职位,而优胜教育CEO陈昊直接说:"不管别人开多少薪水,只要愿意来我这里,我至少高出20%;不管别人给出什么职位,我和我的总裁亲自带你。"一个普通的女孩,为什么让各位老板如此青睐?先来看看她的自我介绍:从大一时,从事促销等实践,后来凭借其优秀表现晋升为督导,开始培训带人,已经实现经济独立;大二时做过宿舍食杂店,并带了一帮小学妹运作整个校园,初步锻炼了领导能力;大三时开过一个家教辅导机构,场地是自己租的,教师是自己雇的,开始独立创业。夏丽男的自我介绍,至少有三点不同:一是没有提自己的大学成绩、荣誉证书。二是老板想知道的就是:你到底能干什么?而夏丽男用最短的时间,通过具体的事例向大家展现了自己的能力。三是通过大学三年的经历,可以得出一个结论,夏丽男对自己的塑造目标很明确,在层层递进地锻炼自己的综合实力。

通过夏丽男的例子,咱们讨论一下:老板面试人到底要什么?对于面试者,一定要站在面试官的角度去考虑问题,也就是老板到底要什么样的人?明白对方的需求是成年人最基本的能力,就像谈恋爱,一个男孩子追求自己喜欢的女孩子,一般有两种方式:第一种就是永远只懂得表达自己对对方的爱,希望对方能感动,比如在宿舍楼下苦等、一直鞍前马后等等,这样的人真不少,但是成功概率不高,阵亡比例不小。这是个完全不懂得分析对方的需求,只知道站在自己立场考虑问题的人,这种人就没长大;第二种方式就是搞信息战,把对方的兴趣爱好侦察清楚,然后将自身的优势,又恰巧是对方的爱好发挥出来,吸引对方。之前看到一个故事,男孩追求女孩,天天在人家宿舍楼下等,人家就是不见他。后来有人就告诉男孩,这个女孩特别沉迷于文学,而你的文笔又那么好,干吗不把你的作品给女孩读读。男孩瞬间明白,回去伏案写作,在网上发连载小说,让别人故意透露给那个女孩,结局可想而知,两人走到了一起。男追女隔座山,女追男隔层纱。女士不会因为你的执着而感动,只会因为你的优秀而被吸引。通过夏丽男的案例可以看出,老板招聘人最看重的就是两个点:品行端正+赚钱能力。品行端正就是你是个安全的人,赚钱的能力说明你是能创造价值的人。品行端正好说,只要你没干过出格的事情就行,这是做人的底线问题,任何一个老板也不敢用一个品行不端的人。至于赚钱能力,你如果能直接用案例和数据证明自己这方面的能力最好,面试就变得非常简单了,老板一旦相信你有帮公司赚钱的能力,接着会再问一些能证明你品质没问题的问题,就基本结束了。但是你如果不能用事实证明自己拥有为公司赚钱的能力,那老板就会通过其他间接途径来确定,问一些大家最常见的问题,比如你大学期间的学习成绩、实习经历以及工作经验、学历证书等等。通过了解这些信息,间接了解你到底值不值得去下功夫培养,考察你是否具备培养价值,即给公司赚钱的能力。谈一个社会上争论的话题:企业招聘到底看重学历还是能力?不管是对企业还是个人,时间都是最宝贵的。就说招聘这件事情,同样如此,企业招聘人才的时候,喜欢在招聘条件里加上学历这个条件,只是为了节约招聘的成本,能在花费代价最小的情况下招到自己需要的人。因为拥有高学历或者拥有名校学历的人,是国家已经通过庞大的教育体系将各方面优秀的人才,尽量公平地选拔出来,在这个群体里招聘会大大降低招聘成本,比如时间就会缩短很多,企业没有否定农民兄弟中间没有人才,只是相对来说概率比较低。作为一个企业,如果不依托国家学历等级来招聘,而是在茫茫人海里选拔,这几乎是不可能的事情,成本将会无限大。各位朋友,如果你是老板,你也不会去茫茫人海中选人的,很简单,成本太高了。只要公司成立,每天的运营成本都在发生,无时无刻不在花钱,市场竞争如此激烈,每一分钱都要花在刀刃上,怎么可能花大力气去招聘!甚至很多公司去名校招聘都懒得去,因为就算是名校,招聘过来的人还要培养,这都是成本,很多公司连这个成本都不愿意承担,直接找猎头公司挖人,挖过来就能马上产生价值,马上就能帮公司赚钱。相反,如果你确实是个人才,真具备很强大的赚钱能力,哪个老板不喜欢呢?老板又不傻。所以,学历是门槛,是敲门砖,真正能在企业走得长远,还得有能力。有人会不依不饶地问:如果非要在学历和能力中间选一个呢?就当前的社会状况,大多数人都是要去私营企业工作的,所以我给出的建议是能力。能力是立身之本,学历是锦上添花,当然,前提是你得是那块"锦"。一直谈钱,很多人说老板也太势利眼了,在这里不谈钱的背后代表了什么,反映一个人的哪些方面,只谈一个东西:我们去公司干吗?最基本的一个需求是每个月可以领到自己的薪水,也就是钱。那么请问:老板每个月给员工开的薪水从哪里来的呢?肯定不是天上掉下来的,也不是老板化缘得来的,是公司全体员工在市场上真刀真枪干出来的。老板只是给员工画大饼,不给钱,员工肯定不会同意,但是反过来,如果员工只是在简历上和面试过程中说自己具备各种优良品质,还有各种能力,结果老板相信你,把你招聘过来后,却在实际工作中不能创造价值,甚至还制造各种问题,那么请问:这是不是员工给老板画大饼呢?为什么现在企业不喜欢招聘应届毕业生?因为老板吃大饼吃腻了,再也不想吃了。如果你每个月希望公司给你的是真金白银,也请你给公司创造真金白银,这是公平交换,不管是老板对员工,还是员工对老板,只要能给对方创造具体价值,对方不介意你画大饼,怕的是只有大饼。严格意义上来说,一份合格的简历,一张A4纸就足够了,上面重点介绍两方面内容。当然,必须用实实在在的事来介绍:自己的品质很好 + 拥有赚钱的能力(赚钱的能力背后已经包含了解决问题的心态和能力)。所以,只是会读书是远远不够的,自己的变现能力也必须强,早日明白,早日走上阳关大道,毕业即失业肯定不会发生在你的身上。

16 家庭教育的五大误区

家庭教育是塑造孩子灵魂基因的摇篮,但是现实情况很让人揪心,父母都有望子成龙、望女成凤的心,但就是没有具体的方法,导致父母和孩子都很累,甚至孩子和父母的关系越来越疏远,个别的还会出现极端情况,每当看到这样的现象和事件,真的让人唏嘘不已。咱们作为家长去逛街买衣服都会货比三家,但是对于塑造孩子灵魂基因的事情,却很少去研究一下。接下来就谈谈家庭教育的误区吧。

第一,棍棒底下出孝子。到现在还有很多家长抱着这样的观念来对待自己的孩子,也确实有家长通过这种方法将孩子打进了名牌大学,我在学习家庭教育课程的时候,讲师现场提了一个问题:"如果打孩子能把他打进清华北大,请问,你作为家长打还是不打?当场有位家长说,只要能进清华北大,别说三天打一次,一天打一次都行。"我的天,一天打一次,那是什么场景,这样的家庭和父母,对于孩子意味着什么?这绝对不可取,绝不要将个例当成普遍方法论,原因有以下两点:首先每个孩子的特性都不一样,怎么能用一个方法去教育不同的孩子呢?打,只是教育孩子的一种方法,肯定不适用于所有孩子。这里给出一条建议,如果你的孩子打完之后,不到十分钟又乐呵呵地去玩耍了,甚至和你也没什么隔阂,这种孩子属于多血型,也就是猪八戒型的,他自我调节能力很强,这种孩子可以打,但也不能经常打。其他类型的孩子,尽量多沟通、多示范,尽量不要打,尤其是唐僧型的孩子,很容易打出问题。其次就是现在时代不同了,大环境已经变了,以前的父母可以打孩子,是因为之前的整个社会大体处于比较固定的模式中。那时候的人,生活在一个地方,周围的环境和人,不会有太大的变化,而且一个孩子,不但生活在小家庭里,还生活在大家庭里,甚至是一个大家族里,这样的人文环境是对孩子的保护,同时也是一种束缚、无形中的链条,让孩子必须遵循潜移默化的规矩。总之造成的结果就是:孩子获得的信息都来自父母和大家族,父母在孩子这里具有绝对的权威。以这个大环境为基石,出现了"棍棒底下出孝子"的俗语也不奇怪。但是现在大环境已经变了,大家族消失了,甚至大家庭也消失了,父母的权威没有了加持,再加上现在孩子可以接触的信息来源太广泛,孩子的认知被父母塑造的部分越来越低,而社会对孩子的塑造越来越高,此消彼长。造成的结果就是:在孩子心中,父母不再是权威,更不是绝对的权威。而父母没有意识到这种变化,仍然以古代权威家长心态来教育孩子,最后造成很多骇人听闻的事件发生。不是谁对谁错,只是时代变了,社会的基石变了,父母应该与时俱进,这也是近几年家庭教育呼声很高的原因。对于家庭教育领域,需要几次重大变革才能慢慢扭转这种局面。

第二,势服人,心不然;理服人,方无言。孩子是个生命体,而且是高级生命体,既然是生命体,那么对于人的基础需求都是有的,比如被理解。有人研究统计,人类有二十一大类需求,其中有一项是渴望被理解。请问家长朋友,我们是否渴望被理解?而稍微大点的孩子也具备这个需求,我家孩子哭了,我把她抱起来,坐在我的腿上。我就对她说:"你是不是心里很难受?"她猛地点点头。我再说:"爸爸知道你心里难受,其实爸爸看到你哭,心里也很难受。"稍微停顿一下,我再说:"但是,我相信宝贝儿是坚强的。"先陈述事实,抚慰情绪;再情感共鸣,达成真正被理解的感觉;最后再鼓励孩子,相信孩子。按照这三部曲来做,效果非常好,往往很快就调节好了。如果孩子不被理解,情绪一直压抑在心里,那就需要哭好长时间,也不一定能调节过来。但是现在很多家庭,是沟而不通,父母觉得孩子不懂事,孩子觉得父母不可理喻,隔阂越来越大,造成的局面就是最亲的人矛盾反而越深。如果大家和孩子已经出现矛盾,可以试试以下方法:一是沟通的方式。父母蹲下来,或者把孩子抱起来,目光要平视。二是沟通的时间。孩子晚上睡觉前或者第二天早上孩子刚刚醒来,这两个时间是沟通成本最低的时间,也是最能听进彼此心声的时间。记住,沟通不是讲道理,而是表达爱。三是积极沟通。对于稍微大点的孩子,积极沟通的目的就是让孩子多说,父母多听。孩子有表达的欲望,表达得越多,心越打开,很多矛盾自己就散开了。四是不要采用命令、指责、压迫式的沟通。父母如果使用暴力或者强势,让孩子屈服,最起码造成一种结果:孩子出于自保的需求,必然学会撒谎。孩子一旦学会撒谎,想改就太难了。五是所有不希望孩子身上出现的现象,打碎牙齿也不要说出来。比如你笨死了、你吃饭像蜗牛一样慢、你看你像个男孩子等等。这种话说得多了,就是在强化孩子的自我认知,最后孩子真的会越来越笨、吃饭越来越慢、女孩子会越来越像男孩子。家庭教育的一个秘密就是:孩子的行为都会迎合周围人给他贴的标签。所以,想让孩子优秀,就多说积极正面的话、多鼓励。对家长做个小测试:请在三十秒内说出自己孩子身上十个优点。如果说不出来,请家长反思,自己给孩子造成的伤害有多大,不管现在孩子有多不堪,那是自己亲手塑造出来的,孩子是最可怜的,好好学习吧。最后,关于沟通,请家长永远记住:先处理好情绪,再处理问题。尤其是先处理好自己的情绪。

第三,只要学习好了,一切都好。家长培养孩子,必须清楚,孩子最终是要走向社会的,所以要扪心自问:我要培养一个什么样的孩子,他才能造福社会,而不是祸害社会。每个人的答案也许不同,但是最起码一点,只是学习好,肯定是不足以造福社会的。在家里只知道学习的孩子,责任感很容易丧失,因为连身边整日操劳的父母,他都没有去承担点东西,那么将来走向社会,他会替谁承担?而孩子责任感的丧失,又是父母扼杀的,在孩子刚懂事的时候,他就想去给家长搭把手,但是都被家长拒绝了,并且告诉孩子:"你只管学习,其他的不用你管。"有这样一个事件:清华大学有一名学生叫刘海洋,他拿着硫酸泼到熊的身上,事后别人问他,为什么要这样,刘海洋说:"我从小到大,没有做过任何决定,父母只是让我学习,上了大学,父母不在身边,我就想自己做个决定,然后自己去承担责任。"这个事件,希望家长不要只是当个故事听,要反思背后的教育问题,除了学习,孩子还要学会承担责任,有责任感的孩子,人生就有了根,将来不管落在哪里,都能长出一片绿。有家长会说:孩子不会做。我想说:"不让孩子尝试着做,他永远不会做。"关于责任感的培养具体给出以下三条建议:

(1)小事上听孩子的。比如出门穿什么衣服、带什么东西,引导孩子自我承担,外出后让孩子带路,买东西让孩子自己付款等等,都是训练孩子自我承担的好机会。

(2)父母要示弱。父母要经常示弱,比如:走夜路时告诉孩子自己怕黑,需要孩子的保护;在家里做家务,要经常告诉孩子自己需要孩子的帮助;在外忙了一天的父母回到家里,告诉孩子自己腿疼,希望孩子能给自己揉揉,调理一下。总之,只有父母会示弱,孩子才会更有承担精神。太强势的父母,强势到不需要任何人,最后就剥夺了孩子练习承担责任的机会。

(3)责任专属区。孩子稍大一点,就可以在家里给他一片地方,比如餐桌,以后由他负责上面的卫生。父母都有自己的专属区,可以互相监督。

第四,喜欢和别人的孩子比较。有这样一个故事:小王上五年级,期中考试分数出来了,考得不理想,回家后,父亲开始数落他:"看隔壁小李,人家学习多好……"小王忍了半天,最后终于爆发了:"你怎么没看到人家的爸爸不但有钱,而且对自己的孩子好,又是出去旅游,又是车接车送……"父亲顿时就愣住了。其实也如此,自己的孩子是独一无二的,为什么要经常和别人比?自己的孩子没羡慕别人的父母,自己又何必羡慕别人孩子呢?不管孩子学习好与不好,请家长记住:永远让孩子纵向比较,就是永远和自己比较,不要横向和别人比较。比如这次孩子数学考了40分,父母要高高兴兴地为孩子庆祝一番,因为孩子上次数学才考了29分,自己通过一学期的努力,进步11分,难道不该肯定孩子吗?采取纵向比较的好处有以下三条:

(1)纵向比较的本质,就是让孩子在建立良好的自我认同的过程中,让孩子肯定自己、喜欢自己、欣赏自己,慢慢构建强大的自信,最后超越自己。再笨的孩子也能创造奇迹,核心密码就是这样。有一个母亲去给正在上幼儿园的孩子开家长会,老师对她说:"你的孩子从不学习,而且在凳子上只能坐三分钟,去医院看看吧。"回家的路上,孩子问母亲,老师说了什么?母亲鼻子酸了一下,然后蹲下来,微笑着说:"孩子,老师夸你了,说你原先在凳子上只能坐一分钟,现在能坐三分钟了。"孩子上小学,开家长会,老师告诉她:"你的孩子这次考了最后一名,我很怀疑他的智商有问题,你带他去测测智商吧。"母亲心里很难过,回到家里,母亲看着哭丧着脸的孩子,把他抱在怀里,开心地说:"今天老师告诉我,你这次虽然没有考好,但是老师相信你是个聪明的孩子,只要你努力,你一定会考到前20名的。"孩子上初三,开家长会,老师告诉她:"你的孩子考重点高中没有希望,只能考个一般的高中。"母亲很担心,回到家里,看着努力学习的孩子,把孩子拉过来,拍着他的肩膀说:"今天老师说,你接下来只要好好努力,考重点高中没问题。"后来这个孩子考上了重点高中、重点大学,在毕业典礼上,他说:"我要感谢母亲,我知道自己是个不聪明的孩子,但是母亲从来没有嫌弃我、放弃我,她一直都在鼓励我,才有了我今天的人生。"父母是孩子全部的依靠,只要父母不放弃,孩子就永远有希望,但是如果父母都对孩子不抱希望,那接下来的人生,对孩子就是无尽黑暗的深渊。对孩子最大的仁慈就是永远相信自己的孩子,相信他、支持他,他一定能创造奇迹。

(2)人是跟着感觉走的。改变孩子做事的"感觉",就是改变他对事情的看法,最后改变自己的命运。孩子数学分数太低,绝不是他学不会数学,而是在学数学的时候太痛苦,至于痛苦的来源,肯定不是数学太难。所以,面对孩子不喜欢数学,不是强迫他去学,而是要动脑子,如何让孩子在学数学的时候能产生愉悦的"感觉"。比如营造一个孩子喜欢的环境、从最简单的数学题做起,并鼓励孩子,孩子学数学的时候,父母全身心地陪伴并时刻点头、微笑、赞许。改变命运的公式是:改变感觉—改变观念—改变命运。

(3)孩子的快乐不会被偷走。当孩子总是做横向比较的时候,他的自我愉悦的感觉是建立在别人身上的,拥有这样思维模式的人,自己的快乐很容易被别人偷走,会坠入无尽的黑洞中,迷失自我、丧失反思的本能。

第五,父母的语言功能强大,孩子在身边的时候,请注意自己说的话。父母的语言对孩子心灵基因的构造,起着强大的作用,父母的语言可以给孩子的心灵插上梦想的翅膀,同样,父母的语言也可以将孩子梦想的翅膀砍断。家庭教育界有这样一句话:父母在餐桌上的谈话会影响孩子一生。如果父母整天东家长西家短,孩子会全盘吸收并模仿;如果父母自私自利并且经常抱怨别人,孩子会全盘吸收并模仿;父母做事情总是拖拖拉拉,孩子会全盘吸收并模仿;父母整天吃喝玩乐打麻将,孩子会全盘吸收并模仿。所以,如果有一天,你发现孩子的说话和行事风格越来越像你,甚至你的口头禅他也学会了,别惊讶,都是父母教的。父母是原件,孩子是复印件,孩子只是将父母的本来面目活出来,让咱们照镜子看清自己而已。所以,有家庭教育专家呼吁:孩子没有错,该提升的是家长。大家如果想让孩子喜欢学习,请家长自己拿起书本,这比拿起棍棒有用;大家如果想让孩子不自私,请家长自己先做到孝敬老人,有好吃的先给老人吃,身教胜于言教;大家如果想让孩子心存大志,请家长经常给孩子说下面这些话:孩子,你永远是父母的骄傲;孩子,你的出现是让咱们这个家族更伟大(同时,将家族奋斗史讲给他听);孩子,你的出现是让中国更伟大(同时将中国人民的奋斗史讲给他听);孩子,你将来能像毛爷爷那样,去影响世界的(同时将毛爷爷的故事讲给他听)。不是孩子不能飞翔,很多时候是咱们做父母的本身就是孩子的天花板,没高度,孩子还没飞就被磕碰得遍体鳞伤,梦想的翅膀还没打开,就已经折断,这难道不是最残忍的事情吗?每个孩子都是天才,硬是被塑造成咱们父母的翻版,家长还不反思吗?除了给孩子吃穿以外,请关注孩子心灵的成长,家庭教育虽然只有十几年,却是构筑孩子心灵世界的关键时期。不要让孩子将来踏上社会,开启自己人生的时候,还没远航,就已经搁浅在岸边,孩子纵然能看到那一望无际的世界,却再也没有飞翔的机会,因为翅膀已经不知遗落何方。家庭应该是孩子成长的第二子宫,家庭教育最重要的是将家庭打造成像子宫一样温暖的地方,让孩子在这里健康成长到成年,好的家庭教育的关键就是夫妻关系要和谐。所以,家庭教育失败的孩子,很多是夫妻关系不和谐的牺牲品。夫妻关系是家庭教育的根,孩子教育是家庭教育的果实,根坏了,想要果实好,那只能碰运气了。我本人也在不断学习,不断实践,以上分享希望对大家有所帮助。

17 梦想的力量

人生无论何时都不要丢掉自己的梦想,哪怕是乞丐,也可以有自己的梦想。有梦想的人,精神是独立的;有梦想的人,灵魂是被滋养着的;有梦想的人,心中的太阳是不会落山的。

很多人谈到梦想,会觉得虚无缥缈,其实这是对梦想的巨大误解。人不但必须拥有自己的梦想,而且一定要像保护眼睛一样,细心呵护它。如果有人当众侮辱你的梦想,请直接撑回去,必须坚定捍卫自己的梦想。梦想到底是什么?有什么用?接下来结合我自身的经历跟大家进行分享。

▶ 梦想能让你心想事成

我有时候和别人开玩笑解释梦想:梦想是什么?梦想就是做梦都想。其实也不是开玩笑,如果一件事情,你真的能做梦都想,请问,还干不成吗?有的人梦想比较大,他一心想为民族为国家,甚至为人类做一些事情,那么他经常会用使命、担当等等来激励自己;有的人梦想比较小,就想着自己能过上好日子,改变家里的现状,比如成为富翁、财富自由等等。

这些都是梦想,但是现实情况是,很多人对于使命或者赚钱只是想了一下,根本就没有达到做梦都想的地步。比如我想赚一千万,成为有钱人。这是很多人一辈子的梦想,但是为什么没有实现呢?为什么不能心想事成呢？原因就是，你只是想了一下，这个想法根本也不是你的第一奋斗目标。具体原因有两点：

第一，好好想想自己的第一需求是什么。据我观察，很多人虽然嘴上说我要赚钱，我要成为富翁，但其实心里根本就没把这个当成人生第一追求，而是把自己的好恶、自己的面子、自己的情绪等等，当作自己最在意的。

比如我身边就有这样的人，别人找他干活，但如果领头的这个人与自己的脾气不合拍，工作安排不合适，就宁可在家歇着也不去干。我相信咱们身边有很多这样的人，他们把自己的面子、喜好、情绪放在赚钱的第一位，这怎么能赚到钱呢？

赚钱没有不辛苦的，自己什么都没有，还要求那么多，这是做事目标不清晰，最后自己得了面子，赚不到钱，很正常。这就是我在文章《穷人如何逆天改命》里强调的第一点：放下面子的重要性。

第二，深入研究。如果你打心眼里想赚一千万，请问，你研究过出身和你相似，但已经赚够一千万的人没有？研究过几个人？他的第一桶金是如何赚取的？他究竟是如何与人合作的？他究竟是如何发现商机的？

当然，环境不同，条件不同，别人的成功之路是不可复制的，但每个人的心路历程是相似的，这也是为什么不同行业的成功人士很容易成为聊得来的朋友。虽然行业不同，但心路历程大致相同，有强大的谈话基础，才能更好地走进这些成功人士的内心世界。

他内心的东西才是我们要学习的，也是自己接下来行动的参照物：他是如何看待人生的，他是如何看待金钱的，他是如何看待成功和失败的，他遇到困难是如何做的，他是如何与自己不喜欢的人相处的，等等。

但反观我们自身，做事目标不明确，重要的原因是大多数人都是想想而已，根本就不是渴望。所以，真正的梦想者，是踏踏实实的行动者，是真正改造世界，能够引领世界的人。

如果我们的梦想是成为行业领袖，那就在这个行业数十年如一日地深耕细作，而不是整天睡觉；如果我们的梦想是赚到大钱，那就认真研究赚到大钱的人和方法,而不是整天刷手机;如果我们的梦想是成为一名优秀的演员,那就从现在开始把优秀演员的资料买来,认真观摩学习,而不是天天打游戏。

成功的人,都是有大志向的人,更是异常勤奋和自律的人,不是他们现在成功了才有这些优良品质,而是他们坚持了这些优良品质,才会有卓尔不凡的人生结果。很多人看到一些大佬挣的钱几辈子都花不完,还很拼命地工作,就理解不了。

他们有那么多钱为什么不去享受呢?为什么还要如此拼命工作呢?其实,那些大佬根本就不是为了钱去工作,他们追求的是精神价值,追求的是内心的富足。长期的高强度工作,靠的根本不是坚持,而是自我价值实现的成就感。

真正追逐梦想的人是最美的,因为他们活得最真实,这是人成熟的标志;反观很多嘴上说自己很现实,对梦想一脸鄙夷的人,却总是活在自己的虚幻中,根本不落地。

▶ 梦想的本质是链接

人生的很多问题,都能归结为两个:不知道怎么选择,这是智慧不够;知道怎么选择,但是没动力去做,这是能量不足。梦想的第一大作用就是链接别人的能量。

如果你的志向是为国家为民族做贡献,你就会去读国家、民族的历史和现在,去深刻了解咱们这个国家民族经历过什么,现在正在经历什么,未来会成为什么。了解得越多,对国家、民族的自信越足,最后就会链接上国家、民族的能量。

一个二十岁的人本来只有二十年的成长经验,但是当他链接到国家、民族的时候,二十岁的身体里就有五千年的精神营养。历代圣人、英雄豪杰都将成为他内在的精神资源,而这些精神资源会助推他去完成他的大志向。其他的梦想也是如此,只要真正有梦想,就能链接到强大的能量来加持自己。

梦想的第二个作用就是链接别人的寄托。有一则报道,说的是美国一个中学生,家住在内地,从小就非常向往湛蓝的大海。在高中毕业后的暑假,终于实现了自己的梦想,但是让他惊讶的是,心中湛蓝的大海居然垃圾遍地,白白的浪花总有几个塑料袋在起起伏伏,这样的景象让他无法忍受。

于是他开始行动了,学习垃圾分类的方法,研究如何更高效地处理垃圾。同时,他把自己要干的事情详细写出来,配上图片发到网上求助。不到两个月的时间,他收到的捐款有上百万美金,还有很多志愿者。

请问,一个高中生,别人凭什么给他捐款百万美金?根本的原因就是这个男孩的梦想链接了别人的精神寄托,保护环境我也想做,帮助男孩就是帮助自己实现愿望。

贵人为什么愿意帮助和提拔年轻人,因为帮助你,你能实现我的某种梦想。比如老师傅能把一辈子的学问找个好徒弟传下去;有济世之心的修行人,想找个青年人去传承他的理念,帮助更多的人。

现在各种旅游直播,为什么那么多人关注打赏?因为很多人想去旅游,但是各种原因不允许,支持你就是支持自己的梦想,鼓励你就是让你带他看更好看的地方。

人们想做的事情太多了,但是现实由各种原因制约着,一个人能做的事情太少了。这就产生了强大的寄托需求,谁能满足或者承载别人的精神寄托,谁就能成功。

人们怕死,就寄托宗教;人们会死,就寄托后代;人们想当英雄,想当世间主宰,就寄托在游戏里;人们向往完美的爱情,就寄托在爱情电视剧里。

朋友,请永远记住:人因梦想而伟大。人如果没有梦想,浑身上下也就100多斤的碳水化合物,根本没啥稀奇的,没人会把自己的精神寄托在一坨碳水化合物上,你也不会。

▶ 梦想拯救了我

高中期间,由于家庭经济太困难,又因为自己中招没考好,感觉很对不起父母。我把自己的生活费压到最低,刚进高中军训10天,生活费仅仅花了11块钱。

整个高一期间,每周都从家里带咸菜和馍干吃,生活费在5元到12元之间。

早上白面汤+两个馒头,中午开水+两个馒头,晚上面汤+两个馒头,其间饿了就喝白开水充饥,我一米八的身高,只有110多斤重。高二和高三稍微好一点,但是每周的生活费没有超过15元。虽然如此,但我斗志昂扬,在高强度的学习中,身体一直挺好,这是心中强烈的要上大学的梦想在支撑自己扛过来的。

但是高考结束后,身体彻底垮了。眼睛睁不开、鼻窦炎、胃溃疡、十二指肠炎、胆囊炎、肝功能减退、气胸住院等等,走路就像老头,弯腰驼背,因为整个肚子都是疼的。整个大学前三年,我就是在药罐子里泡过来的,但是这三年中自己一直坚持早起,坚持吃药,坚持四处听讲座,坚持参加各种活动。

即使在大二篮球课上,我也只能做球场外的观众,但在同学们训练的时候,我一个人拿着篮球原地向上练投球动作。虽然很多时候觉得自己是父母的累赘,想一死了之,但是我不甘心就这样消亡。因为我心中还有一个只有自己知道的伟大梦想,瘦弱的身体里有一颗对梦想执着、火热的心,是这个梦想支撑着我走过了三年,苦苦寻找实现梦想途径的三年。

到大四的时候,我终于遇到了我的贵人,他完整讲述了自己的教育梦想。他的教育梦想就像一道阳光,一下子射进了我的世界;像春天的暖风,唤醒了土壤下种子的生机,干枯的生命苏醒了、沸腾了。这不就是我内心一直寻找的实现梦想的途径吗?

我彻夜未眠,然后决定跟着这位老师干事业,开始了我激情奋斗的岁月。在全力以赴追逐梦想的过程中,我的身体也越来越好,两年后基本痊愈。现在每天跑步4—5公里,每天坚持做100个俯卧撑,曾经的病都好了。

从高中的时候,我就深刻感受到人精神力量的强大,一路走来,是心中的梦想指引了我,拯救了我。在我最无助的时候给我力量,如果没有心中的教育梦想,我的人生扛不过来。

当时我冬天起得也比较早,我的好友就劝我,你现在最重要的是养身体,身体养好了再奋斗也行。我知道他是真为我好,但是我没有听,不是听不懂,而是我深知:坚持早起是我的自我认同。"坚持早起这件事",一方面让我良心好受一点；另一方面，证明我还可以，我将来还是能干大事的。

那时的自己面临的整个情况是：因为我上大学和生病，四处举债，而我个人的情况也是苦苦支撑。我到处找人问问题，到处听讲座，但我还是不知道未来在哪里，更不知道自己心里能撑多久。而"坚持早起"这个动作，至少证明，我还是可以的。

当自己一无所有，是心中的梦想拯救了自己，没有它，我走不到现在。世界的本质好像也是如此，正如冰山理论说的那样，看不到的东西决定了能看到的东西：

人生外在成就的大小取决于内在精神力量开发的多少，树木的茂盛取决于根系的发达，星系的运转取决于相互之间引力的大小，大自然的万千变化取决于阴阳两种能量的交替变化。

不管是个人还是团体都是如此，企业的文化建设，军队的军魂传承，都是这种看不到的力量。就像抗美援朝时，志愿军的装备确实很差，但是看不到的两股力量无比强大：崇高的信仰和最优的组织框架。最后能取得抗美援朝的伟大胜利，这两股看不到的力量起了关键性作用。

同样，当我们的人生陷入低谷，自己一个人在深渊中，外在的"装备"差到极点，这个时候，请不要忘记，还有一股世间最强大的力量在你身上，那就是你心中的梦想，依靠它，呵护它，跟着它走，它会把你带出深渊。如果说这个世界上有神仙救世主的话，你心中的梦想就是。这是我的切身体会。

人生最可悲的事是什么？我认为是活了一辈子，却从未唤醒自己的精神力量，更没有享受过强大精神的赋能。最后，希望我们回想自己的一生，不是碌碌无为，不是悔恨交加，不是迷茫无奈，而是可以用"梦想"两个字来注解：

梦想+少年，招人喜欢，自命不凡；

梦想+青年，日夜奋斗，前途无量；

梦想+中年，可敬可佩，孩子心中的英雄；

梦想+晚年，人生灯塔，活成青年心中的精神丰碑；

梦想+百年后，人们回忆他的时候会说：一个捍卫梦想的人！

用"梦想+"来定义自己的一生，想想还挺酷的。

18 生命要发光，需要角度

咱们的生活总有很多的不如意，这个时候很多人会想着过几年就好了，把希望寄托在将来，觉得自己以后就能拥有让人满意的生活了；咱们也会遇到很多让自己不舒服的人和事情，很多人总想着把伤痛交给时间，等一等、忍一忍就好了。但这样的想法真的对吗？

答案是否定的。生活不如意，现在就可以让它如意，为什么要等到将来呢？那些让自己不舒服的人和事情，现在就能处理好，为什么要等到以后呢？带着如此沉重的包袱，如何去博得一个光明的未来呢？将心里的包袱去掉，才是开启新旅程的第一步。

你可能觉得我要说大道理——要有格局、有胸怀，要包容。不是的，我只是想告诉你一个客观的事实：咱们每个人的判断都是有缺陷的，让你生气、不如意的那个原因，也许根本就不存在。

咱们每个人都是不完美的，眼睛能看到的很有限，耳朵能听到的很有限，鼻子能闻到的很有限，视听嗅都靠一个肉体器官去感知。而这些肉体器官都是有缺陷的，光谱的波长太短或者太长，眼睛看不到；声音频率太低，完全听不到，声音频率太高，耳膜受损，最后还是听不到；嗅觉也是如此。

世界还是那个世界，人还是那个人，事情还是那个事情。但是咱们能接触到的世界，只是这个世界的一部分；能看到的那个人，只是那个人的一部分；经历的那个事情，也是有多维度评价标准的。这些都是客观事实，明白了这个，就知道如何让自己尽快摆脱这些包袱了。

那就是切换角度——用另一个有利于自己成长的角度,来看待经历的人和事,以及当下的生活,就会有一个全新的结论。事实上,也一定存在这样的角度。毕竟这个世界上没有绝对的坏人和绝对的坏事。

为什么一些成功人士总是说:凡事发生必有利于我,凡事发生必有助于我。不是他们打鸡血,而是面对任何事情,他们总是能选取一个有利于自己的角度去总结和提炼,最后以欣赏的眼光放下。这种心态,就是积极心态!

拥有这种心态的人,都是最爱自己的人,绝不拿别人的错误来惩罚自己,这样的人生能不美妙吗?成功人士也许有很多不同的优点,但是"积极心态"一定是他们共同的特点,这是人生成功的基石。

没有这种心态,自己都会把自己灭了。而事实上,这种正面角度切换才是真正尊重客观事实的活法!人生没有绝路,只有思想上的绝路。让咱们生活一地鸡毛的不是别的人或别的事情,而是自己一根筋的思维方式。那怎么做才能改变自己的单线思维方式呢——切换角度。

例如你胖,没事,侧身拍照,再单手叉腰,完美角度;宏大的战争场面千篇一律,看着不够过瘾,那就着重刻画细节——子弹穿过胸膛,带声音,还带迸溅的血,同时慢动作播放。同样一场战争,切换角度,能拍出完全不同的效果。

遇到烂人烂事,没事,把他们当老师,他们如此辛苦,专场直播,告诉你血淋淋的事实——人生不能这么活,太可怜了。从万米高空和千年历史的视角来看自己的当下,真没啥计较的,这就是上帝角度。

失恋了,感谢他,他用事实告诉我:什么样的人不适合我,我又排除了一个类型,离找到适合自己的人又近了一步。发明家都是顺着一个又一个的错误,最后找到那个最正确的事物。恋爱何尝不是,这是客观事实。过程很疼,那是因为要找到最好的,切换视角,看到的世界完全不同!

销售难,别急,先从"我要卖给客户东西"切换到"我要帮客户买东西"。前者是以自己为中心,你在这个思想的指导下,你总是想着卖给客户东西越多越好,客户花钱越多越好,这就是你销售干不好的原因。而后者是以客户为中心,替客户挑产品,想客户之所想,你是在帮客户省钱,客户当然更愿意听你的建议了。切换到用户角度,才是一位合格销售的标准动作。

和妻子吵架,你满心委屈和愤怒。别急,把她的愤怒翻译过来,其实是她对爱和理解的呼唤。你如果觉得自己在外面够辛苦了,她应该理解你,这个想法就又不对了,而是要把这个事看作妻子对你胸怀和情绪管控能力的深度训练,这是助力你将来干大事业的基石。

男人应该对外强悍,对内温柔,读懂彼此情绪背后的语言,也许更容易找到幸福之路。那些家庭和谐、事业成功的男人,不是不和妻子吵架,而是交战一两次,就能马上抓住问题的本质,扭转能量。让家庭的小船,平稳地渡过风高浪急的阶段,这才是第一责任人经营家庭的正确姿态。

过年了,又长了一岁,挺好,因为我又拥有了自己生命中的一年。人生从零岁到百岁,一种人认为自己在零岁的时候拥有完整人生,过一天少一天;另一种人认为,零岁的时候人生就是零,直到一百岁,才拥有完整的一生,所以这样的人认为,过一天就是得到一天,直到百岁,拥有自己完整的人生。

真正地爱自己,就是永远从有利于自己成长的角度看世界,看人、看事、看自己。因为自己懂得,如果生命的天空整天阴雨连绵,生命力再旺盛的梦想种子,也得被闷死,根本没有发芽结果的那一天。所以,生命要发光,必须有角度,这个选择权永远在自己手上。

董卿说过一句话,我觉得是对角度的完美诠释:我从来没有后悔对任何人好,哪怕看错人,哪怕被辜负,哪怕撞南墙,因为我对你好不代表你有多好,只是因为,我很好!

这个世界不完美,但是你可以选择一个完美的角度去欣赏;这个人不完美,但是你可以选择一个完美的角度去重新审视;这个事情不完美,但是你可以选择一个完美的角度去定义它。

我们都知道,生命有裂痕,那是光照进来的地方。而生活学会了切换角度,它就成了我们每个人生命之光穿透迷雾的窗口!

19 年轻人,世界没有你想的那么简单

华为能有今天的成就,重视人才、善于激励人才是其中一个重要的原因,但是在《任正非传》里确实记录了一个这样的故事:有一位北大高才生进入华为工作,领导对其比较重视,属于重点培养对象。

然而,在他进入华为刚刚一个月时,就公司的经营战略问题,洋洋洒洒写了一封"万言书"给任正非,里面还直指华为存在的很多弊病。原本以为自己独到的见解能够打动领导,但是结果任正非回复了这样一句话:"此人如果有精神病,建议送医院治疗;如果没病,建议辞退。"就这样,这位高才生在华为一个月就被辞退了。

看到这个故事,大家会有什么感受呢?有丰富人生阅历的人,估计觉得正常,而年轻人可能表示不太理解,甚至有点愤怒。其实很多大公司都是如此,只是没有明面表示出来,都在制度层面规避了类似这样的问题。

马云在内部邮件里直接说:"刚来公司不到一年的人,千万别给我写战略报告,千万别提阿里发展大计,谁提谁离开!但你成了三年阿里人之后,你讲的话我一定洗耳恭听。"

结合我自己也是一样的感触。因为这些年我接触的群体主要是年轻人,很多优秀的年轻人为什么最后一事无成,这和大部分人心浮气躁、不懂社会的基本规则有关,而且这个可能也是最致命的问题。

(1)想法与结果的距离

从想法到做出成果,中间是十万八千里。世界不是静态的,更不

是线性的，只要有了A就能到达B，根本不是这么简单的事情。经常听到年轻人说：等我毕业了开公司，我一定要在三年内做到本省第一，五年内做到行业第一，然后一统江湖，等等。

面对这样的年轻人，我内心很钦佩他的豪情，但是也为他眼界的狭窄而担忧。照他的说法，目前从事这个行业的上百万人，都是傻子。他们数十年的行业经验，都没有干到你说的那种程度，而你刚毕业就要引领行业的发展，这不是痴人说梦是什么？

还有年轻人悄悄地告诉我："老师，我发现了一个巨大的商机，绝对是一片蓝海市场，前景异常广阔，只需要一年的时间，我的财富就能轻松达到千万，到时候我要投资您的事业。"然后，就没有然后了，我真想告诉他：你所谓的蓝海市场，只有两种情况。

第一种就是早就有人发现了，并且也去干了，但是死了，根本行不通。这个世界每天都有"天才"的想法，但是能真正干出来的人少之又少；第二种就是你坐在井底，只看到巴掌大的天空，就觉得自己是天下雄主。醒醒吧，该去多读读书，多去社会上历练历练，增长了实际经验之后就会知道自己的想法有多可笑。

看着天上的月亮，中国人在几千年前就有登上月球的想法，所以才创造出嫦娥奔月的神话故事。可是到现在，咱们中国人还没有登上月球；看着天上飞的鸟儿，无数人想过能像鸟儿一样自由飞翔，但是直到1903年莱特兄弟才造出飞机，实现了飞向蓝天的愿望。

把一个想法变成现实，中间的过程异常复杂。单个因素的改变，无法产生巨大效果。因为每个奇迹的背后都是一个完整的系统在支撑。鸟儿能飞，但给你插上翅膀，你也飞不起来，这说明翅膀只是表象，背后是一套系统；学霸每天学习6个小时，你每天学习8个小时，最后发现，你的排名还是在他后面，因为支撑他成为学霸的是一套系统，而不仅仅是每天学习的6个小时。

(2) 系统优化

越是大企业的领导人，他的第一职责就是让企业活着，同时争取能活得久，这是他们毕生的追求。在此基础上才是寻求更大的发展、更大的创新、更高效的变革,这些都是第二、第三需求。而拥有上万员工的企业,管理的复杂程度远远超乎普通人的想象,哪怕是任正非,他也坦言:"华为今天的管理有多复杂,我根本说不清楚。"

你所看到企业运行的所有现象,背后是由无数流程、规章制度、分配机制、晋升系统、考核评价机制等等这些看不到的生态系统支撑起来的。就像大企业家的企业是一棵苹果树,你只看到了苹果,就指着苹果说:颜色不好、形状不好、味道不好,应该这样改,应该那样调整。

你这个时候必须清楚,要调整的可不是一个苹果,而是从土壤种子、施肥浇水、除虫剪枝的环节就开始调整,同时还要注意季节和气候的影响,背后是一个无比复杂的巨大工程。而且,调整的成功率还不一定高。如果你是企业家,你也不会冒这么大的风险去从战略上调整,壮士断腕的故事听起来荡气回肠,但是没人希望这样的事情发生在自己身上。

举个例子:柯达在倒闭的时候,其胶卷仍然是世界上最好的,跑在了行业顶端,最终输在了数码时代的大趋势下。但是,有个事实必须清楚,世界上第一台数码相机是柯达公司在 1975 年发明的,当时柯达的领导们针对这个产品问道:这种产品什么时候可以成为消费品?

工程师回答:大概需要 15 至 20 年。工程师的判断是准确的,数码相机的发展之路充满坎坷。20 世纪 70 年代末到 80 年代初,柯达实验室产生了 1000 多项与数码相机有关的专利。柯达是有绝对的先发优势发展数码相机的,但是由于其在胶片行业做得太好了,所以垄断了世界上 70% 的市场。

如果要走数码相机路线,那么工厂生产线、业务流程、考核体系、渠道和终端布局等等,都需要彻底改变,困难重重。而且,就算这些全都改过来,一项新产品从实验室走向市场,再到市场成熟,是一个漫长的过程。多长时间能看到效果,谁也说不清楚,风险太大。

实际情况肯定比我所讲的要复杂一万倍。现在回头看,当然可以轻易地说柯达领导层眼光不够长远,没有魄力等等。但是,如果你是一家世界巨头,估计也不会做得比他们好。骑个自行车掉头,和开个火车掉头,根本就不是一回事。

所以，一个刚工作的年轻人，你可以在自己的工作岗位上尽情发挥，可以在企业的战术动作上提建议。但是对于战略上，最好还是闭嘴。要相信自己的领导人比自己更有格局和眼界，对远方看得更清楚。

如果你还没有想明白，再举个例子，我告诉你人工智能是现在和未来的大趋势，你只要成为这方面的专家，名誉地位、事业成就都会非常好。而你要成为人工智能的专家，你需要全面升级自己：首先放下当前的工作、生活圈子和生活习惯，抵制各种生活中的诱惑，然后运动锻炼拥有好身体，每天大量学习专业知识，还要想办法见这个行业的顶尖高手……

最后，你还不一定能成为人工智能专家，因为竞争的人太多了。同时，你有可能会悲催地发现某个科目自己根本就学不会。面对人工智能这个大趋势，你能全面升级自己吗？如果不能，就不要指责大企业的领导们。

(3) 遵守同一个规则，整体才能产生最大效率

《孙子兵法》讲："夫金鼓旌旗者，所以一人之耳目也。人既专一，则勇者不得独进，怯者不得独退，此用众之法也。"有了金鼓旌旗就能统一指挥军队，让军队行动一致。勇敢的人，没有前进的指令，不能独自前进；胆怯的人，没有撤退的指令，不能独自撤退。这就是指挥大部队的作战方法。

吴起指挥军队和秦国作战，两军对垒。有一个军士，平时就好勇斗狠，在这样的场合下更按捺不住自己好斗的心，还未等到开战的指令，自己就一个人冲出去，斩了两颗首级回来。吴起得知后，毫不犹豫，就命令左右将这个人斩了。有军吏求情："这是人才啊，让他戴罪立功吧。"

吴起说："军令没有分谁是人才不是人才。"军队要在战场上决胜负，需要统一指令；企业要在商场上见高低，也需要统一指令。当自己置身于大团队当中时，请记住，就像一滴水流进大海，大海的磅礴之力才是最高领导者最需要的，也是最重要的。

这是任何大公司的共性，所以有企业家告诉年轻人：大企业的优势是拓宽眼界，工作规范度高；而小企业，尤其是初创型企业，优势是个人能力可以得到野蛮生长，根据个人的具体情况，慎重选择。

就像排队上车，看似有点慢，但整体效率是最高的。相反，如果不排队，每个人都觉得自己可以快一步上车，最后必定乱作一团，耽误的是所有人的时间。

就像红绿灯，虽然有时候路面没车，你也得遵守交通规则，因为从整体上看，这是效率最高的。相反，如果交规规定，每个司机可以根据具体情况，自行决定如何过十字路口，那么，每个人根据自己的情况做的最优解，一定会导致整体的混乱。最后，导致整个社会的运行效率大大降低，交通成本将无限增大。

就像公务员，根本不可能让你发挥个性，国家要的就是你按部就班，规范工作。甚至很多工作都要有预案，不同预案对应不同的工作内容，不允许自由发挥。不然，每个人都根据自己的经验来，整体就乱套了。

回到文章开头，那位高才生如果因为一封信就被任正非提拔或者重用，请问，会给公司其他人释放什么信号？大家会不会想：我也研究战略，我也给任正非提建议。

因为这个世界上，稍微有点才华的人，都是很自大的，都是觉得自己怀才不遇，都是觉得只有自己活得最明白。而战略是面向未来的，是不确定的东西，每个人都可以一本正经地说上两句，而且根本无法证明谁对谁错。最后，公司就会变成无休止的争论场所，陷入无限内耗。

这位高才生有想法、有个性，怎么办呢？有两条路可以走：第一条路就是在华为的工作岗位上尽心尽职地工作，向周围人学习，不断精进，让自己的想法在实践中去印证，获得实践的检验之后，再向自己的直系领导反映；第二条路就是离开华为，成立公司，自己单干，把自己的想法实践出来。

对于年轻人，用最小的代价，摸清社会的运行规则是极其重要的。

20 你就是自己的神（1）

罗森塔尔是美国著名的心理学家，1968年他和助手福德来到一所小学。他们从一至六年级中挑选学生新组建了三个班，然后在学生中进行了一次煞有介事的"未来发展测验"。最后以赞美的口吻将一份"最有发展前途者"的名单交给校长和相关老师，并叮嘱他们务必要保密，以免影响实验的正确性。

8个月后，他们又来到这个学校进行复试，果然，名单上的学生成绩有了非常显著的进步，而且这些学生性格开朗，求知欲强，自信心强，敢于发表意见，与教师关系也特别融洽。然而，罗森塔尔撒了一个"权威性谎言"，这些被选中的学生其实都是罗森塔尔随机挑选的。

为何会产生这一结果呢？原因就在于，罗森塔尔权威者身份和那个煞有介事的"预言"，让教师坚信这些学生就是"最有发展前途者"，这极大地激发了教师的情感，也坚定了教师对这些学生发展的信心，以至于教师在日常的教育教学活动中，总会情不自禁地给予这些学生以某种"偏爱"，使这些学生在教师的"厚爱"下健康成长。

罗森塔尔的实验告诉我们：老师对学生的正向反馈，会激发孩子的正向表现。学校、老师、同学等外在的环境构成了我们成长的环境，如果这个环境对我们是肯定的，自己就会调动自己的内在潜力朝着这个积极的方向去努力，而自己的努力又会加深外在环境对自己的正向评价，最终形成"外在积极信息和内在潜力的正向循环"。

把这种现象进一步提炼，就会总结出人内心深处的运作机制：当一个人对自己有积极期望时,他就会朝着自己期望的方向发展,这种现象被心理学家称为"自我实现的预言效应"。

这个实验向我们反馈了一个好消息和一个坏消息。好消息是:我们每个人都潜力无限;坏消息是:我们绝大多数人的外在环境是负面的多,根本无法与内在潜力形成正循环。更重要的是,绝大多数人正深陷在负循环里。

这个循环就是:别人给出负面评价——自我怀疑——行动力差——人生没有结果——别人更觉得你一无是处——心里更怀疑自己——更做不成事,无限循环下去。你最终用自己的行动来证明,别人说的是对的。

如果你正在这个循环里,这篇文章就是为你而写的。

(1) 自助者天助之

为什么很多人非常努力、四处求学,最后仍然一事无成？因为他们学习的都是技术层面的,而最核心的思想问题没有解决掉,学习再多也用不出来。就像我们拥有的是一颗老鼠的心,即便给我们武装上狮子的牙齿和利爪,我们也会抱着世间最优良的武器穷困潦倒。记住一句话:内在没有霸性,外在哪有霸业？

成功者都是极端自信的人,告诉你一个人生的秘密:你就是你相信的那个人。人生最大的失败就是在羡慕别人的时候失去自我,人生最大的开悟就是打心底里欣赏和喜欢自己。

我们去观察那些人生成就非凡的人,颜值不一样、性格不一样、说话风格不一样、学历不一样、肤色不一样、背景不一样、从事的行业也不一样,我们可以找出一百个不一样,但是他们身上有一点是绝对一致的:内心极度认可自己。他们的自信有时候到了不可理喻的地步,哪怕全世界都不相信,他们也坚定自己内心的看法。这些人都是拥有一颗"雄狮心"的人,进而拥有精彩的人生。

哥伦布坚信"地圆说",并且坚定地向别人诉说:"世界的另一端遍地黄金,你只需要弯弯腰就能发财致富。"嘲笑他的人很多,但是他最终成功获得西班牙女王的投资以及上百名追随者。现在哥伦布的名字仍然出现在历史课本里。

任正非在创业初期鼓励研发人员时说:大家努力干,以后你们都会买到属于自己的房子,但我要提醒你们,买房子的时候阳台要大一点,经常把钱拿出来晒晒，防止发霉。说这话的时候，华为刚成立不到五年，时刻面临倒闭的风险，但是任正非就是相信自己的企业肯定能干起来。

普通人，通过外在的肯定建立自信；牛人，直接自己给自己建立自信，直到扭转别人对他的负面评价。如果你想此生开创辉煌事业，请记住：你必须成为这个世界上最懂得激励和鼓励自己的人。

因为，当你遇到挫折和困难的时候，别人不会相信你，只有你自己能给自己摇旗呐喊；当你身处逆境的时候，别人不会欣赏你，只有你自己能给自己包好伤口，第二天，以战士的姿态来迎接新的一天。不管遇到多大的压力，面临多大的风险，请相信，你就是自己的光，你就是自己的神。

(2) 你现在就是最富有的人

年轻就是最大的财富。巴菲特现在90多岁，2020年身家5900亿元人民币。如果巴菲特用5900亿元人民币买你的人生，也就是巴菲特把钱都给你，他变成20多岁，而你拥有5900亿元人民币，但是年龄是90多岁。做这样的交换，你愿意吗？

估计没人愿意。因为对于90多岁的高龄来说，死亡的脚步声已经近在眼前了。所以，像这样的有钱人，你羡慕他什么呀！没有你帅，没有你年轻，没有你有活力，没有你能吃，没有你能折腾，除了银行卡上的数字比你多几个零，其他方面都没你强。人生必须有这种自信。

不用羡慕别人的豪车，你要想的是，同样是人，他为什么能开上豪车；不用羡慕别人的豪宅，你要想的是，同样是人，他为什么能住上豪宅；不用羡慕别人的成功，你要想的是，同样是人，他为什么能如此成功。

豪车、豪宅、头衔等等，这些都是外在的东西，不值得羡慕，要把这些东西从你的眼睛里看没；相反，牛人的格局、眼光、思维，这些内在的东西，才是你该认真研究和学习的东西。

一个人是内在先牛起来，外在才有看起来很牛的东西，因果顺序千万别搞反了。当你有了牛人的格局、眼光、思维的时候，请相信，他那些外在的豪车、豪宅等，你也会有。

你是最富有的人，所以平时对身边的人多付出、多包容、多微笑。这个世界上没有人看不起你，如果你觉得周围人对你说三道四，根本的原因是你自己看不起自己，拥有一颗"老鼠心"的人，不管什么风吹草动，都会引起你的警觉，好像别人都是来伤害你的。

什么是普通人？就是整天去羡慕别人、欣赏别人，从来不从内心欣赏自己，并且用行动来证明自己就是普通人。什么是牛人？就是永远相信自己、认可自己、欣赏自己，最后发现自己就是很厉害的人。

(3) 拆掉心中的假神

我们从小生活在不同的环境中，不知不觉，在我们心中树立起来几个"神仙"，他们把我们心中的"真神"压制住了。总结起来，假神有三个：庙堂之神、上帝之神、幸运之神。

庙堂之神。皇帝、侠客、贵人等，就属于这类神仙。描写这三类人物的电视剧也很多，收视率都不错。这类电视剧之所以市场广阔，就是因为很多人把拯救自己生活之苦的希望寄托在"青天大老爷"身上。

他们幻想有一天，有一位"青天大老爷"或者行侠仗义的正义之士，为自己伸张正义，解救自己于水火之中。又或者突然有一天，贵人显现，在贵人的帮助下，自己的事业飞黄腾达。这些事情有没有？答曰：有。那么这些事情发生在自己身上的概率有多大？答曰：约等于被雷劈的概率。

想遇到贵人，你首先得成为别人的贵人。这句话翻译过来就是：想让牛人帮你的最快途径，就是为牛人工作。人与人无非就是两个字：关系。而关系从大方面分为血缘关系和非血缘关系。非血缘关系分为友情关系、亲情关系和金钱关系。

你和牛人要么成为朋友、成为亲人，要么成为合作伙伴。大部分都是第三种关系：合作伙伴关系。最快和别人成为合作伙伴关系的途径，就是金钱关系。所以，不要做等待庙堂之神来拯救自己的美梦，从现在开始，努力才是正道。

上帝之神。很多人信宗教，如果你是真信，也能得到利益。但是我发现大多数人是"迷信"，根本就不知道自己信的是什么。有些人信基督却没有认真读过

《圣经》,有些人信佛却没有认真读过佛经,对于这样的人,不是迷信是什么?

老百姓拜佛有个明显的特点:遇到事了才想起来去拜拜佛。比如:一些家长为了让孩子考个好大学,在孩子高考前,去庙里烧香拜佛;贪官做了坏事,赶紧偷偷去拜拜佛;奸商的丑事要被揭发了,赶紧去找个庙,无比虔诚地拜拜佛。

这些人平时对佛菩萨爱搭不理,遇到事情才来拜佛,佛菩萨能给他办吗?就算是亲戚也得隔三岔五地互相走动一下,不然关系疏远,一旦有事儿,谁会帮你啊。

这个世界有佛菩萨没有?有。他在哪里?就是自己的祖宗。回家多给自己的父母磕头,多给自己的祖宗磕头,他们就是咱们的佛菩萨。记住老人家的教诲,保佑咱们平安一点问题都没有。

想想咱们小时候,上幼儿园和小学的时候,父母都是怎么教育咱们的?做人要诚实、不能偷东西、见了长辈要打招呼、不能害人等等。真的把这些话记在心里、照着做,不管是做官还是做生意,不说大富大贵,最起码能保证人生的健康和平安。

巴东书记陈行甲先生,一身正气,敢作敢当。他自己说:我要遵照妈妈的教诲,行得端坐得正,这样感觉能离妈妈近一点。

幸运之神。每个小孩子都觉得自己是世界的中心,我能理解,但是很多人都成年了,还觉得自己就是整个世界最靓的仔,我就有点看不懂了。就像买彩票,总觉得只要自己买,中奖的就一定是自己!很可笑!

还有很多大学生,潜意识里觉得:毕业后自己肯定能找到好工作,工作五年内年薪百万不是梦。你这样想没问题,但是要行动啊!去锻炼身体,去读书,去工作,去接触不同的人,去结交不同圈子的朋友……

很多人说,我知道要做这些,可是怎么做呢?我不知道自己的人生方向,我不知道自己适合干什么,我不知道如何锻炼自己。标准答案:离开宿舍,马上去做一份兼职。

只有投入战斗,才会慢慢学会战斗。不进入社会,你的"不知道"永远是不知道。工作不是毕业之后的事情,而是从大一开始就应该去做的事情。接触了社会,你才能对自己、对社会有更客观的认识,才会知道如何更高效地学习自己缺少的东西。不然,永远是在迷雾里,不知东西南北。

所谓的"庙堂之神""上帝之神""幸运之神",无非都是外在现象,本质是人们内心的"靠"在作怪,但是心中总是依靠这些"外在现象"的人,最终也不会被神眷顾。因为佛早就揭示真相了:佛度有缘人。什么是有缘人？就是内心的真神没有灭的人,这个真神就是:坚信自己。

我们信天、信地,更信自己。永远相信:自己能够造福一方百姓,自己能够创造奇迹,自己能够成为行业的标杆,自己是一个不平凡的人,自己是这个时代的英雄。中国文化一直强调:命自我立,福自己求。一念天堂,一念地狱,你的世界,完全由你做主。

记住:你就是自己的神！

21 你就是自己的神（2）

上篇文章《你就是自己的神》发出来之后，和几个朋友在一起聊天，他们对文章中的观点认同，但是有一个疑问，为什么我坚定地认为自信就是人成功的核心密码？与他们畅聊之后，我觉得这个问题还需要进行补充说明，世间的事情就是这样，本质的东西往往是简单的，但是人们又往往会想：怎么可能这么简单？

你可以什么都没有，就是不能没有自信。不再具体论述，直接举例子。

一个一无所有的男孩，面对自己喜欢的女孩子，请问，你能给对方什么？国内资深营销专家蒋先生在年轻的时候，也遇到过这种情况，他出身农村，19岁的时候喜欢上一个城里的16岁姑娘。然后，蒋先生就去女方家里挑明关系，要获得对方父母的认同。

女孩的母亲就问：感谢你对我家姑娘的关照。

蒋先生说：阿姨，不是关照，我和她谈恋爱了。（单刀直入，直接挑明来意，不跟着对方的节奏走。）

女孩的母亲继续说：你们还太年轻。

蒋先生说：阿姨，我们虽然年轻，但是我们是认真的。（表明自己内心坚定的态度，直接拒绝质疑。）

女孩的母亲也挑明了说：你们家里是农村的，咱们彼此差距太大，条件不具备啊。

蒋先生说：阿姨，现在不具备，我一定会努力，将来一定会具备的！（展现强大自信。）

  回想我当时谈恋爱的时候，也是如此，上大学那一年，父亲生病住院，不能再干活挣钱，为了供我上大学，卖光了家里所有能卖的东西，还是欠了一屁股债，真是家徒四壁，幸亏靠弟弟开挖掘机才勉强支撑我读完大学。

  大学期间没敢谈恋爱，毕业前夕终于鼓起勇气交了个女朋友，我当时还在创业，一无所有，但是当面对女朋友的时候，我就告诉她：我是这个世界上最爱你的人，你只有跟着我才最幸福。

  面对她的闺蜜和家人的询问，我总是告诉他们：我现在在做什么，我将来的事业规划是什么，未来五年的目标是什么，十年目标是什么。我的眼神，我的语气和神态，不容置疑。我27岁结婚的时候，当时她的一个好朋友直接说一句：你什么时候能买房买车？当时身背几十万元债务的我，斩钉截铁地告诉她：最迟35岁之前。

  不管是蒋先生的例子还是我的例子，只是想告诉年轻人，什么都可以没有，但自信必须有。女孩为什么相信你，一定是你自己相信自己，如果你坚定地相信自己，通过你的眼神、语态、动作、语气和话语，都能把这种强大的自信传递给对方，对方相信了，事情就成了。拥有强大自信的人，本质都是敢于挑战自己、敢于去断后路的人，也就是敢于逼自己一把的人。

  请思考一个问题：假如现在你在一个融资现场，台下坐着的都是投资大佬，而你有一个非常好的创业项目，你有十分钟的时间向现场介绍自己的创业项目，目的是吸引别人的投资。请问你该怎么做，这十分钟里，最重要的是什么？

  不是漂亮的PPT，不是穿一身名牌服装，不是华丽的语言，不是这个项目有多好等等，这些都是基础的东西，不是第一要点，不是最重要的那个。当年马云和孙正义见面几分钟，就融资两千万美金，很多人把这个案例奉为传奇，绝大多数人好奇马云到底说了什么，他是如何说服孙正义的。

  其实，马云说了什么根本不是最重要的，而是在那五分钟内，孙正义相信了马云，相信马云能干成这份事业。那么，孙正义为什么相信呢？很简单，因为马云浑身散发着沉浸在自己梦想中的气息，也就是马云坚定地相信自己能把事业干成,已经相信到入迷的程度,这种信心通过语言、眼神、神态、动作等等,传递给了孙正义。

投资大佬身边不缺好项目,但是缺有决心把好项目干成的人,也就是说,你在台上的十分钟,最重要的是要向下面的投资大佬传递这样的信心:我一定能干成!不要觉得很简单,对自己的梦想要达到这种自信很不容易,如果你觉得自己能够实现梦想,自己已经很自信了,但别人还是不相信你,原因就是:你的自信是假的。不信来测试一下:

如果环境需要,你敢在任何时间、任何地点对任何人清晰地讲出自己的梦想吗?放下面子,放下不好意思,放下其他一切顾虑,把自己的梦想讲给别人听。

如果做不到,就说明你还没有把梦想放在心中的第一位,那么,你对梦想的自信,还无法影响自己的显意识,更不可能会影响别人。真相就是如此。

国内著名便利店品牌"每天惠",在2017年的时候,全国开的店已经达到七万家。他的创始人在最开始创业的时候非常艰难,面对投资人的质疑,他坚定地说我只能给你以下三点保证:

一是你要相信,有我在,就会有千军万马。

二是全世界做便利店的很多,但是,我,只有一个。我此生只做便利店这一件事情,不会再做第二件事情。

三是你投的不是我目前的这家公司,你投资的是我本人,如果这家公司倒闭了,你们投资的股份直接转到下一家公司,直到我创业成功,你们的投资获得回报。只要我不死,就一定能干成,咱们直接签协议明确这一点。

投资人当场就被说服,然后就有了"每天惠"后期的高速发展。

成功的人,本质需要两个步骤:第一步,都是心中有一张蓝图,然后坚定地相信这个蓝图能够实现;第二步,把自己心中的蓝图复制到别人的心中,把自己对蓝图的信心也复制到别人心中。

大多数人之所以不成功,就是因为在第一步的时候就夭折了,虽然有蓝图,但是没有信心去完成这张蓝图,一颗玻璃心足以将一手好牌打个稀巴烂:

经受一两次失败,就没信心了;经受别人的冷言冷语,就没信心了;得不到别人的支持,就没信心了;能做到第一步的人,你就是自己的神。世人皆苦,唯有自度,你的神需要你自己去找回来。

22 认知的四个维度

▶ 用对错评判一切

用对错评判一切的人，会陷入无比迷茫和痛苦的泥潭里，永远看不到头。因为，每个人都有自己的对错评判标准，而且这个标准会随着群体、时间、地点等的不同随时变化。尤其是中国人，最容易变，也最会变。几年前，在和一位大学生朋友交流时，他抱怨宿舍人这不对那不对，而且情绪越来越激动。我就说了一句：在宿舍这个空间里，没有对错，用对错来评判就是你的痛苦之源。他愣了，看着我，然后更激动了：怎么会没有对错？大家排班打扫宿舍卫生，只要轮到他，就是不打扫，这难道不是他的错？我笑笑，告诉他：你觉得他不打扫卫生就是错，但是他本人是否觉得错了呢？他是不是用各种理由为自己开脱？比如：他说肚子疼；同五年没见的老朋友聚餐去了，忘记值日了；甚至他回宿舍的路上拾金不昧，等失主时间长了，错过了回宿舍打扫卫生的时间；等等。他有一大堆的理由来给自己开脱，而且中国人找的理由，都是合情合理的理由，你必须理解和接受，不然，就显得自己心胸狭隘，没有同情心。你觉得是对方的错，你的看法不重要，重要的是，对方是否觉得自己错了。这位大学生若有所思，我继续举例子：假如你是一名司机，我们都知道闯红灯是错的，但是如果你的车上拉着一个即将临盆的产妇，痛得哇哇叫，请问：这红灯你是闯还是不闯？一定闯，因为这个时候人命关天。必须闯，不闯是要挨骂的。最后我总结说：用"对错"看世界，越看越迷糊，因为这个二分法就不适合真实的世界。而中国古人很有智慧，他们不用对错，而是用"心中的善恶"来评判这个世界。心中只考虑自己的利益，是恶；心中能考虑别人，是善。如果世界上的人，都能用这个统一的标准来行事和沟通，那人与人之间的关系将会顺畅很多。

身处在这个维度的人，把事情做好是标配。

▶ 我是有限的

之前写了一篇文章《生命要发光，需要角度》，里面专门论述了咱们的大脑依靠眼睛、耳朵、鼻子、嘴巴等器官获取外界信息，根据这些信息做出各种抉择。但是，咱们的这些器官都是有限的，只能获取外界的有限信息。列夫·托尔斯泰说：多么伟大的作家，也不过是在书写个人的片面而已。所以，深刻认识到自己是有限的，非常重要。只有这样的人，才会发自内心地去欣赏别人，发自内心地懂得合作与借力的重要性，进而获取更多信息，看到更完整的世界。这样的人就是拥有成本思维和用户思维的人，他们想与什么人合作，都懂得首先站在对方角度考虑问题，同时问自己：我要为对方付出什么。懂得共情和付出的人，人生路都会顺畅很多。身处在这个维度的人，很会做人。

▶ 一切都是可以使用的资源

身边的一切都是资源，而且我们对资源只有使用权，资源的所有权归老天爷。土地、房子、钱、孩子、另一半等等，统统只有使用权。但是，绝大多数人，都在争所有权。所以他们痛苦，他们失落，他们贫穷。你现在脚下的土地，是你的吗？古往今来，有多少人宣布这块土地是他的，结果又怎么样，这些人自己都变成土了。你的另一半是你的吗？你是我的人，听着不错，但改变不了"他是他自己的"这个事实；你手里的钱是你的吗？如果你执着于装在兜里的钱就是自己的，不舍得花，那真是可怜的守财奴；如果你执念于花出去的钱才是自己的，花钱如流水，那你更可怜，整天被别人割韭菜。钱根本不是你的，钱上印得清清楚楚，它属于国家，咱们能用好钱就行了。懂了这个道理，就明白为什么喜欢"现金"的都是普通人，喜欢"现金流"的都是富人。永远记着，咱们能把握的只是使用权，懂得这个道理的人，看世界遍地都是商机，遍地是机会。他们不会觉得别人都想骗我的钱，相反，他们最懂得合作共赢，最懂得合力去赚取第三方的钱。这个维度的人，他们是最会布局和定规则的人。懂得分钱，是他们的标配。

▶ 除了创造社会价值，其他都是过程

咱们人在大地上行走是很慢的，想要走得快一点，必须耗费很大的能量，原因就是：存在地心引力。更重要的是，有地心引力这个事实，只有在学校学习后咱们才知道。同样，为什么普通人成功那么难，就是因为我们脑袋里有"地心引力"在拉着我们，它们是思维方式、价值判断标准、生活观念等等。

这些东西看不到，也感觉不到，甚至我们平时也意识不到它们对自己的影响，可是如果你创业、参加工作、经营家庭等等，你就会明显感觉到这些东西对自己的深刻影响，你难受，但你跳不出来，因为这些东西在脑袋里已经固化，甚至已经形成本能反应。除非经过炼狱般的苦难，才会被彻底打碎，然后重新建立。古今中外，能达到这个维度的人，都是各行各业的领军人物。有一句话是这样说的：他现在有多绝情，曾经就有多深情；他现在有多理性，曾经就有多感性。领军人物都是大苦大难练出来的，不是咱们普通人所能企及的。达到这个维度的人，他的心就像在太空中一样，摆脱一切地心引力对他的干扰和束缚，不一根筋，就像云中的龙，变幻莫测。普通人看不懂他们，常常误解他们，但是他们不为所动，他们心中有自己的最高追求，有对生命的最高定义，在他们短短的几十年里，都只为这个追求而活。毛主席称赞刘邦是古代最厉害的帝王，原因就是他虽然很多事情做得让人看不懂，甚至招来骂名，比如在逃跑的路上，丢下妻子孩子，只顾自己逃命，但是在大是大非面前，他从来都是清醒的。李叔同，也就是弘一法师，前

半生在文学方面的造诣极高,后来出家,妻子孩子在寺庙大门外哭了几天几夜,他宁可一个人在寺庙内流泪,也不肯出来,如此决绝的他成为南山律宗的第十一代世祖。有人称他为:半世繁华半世僧。人与人之间的差距,就是认知思维的差距,不同的认知思维有不同的人生,对照自己的思维层次,不断提升自己才是正道!

23 逆袭人生的核心武器（1）

下面介绍的这个武器，不是理论，不是大道理，而是数十位逆袭年轻人实战出来的，照着做，你的人生定能逆袭。

▶ 常量中加入变量的人，赢

两位生活在20世纪六七十年代种了一辈子地的农民——老李和老王，他俩比赛种粮食，看谁种出的粮食产量高。对于选种子、灌溉、松土、除草、用农家肥养地等等，每一道工序两位都谙熟于心，实力不相上下。根据以往的经验，每亩的产量都在三四百斤，请问，在这种情况下，老李要想胜出，他该如何做？

两位农民种粮食的实力相当，要在常规渠道里取得胜利，很不容易。因为你用好种子，对方也会；你多浇水施肥，对方也会；你拼命除草驱虫，对方也会。这些都是属于在常量范围内的竞争，老李胜出的希望渺茫，在常量里拼一个必赢的结果，只能靠运气。

那么，如果加入一个变量呢？比如，老李用上了最新科技产品"化肥"（不要笑，我父亲告诉我，他们年轻的时候，合作社给队里分的化肥，最开始根本没人用，农民还是习惯用动物的有机肥），就必然能胜出。

那个年代化肥还远远没有普及，或者没人知道这白花花的小颗粒有多大作用，很多农民还害怕化肥把地块弄坏了呢。但是老李善于学习,信息灵通,敢于尝试,他使用化肥,最后亩产达到近千斤,这是祖祖辈辈种地的人想都不敢想的亩产量,最后老李成功获胜。

在常量中寻找变量,是制胜的关键。常量是指:你有人家也有,你知道的人家也知道,你能做到的人家也能做到。变量是指:另辟蹊径,走别人没走过的路。

国家与国家的竞争,公司与公司的竞争,个人与个人的竞争,其实都是这个道理。比如两个孩子打架,如果从常量出发,那就看看哪个孩子块头够大、下手更重、战斗经验更丰富,这几个方面一比较,大致就知道结果了。小学生和高中生打,基本没法赢,但是如果这个小学生手里拿了一把枪,这个变量将彻底改变游戏规则,对面不管是中学生、大学生还是中年人,面对一个拿枪的人,都是输。

如果你是大学生,分数排名、学历证书、知识量,这些都属于常量竞争。假如你在一个普通的一本、二本、三本院校甚至大专院校上学,那么你的常量竞争绝对不占优势,必须寻找变量竞争优势。找到那个变量,这个变量会成为你人生的转折点,毕竟,人生不是赢在起点,而是赢在转折点。

讲讲我自己的例子。从上大学开始,我给自己定了一条规矩,每天待在宿舍里的时间不能超过十个小时,其他的十四个小时,都在运动场、图书馆或各种讲座、各种学习课堂上,为什么要这样做呢?

主要是基于一个基本的常识:如果我一直待在宿舍里,虽然很舒服,但是在宿舍这个空间里,没有什么变量,大概率就那几件事情。但是只要自己不在宿舍,就能接触不同的人、不同的信息,机会往往就在这里面。也正是这样的习惯,让我在大四的时候,遇到了改变我人生轨迹的贵人,从而彻底改变了我的一生。

那是大四开学后的一天,我像往常一样,早餐后拿着课本和水杯去上自习,途中我习惯性地去看公共报栏(这个习惯让我受益良多),一张红色的海报映入眼帘,某某创始人来学校开讲座了。我对这种公司来学校开讲座的行为向来很喜欢,他们总能给我带来不一样的信息和视角。

晚上,我早早来到会场。正是这场讲座彻底激发了我雪藏已久的梦想,并给了我正式开始追逐梦想的勇气。从梦想起飞的那一刻开始,一直到现在,从未停止。

很多人担心外面的世界会伤害自己，会欺骗自己，所以不愿意和陌生的人接触，不愿意踏入陌生的领域。我要告诉这些人的是，父母也无法保护我们一辈子，自己如果不强大，不懂得如何保护自己，那么离开学校后，你的脑门上就写着一句话：我是小白，来骗我吧。你不受伤害谁受伤害呢？

大学期间是试错成本最低的时候，要勇敢地走出去。大学期间，如果随波逐流，注定碌碌无为。那些变量出现在自己生活中的前提是：将不确定性引入自己的生活。

对于这一点，我深有感触，我接触到的身家过百万、过千万的年轻人，身上都有这个特点：在大学期间绝不随波逐流，敢于迎接不确定性。用一句话来说就是：除了自己，没有人能阻挡我的强势崛起之路。

我现在在事业上取得的结果，是同时毕业的同学的N倍，倒不是我比他们更聪明，而是我掌握了变量竞争思路。在大学期间，大家都在按部就班地上课学习，我早就看明白，这样按部就班到毕业，就是失业。常识告诉我：按部就班的流水线生产不出来顶级人才。

所以我在大学期间除了正常学习专业课之外，我把剩下的大量时间用来学习更能在社会上立足的技能：口才、英语口语、组织管理能力等。正因为有了这些积累，我在大学毕业的时候才能和别人联合创业。

在第一家公司里，我又把握了变量竞争，当别人在拼努力、拼加班，做着重复性的工作时，我更清醒地认识到，只是拼努力、拼加班，只会复制，根本没有前途。所以这个时候，我在努力工作的同时，我选择了一个更高的变量方向进行突围：首先，放下所有的娱乐活动，利用业余时间拼命学习，完善知识框架，仅学习类视频，我一年内就看了近200G，笔记写了近20本；其次，以老板的心态来面对工作，把"分公司内的所有问题到我这里截止"这句话作为我工作的座右铭。

拼命学习总结加高标准要求自己，最终让我在公司里很快成了第一名，直到毕业两年后，我选择独自创业。中国年轻人创业的成功率不到3%（按能活过三年的才叫成功），而我能有幸成为幸存者，不是我聪明，也不是我能力强，也不是我在常量方面竞争很优秀，而是我有变量竞争思维，这是最核心的利器。总结如下：

大学时期，别人在学专业课，在拼成绩、拼证书的时候，我直接对接社会，以结果为导向，社会需要什么，我学什么；毕业后，当别人按部就班工作时，我没有安于现状，而是积极寻求改变，完善自己的知识框架和工作技能。

常量能让你活着，变量才能让你胜出。

24 逆袭人生的核心武器（2）

▶ 培训是年轻人逆袭最直接、最快速的通道

学校教给大家的是知识，但是社会需要的是技能，这是目前一些大学生毕业即失业的主要原因。不要觉得技能只有厨师、修理工、园林、理发师等需要，我是大学生，是高级人才，是靠知识吃饭的，不需要技能。这种模糊意识，不知道害了多少年轻人。靠贩卖知识能在社会上立足的是学校的老师，其他绝大多数行业是靠技能吃饭的，这是真相。泛泛地学叫作学习，内容全是知识；专项训练叫培训，培训的内容叫技能。学校教的是计算机知识，但是企业单位需要的是计算机技能；学校教的是英语知识，但是企业单位需要的是运用英语的技能；学校教的是摄影知识，但是在社会上立足需要的是摄影技能。谈判是技能，销售是技能，沟通是技能，营销是技能，赚钱是技能，管理更是技能，离钱最近的都是技能。我们所学的知识，都必须转换成技能，才能在社会上立足，然后把技能运用到炉火纯青的高度，才叫艺术。任何行业的从业者都必须经历这个进化过程：摄影知识—摄影技能—摄影艺术；管理知识—管理技能—管理艺术；英语知识—英语技能—英语艺术；绘画知识—绘画技能—绘画艺术。除非你在学校里当老师，靠知识能生存，否则，一旦进入社会参与竞争，你就必须将自己所学的知识转换成技能，不然，再高的学历，也没人买单。把

知识转换成技能的唯一路径,是在工作岗位上历练,但是时间很长,要把自己的知识转换成技能,没有两三年时间是不可能实现的。而培训,是助推知识向技能转化的加速器。所以,在信息大爆炸时代,获取知识无限廉价,但是将知识转化为技能的培训,却越来越稀缺。这个世界上最喜欢去参加社会培训的人,是有钱人,最顶尖的大学都有培训中心,价格极其昂贵,但是企业家就是喜欢去学习,因为他们最明白"培训"这个加速器的价值量有多大,他们提升的都是管理技能、领导技能和整合资源的技能。年轻人,你最需要的是技能,不是知识。那些很厉害的人,不是知识很丰富的人,而是对知识转化效率很高的人。就像一个人吃得很平常,但是人家的吸收转化率高,身体就比那些整天吃山珍海味的人好。执着于知识的人,就像油罐车,拉的油很多,但就是跑不快,因为没转化啊。人生要跑得快,关键是转化的速度要快,学一点就能转化成实际技能,然后在此基础上迭代升级,这才是高手,是社会真正需要的人才。另外一个真相必须提到,你在某个行业的技术很牛,再加上知识很渊博,那就是锦上添花。就像姚明,他的篮球技术超一流,知识又非常丰富,那别人自然会交口称赞。所有行业皆如此。如果你没有技术,只是知识很丰富,没人会把你当盘菜。这个信息大爆炸的时代,只要你不傻,就会有很多知识,满大街都是这样的普通人。前几年成功学泛滥,让人对培训有不好的印象。有坏人在做培训,但不能说做培训的都是坏人;有坏人文身,但不能说文身的都是坏人。流言止于智者,在这个时代,更要做一个清醒者。培训是年轻人逆袭最直接、最快速的通道。穷人最缺的能力,就是将知识转化为技能的能力。

如果你是大学生,要想人生逆袭,多参加培训,因为你的同学还没这种思维;如果你是职场人士,要想增加变量竞争,赶紧参加培训,因为你的同事还在常量竞争中挣扎;如果你是创业人,想要提升创业成功的概率,更要参加培训,因为创业者最缺的是时间,买培训就是买时间。人与人之间的差距真的没那么大,关键是思维格局不同,普通人花钱买吃穿,高手花钱买时间,顶级高手花钱买圈子。拥有以上两种思维和习惯,你,一定能逆袭。

25 逆袭人生的核心武器（3）

有图和没图，完全是两种人生。

每件事物的产生都经历了两次创造，第一次是在脑袋里把它勾画出来，第二次就是照着脑袋里勾画的蓝图，把它创造出来。小到一支笔、一张桌子，大到一栋楼、一座城市，都是如此。

2017年国家提出建设雄安新区之后，很多人觉得这个地方很快就能建设起来，这是根本不可能的。要建一座未来之城，最难的不是第二次创造，而是第一次创造，也就是"脑袋里的图纸"。中央要求把每一寸土地都规划得清清楚楚后再开工建设，就是这个意思。每个人都是自己人生的CEO，请问，你为自己的人生画出清晰可见的图纸了吗？只有我们自己有了一个清晰的图纸，才知道要去链接什么资源、找什么样的人咨询、对标谁去学习。不然，我们就会深陷信息的旋涡，拿着世界上最先进的工具，却茫然不知所措。脑袋里没有蓝图的人，心灵也是处于迷失状态，这个时候最容易迷信社会上的成功人士。这个问题不易察觉，但是极其严重。

几年前，我在学习的过程中，听到一位企业家说了他自己的经历。一次公司大会结束后，这位企业家去卫生间，在卫生间门口碰到了公司的员工，不知道员工是紧张还是激动，顺口说了一句：某总，您好。您这么忙，还亲自来上卫生间啊？当时的氛围一下子就很尴尬，企业家稍微停顿一下，幽默地说：是啊，这事没法让别人代办啊。人要真正立起来，首先必须看到真实的世界。不用迷信成功人士，觉得他们有三头六臂，强大的能力让人马尘不及，严格的自律让人望尘莫及，独到的眼光闪耀着智慧的光芒，屏幕前的他们和我们好像不是同类。其实，他们也是普通人，他们饿了要吃饭，困了要睡觉，生气了要骂娘，吃喝拉撒一样不少。最重要的是，老天爷对咱们都是公平的，不管是领导人还是乞丐，每天都是 24 小时。也就是说，再厉害的成功人士也是人，不用迷信他。但是，正因为成功人士和我们是一样的"人"，我们更应该向人家学习，同样是生活在这片土地上的人，为什么人家的人生如此精彩？哪怕已经功成身退，江湖上还有他的传说，而我却只能每天浑浑噩噩，过着低头捡硬币的生活。我做错了什么不重要，但是我要想做对，必须对标他们、研究他们，最后超越他们。这里面的关键区别就是：你心中是否有人生蓝图。美国某大学对于这个问题，专门做过一个调查，对于一批即将离开大学的学生做目标调查，结果是：

27% 的人，没有目标；60% 的人，目标模糊；10% 的人，有清晰的短期目标；3% 的人，有清晰且长远的目标。

25 年后，这批人的人生答卷是这样的：

3% 的人，25 年间朝着一个方向不懈努力，最后很多都成了成功人士，有的甚至成了各行业的领军人物；10% 的人，他们的短期目标不断地实现，最后成了各个领域中的专业人士，很多成了中产阶层；60% 的人，他们安稳地生活和工作，没有什么特别的成绩，很多成了社会的中下层；27% 的人，生活和工作都很不如意，陷入抱怨的旋涡。目前我毕业有十年了，从我个人以及我身边朋友的人生经历来看，这个调查结果基本准确。

我一直在思考一个问题：到底是什么导致了人生的结果差距如此之大？初中的时候我认为决定人生命运的是努力程度；高中的时候，我相信努力和天赋同样重要；大学的时候，我相信造成人与人不同的是选择的赛道。而现在的我，经历了四年工作的进化和七年创业的洗礼，笃定一条：心中的人生蓝图，是人与人拉开差距的最根本原因。天赋也好，勤奋也罢，包括选择的赛道，本质上都是实现人生蓝图的工具。只有当人生蓝图确定了，才能用这些工具进行最大化的定向爆破。就像一个收废品的老板，每天非常勤奋，他的废品站里有很多废螺丝、车轮、轴承、铁皮、发动机等等，因为他脑袋里没有图，这些东西只能很便宜地被卖掉。但是，如果这个老板脑袋里有汽车的组装图，那他就可以把废品站里的相关物品组合起来，组装一辆汽车也是可以的。我们大多数人很勤奋、很拼命，脑袋里也装了很多"很有用"的知识，但就是无法改变命运。根本原因就是自己没有人生蓝图，所学习的知识都在脑袋里沉睡，我们无法将它们组装起来，变成"一辆汽车"，带着我们走向远方。如果我们要去村口的小卖部买盒烟，大概率我们会选择步行；如果我们要去镇上的超市购物，大概率我们会选择骑电动车或者开车；如果我们要去大城市转转，大概率我们会选择开车或者坐火车；如果我们要出国，大概率我们会选择乘坐飞机。我们要去的目的地，决定了我们会选择什么样的交通工具。如果我们的目标是毕业三年内实现月薪一万元，我们就会关注月薪一万元需要什么能力、什么证书；如果我们的目标是毕业五年内年薪百万千万，我们就会关注那些目前年薪已经百万千万的人，他们的人生经历、他们的思想、他们的事业赛道等等；如果我们此生的目标是创建一家伟大的企业，我们就会关注历史上的英雄、牛人，看他们都是怎么做的，我们更会关注当今世界各行各业的领军人物，看他们是如何修炼成的，深入研究他们的人生蓝图、企业文化、财富观等等。我们的目标，决定了我们会关注什么。如果我们此生的目标是创建一家伟大的企业，我们本能地就知道，走拼证书和成绩的赛道，是根本无法实现这个目标的。就像出国，我们不会选择骑电动车一样，我们本能就知道，这个工具无法带我们到达我的目标。1987年雷军考入武汉大学计算机系，有一次他看到一本书《硅谷之火》，该书讲的是乔布斯等硅谷精英们的创业故事。雷军看完后，激动万分，在武汉大学的操场上，沿着400米的跑道走了一圈又一圈，走了好几个通宵，他一直在思考一个问题：我怎么才能塑造与众不同的人生？几天后，他给自己立下一个宏愿：我也要像乔布斯一样，创造一家世界一流的伟大公司。雷军不是这样想想就算了，而是真的开始这样干了。首先他更加拼命地学习专业课，仅仅用两年时间就修完了所有课程，并且在业余时间开始创业，后来22岁的雷军进入金山公司，很快成了总经理。在金山公司雷军铆足劲想把金山打造成一家顶级企业，但是由于种种原因没能如愿，只是勉强带领金山上市而已。这个成绩对于普通人来说,已经很了不起了,但是很显然,雷军从不认为自己是普通人。此后雷军离开金山,过了两年睡到自然醒的日子,但是他一直没有放弃心中的梦想,40岁的雷军又出来创业,打造小米,并用最短的时间将小米做成一家世界五百强企业。后来雷军说:我在40岁的时候,没有忘记18岁的梦想,我去做了。我自己特别喜欢一句话,叫作"人因梦想而伟大"。只要你有了梦想,你就会变得与众不同。人最宝贵的不是时间,不是金钱,而是你的注意力,管理时间不如管理自己的注意力。心中的蓝图会把你的注意力锁定在一个目标上,那就是:如何完成这个蓝图。像雷军这样,在大学期间就确立伟大梦想的人,他的注意力会在哪里?不可能是奖学金或者考证,而是如何去实现这个梦想。

如果我们的心中没有蓝图,那注意力就像落叶一样,大风刮到哪里,注意力就跑到哪里,这样的人如何干成大事业?!我们就是自己的CEO,我们的首要职责就是管理好自己的注意力,给自己的注意力画一张能吸引它的蓝图,而这个事情没人能帮我们做。所谓的二八原则,其实就是20%的人为了自己心中的蓝图奋斗,80%的人为了20%的人心中的那个蓝图奋斗。有图和没图,完全是两种人生。

26 一个人成长的要素

在这个地球上，奇才都是极少的。我们大多数人只是凡夫俗子中的一员。而作为凡夫俗子，仍然具备取得伟大成就的权利，只是我们必须明白其中的几个要素。拥有了这几个要素，成功指日可待；如果现在没有，抓紧时间去寻找。

第一个要素就是导师。

其实我们从小到大，身边的老师非常多，当然这只是教我们知识的老师，但能给我们人生指导的老师却寥寥无几。我们是一个"人"，而不是考试机器。我们有追求，有思想，有探索人生和世界的渴望，作为一名大学生，刚成年的人，面对事业、婚姻、社交、梦想等等人生的重大课题，我们迫切希望有一名前辈能给我们指引方向，给出有价值的参考，甚至在关键的人生转折点上，能引领我们，让我们少走不必要的弯路。可是反观我们的周围，有这样的人吗？没有，这就是我们大学生没有进步、不会成长的一个重要原因。我相信只要你认真观察，所有厉害的人物，基本上都有师父，他们成功之后最感激的也是他们的恩师。师父不但给我们指引方向，解除困惑，提供宝贵的机会和资源，更重要的是他能不断启发我们的慧命，让我们的生命焕发光彩。我们都是两个肩膀扛一个脑袋，为什么没有别人优秀，没有别人成就大，其实我们可以列出很多差别，比如智商、情商、学历等等，但是最根本的差距是别人的师父比你的师父厉害，别人的师父是导师，而你的师父只是老师。根本不是一个级别，教出来的徒弟能一样吗？

第二个要素是平台。

中国永远不缺人,现在甚至可以说不缺人才,缺什么?缺平台!古往今来,任何时候平台都绝对是最稀缺的社会资源,我们读历史,肯定会发现历史上有很多有本事但是没有平台去展示的豪杰。现代社会也是一样,在一家公司里,总经理的位置只有一个,但是适合当总经理的人,我相信不止一个。大家进入大学之后,很多同学都知道要锻炼能力,去竞选班干部、进入学生会等,这都是在争取一个平台来锻炼和展现自己,让自己变得更优秀。我的一位老师告诉我:行不行先占住位置再说。面对平台,好多人是自我说服,不去争取,我们平常人是怎么想的呢?我没有能力,我口才不行,等我多看一些书,口才积累到一定程度再去上吧,等等。我们大多数人是这样想的,可是这样的人永远都不会成长,因为我后来发现了一条规律,想要锻炼成长,必须有平台,只有在平台上才能练就相应的能力、眼界和思维。所以看到那些口才很好,组织管理能力很好的人,你应该明白你们之间的区别就是,他有平台去展现,去锻炼,而你还在啃着课本当观众,在羡慕。

平台分为两种,第一种是零碎式的平台,第二种是系统化的平台。打零工、兼职家教、自己做小生意等等都是零碎式的平台,这种平台对人的成长作用极其有限,还浪费大量的时间和精力。如果大学生朋友想做,大一上学期玩玩、试试就可以了,权当体验生活,大一下学期之后,如果你还在做这些,除非家庭条件所需,不然,建议不要再做了,因为你在努力把自己培养成廉价劳动力,这种平台对一个人全面的发展没有好处。希望每个大学生好好思考,在这里不再赘述,我们每个人要想快速成长,必须找到第二种平台。

很多关心大学生就业的企业家,在给大学生建议的时候都会说,大学生毕业之后的第一份工作一定要慎重选取,但是一旦选择了这份工作,就一定要坚持干下去,对你的整个职业发展是举足轻重的。为什么会这样说呢?因为这样符合一个人的成长规律,试想你在一个企业里,从基层员工一点点成长起来,从员工提升到副经理、经理、高级总监等等,随着你的平台不断提升和扩展,你的综合能力一定是在全面提升的。这就是我们每个想成长的人必须找的平台,称之为系统化平台。这样的平台对人的培养是全面的、系统的、连续的。有了这样的平台，一个人的成长才真正开始，无论是大学生还是在职人士都一样，大学期间找到这样的平台，那你的成长就从大学时代开始，如果你毕业之后才找到，那毕业之后的成长才真正开始。有了平台就有了团队，就会有取之不尽用之不竭的资源，我相信对于每个大学生而言，越早找到这样的系统化的平台对自我的成长越有利。

第三个要素就是高标准。

我们所有的不成长，不能脱颖而出的人都有一个通病:太宠爱自己了。观察任何一位有成就的人，一定会发现一个共同点，那就是对自己下手重，从来不手软，对自己要求高，甚至在外人看来有点苛刻。能干成事的人一定能控制自己的欲望，自我管理非常到位。毛主席和蒋介石谈判，会后，蒋介石说:毛泽东嗜烟如命，但当他得知我不抽烟时，一天都没有抽烟，这个人了不得。但是反观我们自己，与别人相处，永远都是两眼向外看，总能看到这个人的不足，那个人的不是，唯独看不到自己，对别人要求一大堆，对自己则是一条没有。试想，这样的人怎么能干成事情呢?希望我们每个人都能做到高标准对自己，对别人则多一些宽容。

成功的路上永远不拥挤，希望我们每个人都能早日聚齐以上三方面要素，踏上人生的正途。

二 大学生蜕变之路

1 为生存而奔波，为发展而奋斗

大学的四年时间对于一位年轻人来说，至关重要，在这四年时间里，只要路走对，完全可以重塑自己，逆天改命，彻底扭转人生。大学毕业生大致可以分为两类：

第一类：为生存而奔波。

第二类：为发展而奋斗。

大多数大学毕业生属于第一种，而少数属于第二种。造成这种结果的原因有很多，但都无外乎一个致命的原因：对于大学的认知出现巨大偏差。咱们接下来层层分析，对于大学建立正确认知，从而知道正确的路径在哪里。大学属于体制教育，批量培养大学生，这个特点就造成了一个基本事实：个人要想成才，必须靠自己，大学只能提供一个平台，以及通识教育过程。

本科阶段大部分的课程是专业基础课程，要想在专业方面学有所成，只有两条路：自己在本科阶段额外加餐，或者考上研究生，在某个专业深度研究几年（提醒，就算上了研究生，也要自己用业余时间来加餐）。再次明确一点：要成才，必须靠自己，大学只是提供一个平台而已。咱们上大学，是借助大学的力量，借助大学的资源，借助大学的平台，把自己培养成人才。凡是大学毕业结果好的人，都是在大学期间走自己路的人。这是我做大学生教育培训十几年来，看到的事实。

自从高考结束后，大家必须明白（谁先明白，谁先受益）：真正意义上的学校比赛,已经结束了。上了大学之后,不能再用学生的思维来上大学,不然,就是上了一个高四、高五、高六、高七,把大学变成了高中的延续。

高考之前,大家都是纯粹的学生,参加的是以"学习成绩"为主的比赛。高考前,只要你能考好成绩,老师喜欢,父母骄傲,同学羡慕,一切都好。但高考之后呢,自从上了大学,大家已经换了赛道,比赛的内容也变了。比赛的内容是:人生结果。之所以说大学是进入社会的一个过渡阶段,大学是一个小社会,原因就在于此。

错误的思想导致错误的结果,那些把大学变成高中延续的人,注定上大学糊里糊涂,结果也不尽如人意。

2 选对赛道，大学就赢了一半

今天咱们分享大学学习的主题。

首先，作为普通本科或者大专的大学生，必须清晰地认识到一点：自己之前参加的以"学习成绩"为主的比赛，自己是输了。承认自己输了，不丢人，这是面对自身成长的第一课。

这里面有一个误区：很多大学生高考没考好，上了一个普通的大学，然后大学四年都沉浸在"复仇"的阴影里，再有考研讲师一忽悠，就加入考研大军了。不管考上研究生与否，我认为，盲目考研不值得。（关于考研，咱们会专门分享。）咱们寒窗苦读十几年，参加高考，就是为了过独木桥，而只要能上大学，高考这个"独木桥"就已经过来了，至于过来后，站的位置好与坏（优秀的本科与普通的本科），已经不重要，重要的是：顺利过桥了。接下来要做的，就是靠自己，及时调整人生策略，大学四年好好奋斗，练就真本事，打出一片天地来，而不是把宝贵的四年沉浸在没有考上好大学而耿耿于怀，非要再通过考研来证明自己（当然你可以这样，但我认为不值得，因为有更好的路可以走）。通过高考已经证明：比拼学习，本来就是那些优秀本科生的主场，而自己还要在人家的优势赛道里去和别人比拼。这是不明智的选择。

最重要的是，这个做法完全没有必要。因为自从上了大学，所有人，包括那些优秀本科生、普通本科生、大专生等，事实上已经站到另一个赛道上，而且在同一起跑线上。

这就是人生结果的比赛！高考赢，不一定赢；人生结果赢，才是真正的赢。

上大学是为了更好地进入社会，立足社会，在社会上取得人生结果。这才是上大学后的比赛。不管你意识到还是没意识到，比赛已经开始。随着研究生和博士生的不断扩招，高文凭在这场比赛里的影响比重越来越低，甚至已经完全起不到任何决定性作用。人与人最大的区别就是思想，越早认识到这一点，越早开始准备，你就越能弯道超车，实现人生逆袭。

3 你对大学的定位，决定了一切行为

人生不是赢在起点，而是赢在转折点。大学，就是咱们每个人的人生转折点。任何人的成长，都需要贵人相助，需要别人的帮助，希望通过我自己的例子，对大家有所启发。在我的创业之路，我自己很拼，这是基本条件，如果仅仅自己努力，没有贵人相助，我认为自己是很难走过来的。受限于分享形式，没法把很多事情说全面。第一位和第二位贵人，对我的帮助远不止于此。

但归根到底一句话：没有贵人相助，实事求是地说，我是没法走过来的。所以大学对每一个年轻人，不仅仅是学习知识的地方。

你对大学的定位不同，你的行为就会不同。

首先，大学是学习知识的地方。

其次，大学是自己的练兵场。

如果你对大学是第一种认知，你就会以"学生思维"来应对大学期间的所有事情。

比如：

(1) 人际关系。常常与室友、同学争对错，互相看不惯对方，互相不让步；面对老师，还是像高中见到老师一样，畏首畏尾；等等。

(2) 学习专业课。我学习是为了应对考试，我学习是为了考个好成绩，最好能拿奖学金；或者没找到自己感兴趣的方向，自己就得过且过，玩好吃好睡好才想起来还得学习，等到临近考试了，才知道学习；等等。

（3）社会实践。虽然自己也知道很缺乏这方面的锻炼，也知道实践对能力的锻炼很重要，但就是没有勇气去突破第一步，还总是给自己洗脑：毕业以后再锻炼我是可以的；别人都没做，我不急；大学都是这样过来的，走其他路太难了；等等。总之，晚上想想还可以，白天照样该干吗干吗，不知不觉，一学期又一学期结束了，到毕业了，还没实践过一次。用一句话来概括"学生思维"的所有行为：被动接受，被动改变，被问题推着走！如果你对大学的认知是"大学是我的练兵场"，那你对大学里所有的事情会有全新的行动表现：

一是人际关系。与室友、同学的关系，自己会主动修复。因为知道自己在处理人际关系方面很缺乏经验，大学是锻炼自己这方面能力的最好机会。跳出对错争吵，以主导人际关系的角色出现。遇到问题，都变成了提升自己与不同人处理人际关系的镜子。

二是学习专业课。不会纠结学专业有用没用，也不会纠结能不能拿奖学金，而只关心自己的学习力，学习效率有没有提升。自己太清楚，当今时代，大学毕业后的学习才真正开始，所以锻炼自己学习力是非常重要的。学习力，才是自己的核心竞争力。把每次考试当成检验自己、完善自己、提升自己综合学习能力的训练场。

三是社会实践。寻找一切机会锻炼自己，找不到那就自己创造。我的一位学长，他太清楚演讲口才对未来职业生涯的影响有多大，所以自己就找平台锻炼，找不到的话，人家就自己创造平台。他自己准备了一系列演讲主题，然后买来大红纸，把自己的演讲主题、时间、地点写上去，贴在学校的报栏里。自己当主持，自己当讲师，来一个人也讲。年轻人，就凭这份勇气，已经超越一般人了。总之，这类大学生的行为特点是：以公司CEO的角色来经营自己的大学，主动出击，在人际关系里，从来不会以受害者的身份出现。主导自己的大学生活，是这类人最显著的特点。你是把大学变成高中的延续，还是把大学变成进入社会前的实战演习？区别就在这里。如果你自信，将来你会成为创业者，成为公司的中高层领导者，那么，请记住我下面的话：

请你现在就以创业老板、现在就是中高层领导，来面对大学里的所有事情。

最差的创业者，最差的中高层领导，也会管理几十位员工吧。所以，先把你周围的人变成你能包容的人再说吧。量大福大，好好加油！

4 读书不是为了搬运，而是为了创造

问大家一个问题，咱们读书是为了什么？是为了读书而读书吗？

是为了向别人炫耀吗？

有这方面的因素，但绝不是最主要的。

读书是为了"用"，举个例子：

你要盖一座大楼，你需要做什么？

你需要有盖大楼的图纸，你需要有盖大楼的设备，还需要盖大楼的建筑材料，等等。但现在咱们很多年轻人也在盖自己的人生大楼，但是为什么盖不起来了？

因为，他不去准备图纸（人生规划），也不去准备盖楼的设备（实战技能），而只是往家里拉建筑材料（读书，不断地读书）。你读了各方面的书，学了各方面的知识，相当于建筑材料整了一大堆，但是永远没有施工，你成了搬运工，却不是人生大厦的主导者。读书是给人生加油，让人生跑得更快，但更多人把自己变成了油罐车，拉的油挺多，但就是跑不快。不断读，不断忘，再不断读，再不断忘，把自己卷进这个循环里，但自己还美其名曰我很充实，我很优秀。

知识学了就是为了忘，这是铁律，除非你能把它用出来。人生需要毫无目的地读一些书来滋养心灵，启迪灵魂，但一定要分清楚人生阶段。

年轻人，以"用"为导向读书是主旋律。

事业有成者，以"拔高境界，滋养心灵"为读书的主旋律，因为对于事业有成的人来说，制约人生结果的，就是自己的性格、心性等。其实，也是为了更好地使用，只是维度更高了。大学四年如此宝贵，一定要做能提高核心竞争力的事情，至于其他事情，可以先放放。

看一个人有没有智慧，就是看这个人对待需要做的事情，先后顺序能否做正确排序。对于排序，有一条建议：以后也能做的事情，就先放放。

比如打游戏，四五十岁也能打，那何必用大学四年如此重要的时间来做呢？

比如旅游，之后靠自己挣钱，哪里都可以去旅游。理论上讲，任何事情，任何阶段都能做，但是我要强调的是成本问题。

在成本很低的时候去做，是明智的。比如年轻人多折腾，试错成本最低。把读的书转化成生产力，从大学一年级就要开始训练，这是拉开大学生差距最重要的一点。

不要只做搬运工，做习惯了，毕业后也是搬运工。

而要做人生大厦的主导者，做CEO，做习惯了，大学四年积累的这种势能，会让你的进步速度越来越快。

5 把知识变成技能的人，牛

读书能够获得知识，知识经过实践变成技能，技能才是自己要的生产力。

现在几十块钱，能把任何一本顶级管理书买回来，但是你看完之后，就具备顶级管理能力了吗？不具备，缺哪个环节？实践。

你也能用几十块钱买最好的投资书籍，但你看完之后，就会投资了吗？还是缺实践环节。唐僧西天取经那么辛苦，而孙悟空一个跟头十万八千里，为啥不让孙悟空直接翻两个跟头把真经取回来呢？

因为，真经在脚下，不在西天。经过九九八十一难的历练，才是萃取真经的生产线。实践，就是提升自己生产力的绝佳途径。

实践，更是检验自己读书质量的试金石。

实践，也是认识自己几斤几两的照妖镜。我们都是在实践中去长本事的，而不是在纸堆里。读书是一辈子都要做的事情，不仅仅是大学四年。

十年寒窗，咱们要参加高考，别无选择，必须顺势而为。

上了大学之后，咱们要在社会上立足，所有学习的东西，必须以"在社会上立足"为最终导向，所以必须逆流而上！中医上讲"孤阴不生，独阳不长"，说的就是这个意思。仅仅是读书，不行；仅仅有实践，也不行。读书与实践必须结合，才是良性循环。如何实践？做事。这个在之前已经分享过了。

6 用行动定义自己

今天咱们继续拆解核心素质与核心能力。

核心素质有哪些?

答:利他心,对事物或者人的承载力,健康的身体,知识框架健全,勇于挑战和抉择。

核心能力有哪些?

答:独立思考能力、当众演讲的能力、强大的学习能力、与别人相处的能力、组织管理能力、销售能力。

对于核心素质,这里必须提醒一下大家,作为大学生,一直在学校上学,一直是索取者,还没有参与社会的建设,还没有为社会的发展贡献力量,请不要站在"道德高地"上对别人或社会抱怨。

大家当然可以评论,可以指出问题,但请注意:仅仅是抱怨,解决不了问题,如果真的为社会好,请练好本事,等自己毕业的时候,因为有你,让社会进步一点、文明一点、美好一点。这样的人是明智的,是勇士。

为什么提出这个问题,因为爱抱怨的人太多了,抱怨别人,站在"道德高地"上指责别人太容易了。但抱怨别人,不会让自己真的变得更高尚,也不会让自己变得更善良,更不会让社会变得更美好。

爱抱怨,

只会阻碍自己的智慧;

遮蔽自己明亮的双眼;

瓦解自己向上的能量；

阻挡自己前进的脚步。

进而，自己的核心素质会在不知不觉中崩塌，最后活成自己讨厌的样子。

年轻人都觉得自己是好人，是善良的人，是孝敬父母的人。但我要问：你说自己是好人，请问，做了哪些好事？

你说自己是善良的人，请问，你的善良体现在哪里？

你说自己是孝敬父母的人，请问，你为父母做了哪些事情？我的意思很简单，说自己是什么样的人，很简单，上嘴唇碰一下下嘴唇就可以了。但是，说着容易做着难。

年轻人要善良，但你必须有能力去保护自己的善良。也就是说，你的善良必须经受住考验。

善良、好人、孝敬父母等好名声，都是美好的东西，你需要有实力去匹配这些东西。说了这么多，目的只有一个：年轻人活在虚妄的、自我标榜的世界里，是无法认清自己的，更无法扎扎实实地成长。

名利名利，好名声比利益更让人趋之若鹜。潜意识里，人人都想要个好名声，但请用实际行动来取得。做个不抱怨的年轻人，好好修炼自己，成长自己，你已经走在大多数人前面了。

7 选择什么样的平台锻炼自己

来到大学的第一天，你最重要的任务就是：开拓自己的人生事业！要锻炼能力必须有平台。平台，是拉开人与人差距的最核心要素，没有之一！但是，平台，分为零碎式平台和系统化平台，大学生一定要慎重选择。零碎式平台，特指各种兼职及社团。

大学里有一些兼职达人，不停地做兼职，今天做个销售员，明天在餐厅打工，等等。这些都是零碎式平台。如果家里真的缺钱，需要自己养活自己，那没啥说的，该做就做，毕竟生存才是第一位的。但是，如果不是这种情况，那么这些兼职体验体验就行了，千万别花太多时间在这方面。

因为，这些平台不能对一个人的思维、能力进行系统化训练。投入产出比严重低下，在大学期间，如果一直做这种低质量的工作，你就会把个人价值锁死在这种低质量的圈层里，那么毕业后，你的时间就不值钱。强烈建议大家，找平台，一定要找系统化的平台来锻炼。学校里就有系统化平台：学生会（我个人不推荐，但不可否认，它就是系统化平台）。

如果能从干事，一点一点干到副主席、主席的位置，你会发现，能坐上主席位置的人，综合能力还是有一些的，至少比普通大学生要强很多。系统化的平台是指"公司"。

就像原先"美一点"教育大学部，有学员、队长、班主任、副校长、校长、区域总监。每个职位都有相应的培训内容、能力锻炼等。能够从学员一步一步干到校长的人,综合能力是很优秀的。这就是系统化平台的作用。从知识框架、思维格局,到合作谈判、人际沟通,等等,会进行系统的训练和拔高!就像大家毕业后,我是不建议轻易跳槽的,要慎重选择公司,一旦选了,就好好干,从基层员工一点一点干到经理、总监等管理岗位。

这个过程,其实是对你进行了一个系统重塑的过程。能从基层干到高管,就像粗钢被高温锻打,变成精钢一样,你已经不是原来的你了。这就是平台的宝贵,这就是平台对人重塑的宝贵!

要锻炼能力,就一定选择系统化平台锻炼!

8 除了专业课,还需要读什么书

人生三件事:

读什么书?

做什么事?

与谁同行?

不管是大学生,还是在职人士,人生能取得什么结果,人生是什么层次,也是这三件事。

今天先分享第一条:读什么书?咱们中国的大学生,从上小学开始,就瞄准高考,所以造成了一个基本事实:大学生普遍读书太少,知识面太窄,心田没有被高级智慧、高级文字、高级思维滋养过。这就容易让人的思维固化,想问题简单,心胸狭隘,容不下太多对冲的观念,对外在事物没有自己的系统化认知,容易随波逐流。

看似高级人才、天之骄子,其实理论上毫无建树,实干中软手软脚。

创造财富是一个系统化工程!培养人才更是一个系统化工程!开创事业同样是一个系统化工程!

所以,咱们大家来到大学,要把自己培养成人才,需要在四年里,做太多事情,因为不但需要补过去的课,还需要追赶时代进步。那么,关于读书这个板块,究竟要读什么书?

我的建议就是:

一是读各行各业牛人的人物传记;

二是研究一段精彩纷呈的历史;

三是钻研营销类书籍,分析经典营销案例。

读人物传记,目的是找到人生榜样(雷军就是大学期间看了《硅谷之火》找到了人生方向);

研究一段历史,是为了透视人类社会发展的一般规律(历史上的规律,同样适用于当今社会);

钻研营销类书籍,是为了掌握普通人必须掌握的工具:营销。

以上三类书籍是基本要求。这里必须重点指出:研究一段历史,透视社会规律,一定要配合咱们的国学经典来学习。

关于历史规律,理论上,国学经典已经讲完了,但必须通过一段真实的历史,来印证国学经典的理论。相互参照着读,效果更佳。

读书第一要务：形成自己的读书方法论

今天专门对读书这个事情再分享一下。首先强调两点：

(1) 读书，是咱们普通人翻身最廉价、性价比最高的路径。

(2) 为了读书，所以必须实践。实践的深度，决定了你在书中能挖掘多少宝藏。虽然清楚了读书的方向但具体还是不知道读什么书。有这样疑问的伙伴，我想问一个问题：你是缺乏一份书单，还是缺乏读书习惯？我清楚很多人问这样的问题，潜台词就是：老师，你怎么不直接给我一份书单，我照着书单读不就行了？或者推荐一些书籍也行。我的回答很简单：我不会给大家书单。因为读书的方向已经指明，你现在需要做的，就是去做，马上行动。

比如营销类书籍，不知道读什么书，那就用手机查，用手机搜索，看别人推荐的书籍，以及对这本书的书评。然后拿起一本开始看，开始读。在读的过程中，你会遇到读书方法的问题，读书笔记如何写的问题，如何从一本书里吸取更多东西的问题，还有读书习惯的问题。你会遇到各种各样的问题。

比如：究竟是从第一页看到最后一页，还是跳跃着看？对于读书，自己会遇到各种各样的问题，因为读书，尤其是会挑书，会选书，会读书，这是一项技术活。

你需要练。当你不断选书、读书、写读书笔记的时候，当你把读书过程中的问题一个一个解决的时候，你就会形成自己的一套：

从选主题，到选书，到安排读书，以及把书吸收完。

你会形成自己的一套读书模式。大家现在缺的不是书单,而是你的读书模式没有建立起来。

直白一点,就是你的读书习惯,读书方法,都没有培养出来。做任何事情,都需要先泡脑子,泡脑子,泡脑子!读书更是如此,我的作用有两个:

(1)给大家指出正确方向。

(2)大家在正确方向上走的过程中遇到问题,我给大家提供参考和建议。具体一本书究竟如何读,我给出个人建议和正确方向,但路还需要大家自己去走,比如具体读哪几本书,从哪一本开始读,等等。这些都需要大家自己去探索,自己去寻找。在移动互联网如此发达的今天,网上什么书单、书评没有?阻碍你成长的,不是一份书单。

手里拿着最牛的学习工具手机,居然不知道去搜索、去分析。说句玩笑话:在手机上搜电影、搜八卦,可能都会,不用别人教,只要有关键词就行了。

但轮到学习了,怎么就不会用这个先进的工具了?

10 人生事业是顶级奢侈品

问大家一个问题：

父母，孩子，另一半，兄弟姐妹，闺蜜朋友，人生事业。

以上哪个是你人生第一重要的？

这个问题我问过很多年轻人，得到的答案普遍是：父母是第一位，或者孩子是第一位，也有说另一半是第一位的。

但是，你问中年人，问从底层杀出来的人，答案则高度统一：

人生事业是最重要的，是第一位的。我的答案也是事业是第一位的。逻辑很简单：万物皆成本！只有我自己的事业越来越好，我的父母、我的妻子、我的孩子、我的朋友等等，才会越来越好。

孝敬父母，需要成本，仅仅看温情是不够的；

爱护妻子，需要成本，仅仅靠爱情是不够的；

养育孩子，需要成本，仅仅靠亲情是不够的；

力挺朋友，需要成本，仅仅靠友情是不够的。

你爱对方，和有能力爱对方，这是两码事。为什么老话说"贫贱夫妻百事哀"？不是人家俩人不相爱，或者爱情不坚定，而是没有物质基础，爱情之花很难盛开，感情很难抵过艰难生活的琐碎。大家来到大学之后的最主要任务，就是开拓自己的人生事业。

普通人的大学四年，在我看来，是家庭拼尽全力给孩子争取到的能够去开拓自己一份事业的机会。拥有自己的事业，是顶级奢侈品，最顶级的那种！事业是人生第一等级的事情。其他的所有事情，必须为这件事情让路,不管是父母、兄弟姐妹还是朋友、闺蜜,统统让路。拿我自己来说,我最开始创业的时候,父母身体有问题,我最多回家看看,然后交给我的姐姐和弟弟去照顾,我要赶紧回来干事业。

你也许说我不孝顺,可我心里清楚得很,我必须有出息,我必须有结果,我必须带着我的家庭冲破底层的泥潭。我的事业干起来了,我的身边人,都会越来越好。

前年,我问我的父亲:爸爸,您还有什么梦想吗?

爸爸说:啥也没有。你们现在已经远远超出我的想象了,现在的日子,原先想都不敢想。

我父亲告诉我,他现在身边人很羡慕他。因为他不用干活了,而且每年给的几万零花钱,根本花不完,远超他身边同村的同龄人。

他现在想干吗干吗,自己开心就好。李嘉诚说:我之所以真的拼搏,就是希望将来我的家人生病了,我可以调动这个地球上最先进的医疗资源来给家人治病。俞敏洪老师的母亲,在老家地位超高,谁家里有事了,摆不平了,只要俞敏洪母亲出马,都能马上解决。为什么?因为,有俞敏洪老师,谁都不敢得罪他母亲。你的另一半,你的父母,不一定能保护你一辈子,但是自己的事业会保护你一辈子,成就你一辈子。

人生事业,是人生第一重要的事情!

事业伙伴,也是人生最重要的伙伴!

11 能提升自己核心竞争力的事要多做

今天咱们分享:做什么事。总的原则就是:做能提升自己核心竞争力的事情。

总的底线是:决不能随波逐流。我的具体建议是:

(1)锻炼身体。

(2)参加一个组织,并进入这个组织的领导层。

(3)以下技能至少拥有一个:演讲口才、营销、组织管理、全英交流、谈判沟通等等实战能力。

两个问题:

(1)大学毕业后,你准备在简历上如何介绍自己,大学里就做哪些事情。(简历重点是内容,内容的重点是结果呈现,也就是你能干什么,能创造什么价值。)

(2)你是老板,你会高薪聘请现在的你吗?如果不能,那么需要做哪些事情,你才愿意高薪聘请自己。缺什么,大学四年就去补什么。大家记住,等你大学毕业的时候,大学老师是不会管你的工作的,也不会因为你没钱租房子就给你援助。你必须为大学毕业后的结果负责,所以你也必须对大学四年内做什么、不做什么负责任。总听到大学生说,自己不了解社会,不知道社会到底需要什么人才。

事实是:在了解社会之前,你最该了解的是自己,所有的迷茫,根源是不认识自己。

为什么强调多锻炼?因为这是认识自己优缺点的绝佳途径。不

做事,谁都不知道自己几斤几两。实践的作用有三:

(1) 锻炼能力。

(2) 认识自己。

(3) 无限拉高自己的人生上限。

大家记住:大学期间,不拉高自己的上限,毕业后,你就只剩底限了。

12 三类贵人

人生不是赢在起点,而是赢在转折点。大学,就是咱们每个人的人生转折点。年轻人不要想太多,因为目前为止,你的思维模式没有结果验证,也就是不具备实战性。

现在最需要的就是行动。记住一句话:瞎折腾也比不折腾强。正确的路,都是大量试错走出来的。马云1992年下海创业,到1999年创办阿里巴巴,中间这七八年时间,经历五次创业失败,才找到属于自己的路。不想走弯路,就想一下子找到属于自己的前途,去做梦可以,梦里都有。大学里应该与什么人同行呢?

总的原则:高能量的人!

具体有三类:

(1) 行动力强的朋友。

(2) 有事业的朋友。

(3) 有结果的贵人。

第一种朋友,能够让你的能量持续走高,折腾得多了,你也会成为见多识广的人。第二种朋友,他会教你如何带团队,如何看市场,如何与人沟通,如何从另一个视角来看待大学,如何赚取财富,等等。大学里这类人不多,遇到了一定要抓住。

跟着他们,你能尽快地认识社会,对社会的恐惧感会慢慢褪掉。再次强调,第二类朋友不多,但每个学校里都有,不在少数,如果遇到了,珍惜机会。这样的人,往往是大学里最先拿到结果的人。

当然,这些不重要,不管他们成功与失败,拉长时间维度来看,他们的情况只有两种:现在成功,以及之后再成功。因为他们年轻,在试错成本低的时候把坑踩了,这对之后干事业,都是绝对的好事。

我之前出去学习的时候,有一位企业家朋友分享他自己家里的事情:媳妇的妹妹找了一个年轻人谈恋爱,父母完全不同意,理由是这个男孩才二十多岁,自己创业失败几次,欠了二十多万元的债。

这位企业家就私下里问这个男孩到底什么情况,男孩说:其实,欠了六十多万,不过,都是创业失败欠的。

这个企业家跟男孩聊完之后,觉得这个男孩将来很有前途,就劝说父母同意。后来,在企业家支持下,这两位年轻人创业很快就起来了。后来这位企业家给我们分享:一个二十多岁刚毕业的小伙子,就敢创业几次,负债六十多万,这就是魄力,就是格局。关键是他年纪轻轻能借来六十多万,这也是能力。他又不是不务正业而欠钱。年轻时候的失败,都是为将来成功做准备的。大学里就开始干事业,结局只有两种:现在成功,或者几年之后再成功。

为什么说这个话?因为他们足够稀缺,吃亏足够早,就这么简单。大学里的主流思想就是学习,但我要告诉大家的是:大学是你进入社会之前的练兵场!

你在读书,别人在厉兵秣马,你说,谁够稀缺,谁能成功?第三种人,就更难遇到了。咱们每个人的成功,都是需要借力,需要别人帮助自己的。

那么,借力的对象,首先就是有结果的贵人。一句话:年轻人,谁先遇到有结果的贵人,并且还愿意帮自己,谁就会从人群里率先杀出来。

人与人的差距,有时候就是运气!有结果的贵人,真的需要运气。有句话是这样说的:越努力,越幸运!

你在宿舍里,绝对遇不到贵人!

13 读书单一是硬伤

大学,就是每个人的人生转折点。很多人读了很多书,但是没有把书转化成某项技术,产生生产力,所以会感觉读书无用。

是因为你没有去用,所以读书在你这里没有大作用。但是,除了没有转化生产力之外,还有一个原因,就是读书太单一。

要在社会上立足,甚至想在社会上干一番事业,需要的知识是很丰富的。但看看咱们中国的学生,很多人从小到大都只是学习学科类知识,对于其他领域,根本没有涉猎。这不是谁的错,但从大学开始,我一直强调,大学期间一项很重要的任务就是:完善自己的知识框架。在社会立足,甚至想干一番事业,需要的知识很丰富:人性类知识、商业规则类知识、人际沟通类知识、组织管理类知识、文化思想类知识、营销技术类知识等等。需要的知识很多,绝不是咱们单一的学科类知识能够应付的,更不是看两本小说就行的。

大学期间这些书肯定看不完,我的意思很简单:完善知识框架是一个长期工程,开始得越早,对人生的帮助越大!你要盖一栋人生大厦,材料需要有水泥、钢筋、大沙、瓷砖等等。需要的材料各种各样,但现在咱们大家只准备了一样物品——瓷砖。你拉再多瓷砖,那也盖不起来大厦啊。而人生规划就是人生大厦的图纸,市面上有各种你需要的材料,你需要按照设计图纸,按需所取。这就是实践的作用,通过实践,了解自己需要什么知识才能在社会上立足,然后反过来再去读相关的书籍,获取这种知识。

就像一个垃圾场,里面放的各种废品都有:车轮、车轴、螺丝钉、方向盘、座椅等等。你内心有图纸,这些废品就能在你手里被组装成一辆二手车,价值瞬间暴增。

人生也是如此,你内心的图纸,就是你对社会、对某个行业的深度了解,以及对自己特点的深度了解。进而去书城选择相应的书籍,来组装自己立足社会所需要的知识体系。

而图纸如何获取?必须实践,就是必须做事。很多大学生回想:读书,实践,先等等吧,毕业以后再说。我想说的是:如果一件事情必须做,那么拖的时间越长,做这件事情的成本会越高。

相反,当大家都是那样想,而你能逆流而上,你的回报也会异常丰厚。人怎么能成功?就是你做的事情越来越接近真理,接近规律的本质,你就会越来越成功!

14 大学期间的三大课题

从大家进入大学的第一天开始,其实各种人生课题已经来了,大致就是这三件大事:

(1)你要开启人生事业之路。

(2)你要成为家庭和谐的润滑剂。

(3)吸引到优秀的另一半。

不管你有没有意识到,这些人生课题已经来到你的面前。另外,结合我自己从高中到现在一路走过来的经验,再提醒大家一点:危机,对于庸人就是危险,就是深渊,就是不可逾越的鸿沟,但是对于精神贵族、内心强大的人来说,危机带来的就是让自己强大的机遇,让自己脱颖而出的巨大机会。任何时代,都不缺弱者,不缺随波逐流者,不缺怨声载道者,不缺自作聪明者,不缺人云亦云者。不要听他们的,不要看他们的,因为他们注定要被淘汰,注定是像父辈那样,庸庸碌碌过一生,没啥稀奇。如果你自命不凡,如何证明给自己?

答:不随波逐流,越是艰难时刻越是坚定正确的路向前走。比如疫情之前,很多大学生都觉得,大学嘛,就是应该轻松一点,干吗那么累?只要专业课不挂科就行了。其他什么锻炼啊,平台啊,读书啊,交友啊,都等毕业之后再说。

当类似这种声音充斥你的周围,你是选择随波逐流,还是挺立潮头,勇于走自己的路?我一直告诫大家,现在大学的整体环境一般,奋斗的氛围不算浓厚,就算有一些同学要奋斗,他认为的奋斗就是好好学专业课，好好写作业，考试考个好成绩，等等。拜托，大哥，你上的是大学，不是高中的延续。你毕业后是要有本事在社会上立足的，父母还等着你成为他们的骄傲呢（你就算是考研，也改变不了这个现状，无非是推迟两三年；但记住，研究生毕业后，成本越高，期望越高，代价也越大），而不是毕业后，拿着毕业证就交差了。

在大学期间，一定不要随波逐流。疫情最开始的第一年，把我也打蒙了，当时蓄积了五年，正是雄心勃勃、蓄势待发、准备大展宏图的时候，突然来了疫情，毫无防备。

但是，我深知危机对于强者就是机遇，而且我遇到的是大机遇。但这个大机遇，需要你去探索、去付出、去奋斗，而不是躺在家里睡觉。正是抱着这样的思维，经过一年的调整，公司又起来了，而且各方面比疫情之前还要强。疫情三年，我公司发展的速度超过原先五年的时间，更强，更大，更有发展前途。

讲这个就是为了告诉大家，当下所有的大学生在学校里都不好过，要么停课，要么封控，要么放假，各种情况都有。大环境如此，大家都不好过，心态容易急躁，容易抱怨，容易放纵自己。

在这种情况下，你该怎么做呢？是利用现有资源成长自己、沉淀自己，还是沉沦自己、颓废自己？

这是你自己可以选择、可以把控的。这点点滴滴的选择，造就了毕业后的结局。记住，危机就是更快地淘汰弱者，凸显强者。仅此而已！

15 室友关系有那么重要吗?

大学里的普通人际关系没那么重要,所以没必要花太多时间和精力。但是,大学里有关人际关系的两个东西非常重要,必须重视:

(1) 高质量人脉极其重要。

(2) 会处理各种人际关系的能力,极其重要。

先说第一个:什么是高质量的人脉?就是能让你成长,能让你持续成长。能让你不断向上、向善的朋友一定要多结交,他们身上有你该花时间、花心思去经营的人脉。明白了这一点,你再回看自己以及身边的人,是不是交朋友的思路和方向都错了?在不值得的人身上整天纠结、郁闷,花时间自我说服,但是对于真正该交的朋友,却没有去好好琢磨。就像孔圣人说的:益者三友,友直、友谅、友多闻。再次强调,你们宿舍几个人,不是以你的意愿分到一起的,都是随机分的,所以彼此性格不合,看不顺眼的概率很高。

我还是建议大家,宿舍人好好相处,但如果真的心力交瘁,还是没法保持好的关系,也不要纠结、难受,也许你们只是物理空间近,你真正的朋友也许在其他地方等着你呢。该去哪里寻求高质量的人脉呢?

优秀的人,在优秀的时间、优秀的地方,在干优秀的事。你需要去高能量的地方:早上起来去锻炼身体或者读书,参加优秀的大学生组织,去学校里的图书馆、阅览室、运动场。现在由于疫情,很多大学在上网课,没法离开宿舍,这就需要大家调整好心态,少说话,多赞美，多做自己的事情，多读书。重要的是，大家完全可以在网上参加大学生发起的一些活动，或者你自己干脆发起一个活动——这是个挑战，也是一个成长。

等疫情过去，学校恢复正常，人最重要的能力就是借力，尤其是借助圈子的力量来把自己拉上去。社会上最爱学习的人，他们除了是真的想学东西以外，最重要的是他们想加入一个圈子，他们最懂圈子的力量。如果你自己一个人在宿舍的状态不好，不妨考虑一下我的建议。最后再次明确，大学里寻求到的高质量人脉，你会受益一生，甚至他们会彻底打开你的眼界，你的伴侣也会在这个高质量人脉里产生，你的事业伙伴也会在这里面出现。甚至你做什么行业，都会是这个人脉圈提供的。

一句话，一个高质量人脉圈，会重塑你的认知，会给你提供很多机会，大家该花精力寻找或者经营的，是这个人脉，而不是室友关系。

16 开启精彩人生的第一步

今天咱们分享大学生人际关系里另一个重要课题：与父母的关系。年轻人与父母之间的关系，是所有关系中最重要的一环。这样说吧，咱们与父母的关系，决定了咱们的所有一切：事业、幸福、恋爱、孩子教育等等。大家现在不理解很正常，我先告诉你，你先听一下，然后在接下来的生活和工作中去体会、去总结、去反思。因为世界纷繁复杂，但归根到底离不开两个字：关系。

与父母之间的关系是源头，其他关系是枝叶。与父母的关系，是一个大课题，现在我把核心的话题分享一下，抛砖引玉。

首先对待父母，咱们的心态，应该是感恩，一颗感恩心，是修复关系的最佳黏合剂。感恩，老生常谈，但我又不得不谈，从2009年做大学生教育培训到现在，我接触的大学生，心灵最大的一个问题就是怨气很重，甚至恨意很浓。

一颗这样的心灵，如何开始自己美好的前程？所以我做的第一个工作，就是修复他们与父母的关系。这是修复他们与这个世界关系的第一步。因为在和很多年轻人沟通的过程中，发现他们对父母根本不了解，对父母有怨气，有不理解，甚至有恨意。当聊到这里，我就问：

（1）我看你长得挺好，白白胖胖的，好胳膊好腿。请问，你从出生到长这么大，父母给你做了多少顿饭？给你洗了多少次衣服？带你看了多少次医生？

我问这个问题，就一个意思，父母不完美，也许打过你，也许骂过你，也许伤害过你，但相比较父母对你的付出，父母付出的绝对多，对你的伤害绝对少。

咱们坐在这里聊天，父母对你的好，没听你说感谢，反而是几次伤害，你就记在心里，这心态不对吧？

正常的心态，咱就不说滴水之恩当涌泉相报了，最起码，应该记得别人的好，淡忘别人的坏吧？

(2) 如果你处在父母那个年代，你能不能做得比他们更好？

我首先声明，当我了解了我的父母的经历之后，我最大的感触是：如果换作我，我连父母的十分之一都做不到。这是事实。

有人说，我的父母把我放在亲戚家养着；我的父母只知道在外挣钱，就没陪陪我；我的父母从来没有去学校接过我，没有给我过过生日；我生活在单亲家庭；等等。

我想问这些朋友：哪个父母不愿意疼爱自己的孩子？哪个父母不愿意把最好的给孩子？

父母离婚，这是他们人生的悲哀，他们本人已经超级痛苦了，作为孩子不能帮父母什么，最起码不要再往伤口上撒盐了。

父母外出打工，家里穷，把你放在亲戚家养，我想请问，如果有办法，谁愿意把自己的孩子放在别人家养？你在别人家有吃有喝(心理上肯定多多少少有伤害)，但你要知道，父母心里一定更难受，更愧疚。

父母那个年代，有他们的迫不得已，有他们的认知局限，有他们的无可奈何。作为孩子，没有为这个家贡献什么，也没有抚慰父母的心，就不要再怨、再恨了。虽然这是你的权利，也没人说你什么，但不代表你就是对的，更不代表父母就欠你的。记住，父母不欠你的，仅此而已。

(3) 在你们家里，谁读书最多？谁的文凭最高？

读书以明理。与父母相比，咱们都上大学了，读书比父母多，文凭也比父母高。难道，不该更包容父母吗？不该更理解父母吗？不该更主动地去为家庭和谐而努力吗？反而自己成了和谐家庭新的危险因素。大学生应该成为家庭和谐的润滑剂，应该助推家庭和谐的建设，而不是肆意挥霍、无度索取。我一直强调：父母需要我们的不多，但理解、包容是必需品。

父母应该是咱们爱护的对象、守护的对象、心疼的对象。而不是批判的对象、抱怨的对象、索取的对象。接触过我的大学生，我都要谈这个问题。因为，修复与父母关系，是开启自己人生的第一步。

宽恕了别人，其实，就是宽恕自己。

恨，人生处处是阎罗殿，痛苦不堪；爱，人生处处是象牙塔，妙不可言。

17 别让自己太闲

人生不是赢在起点,而是赢在转折点。大学,就是咱们每个人的人生转折点。今天谈谈对于大学的时间规划,直接说我的建议:

如果大学一天总共的学习时间是十个小时,我的建议是一半用来学习,一半用来实践。学习是为了武装自己,实践是为了了解规则。很多人说,自己学习效率低,找不到高中那种奋斗的感觉。

原因是:你放在学习专业课上的时间太多了。再次声明:如果你找到了自己的志向,那就应该把十个小时的绝大部分时间放在这个志向上。

这个志向也许是专业课,也许是其他。

所以,我上面给出的五五分的建议,是针对还没找到志向,还处在人生摸索阶段的人来说的。当我说你学习专业效率低,是因为你放在学习专业的时间太多的时候,给我的反应都是睁大眼睛。

我就反问:你每学期考试前的学习效率为什么高?还不是因为时间短、任务重,而且考试时间绝对不会推迟。必须在考试前,把知识学好,以能应对考试。因为你把大学十个小时全都放在学习专业课上,而专业课又不是自己的志向,这就会造成学习没有紧迫感,心里压根儿不重视,想起来了学一下,有其他事情了就先放一放,反正又不急,除非交作业。不仅仅是学习,人,做其他任何事情也是如此。

所以,除了向其他人精进学习方法,提升学习效率外,你最该做的,就是给自己找更多有意义、有挑战、有价值的事情去做。这才是解决大学生学习效率低下的釜底抽薪的办法。

人啊,都是逼出来的。人闲是非多!十年前,一位大学生愁眉苦脸地来找我,告诉我他的苦恼,说自己基础差,从小背书慢,尤其是英语,就是学不会,背不会,问我该咋办。我当时看着他,就说:你想听真话还是假话?

假话就是:英语确实挺难,要不,就不学了。

真话是:你别给自己找借口,你能考上大学,说明你的综合素质不差。所以,你能背会。如果现在我不是你的老师,你也不是我的学生,并且咱俩现在身处民国军阀时代,我是你的长官,要求你今天晚上十二点之前必须背会一篇英语文章,不然,老子崩了你!你告诉我,你能背会不能?

他稍微迟疑一下:能!干脆利落地回答了我。你不逼自己,永远不知道自己的潜力有多大。

我自己就是这样不断切断自己的后路,不断给自己下死命令,才一路走过来的。别让自己太闲,是对自己最大的负责!

18 做一个不内耗的自己

大学,是进入社会的过渡阶段,不是高中的延续。所以,对于大学生来说,学习和实践都很重要,甚至实践更迫切。

大学生从小学到高中都在学习,都在考试,甚至到了高考结束,家长问你喜欢学什么专业,自己才猛然惊醒,啊,这么多年,没有人问过我喜欢什么,很不适应。其实,我一直给年轻人讲,要打破观念,尤其是当今时代,自从上了大学,学习才真正开始,要有终身学习的观念。实践,必须提上日程。咱们最擅长的是读书学习(学科类),最不擅长的就是实践,就是做事。大学生都想努力,都想奋斗,都想让自己赶紧成为人才,但现实为什么不能如意?原因很多:

比如没人带,大学教育体系需要完善,但是我认为最重要的就是,大学生自己不明白究竟往哪个方向奋斗,究竟如何奋斗。

比如大家在学习专业课的时候,心里会想:我学这个有用吗?对我将来找工作有多大用处?心中甚是纠结:不努力学吧,是自己的专业课;努力学习吧,又实在提不起劲。类似这样的纠结,太多了。要破除这些纠结,最有效的途径,就是实践做事。实践的最主要目的,是让你认清自己,认清社会的运行规则。

认识自己,就是看看自己到底有啥特长、潜力等。更重要的是,认清社会运行规则,从政有从政的规则,从商有从商的规则,创业有创业的规则,公务员有公务员的规则。

对这些规则,自己一无所知(没有实践,自己根本不认识自己),一无所知,所以也更不知道到底该从何学起,学习什么了。当大多数人不敢踏出实践这一步的时候,你敢踏出来,就能实现弯道超车。因为这是正道,是合乎规律的做事方式。要成功,做事必须合道;做事不合道,必失败。

19 年轻人要敢闯敢拼

之前给大家分享关于大学里的时间规划,里面提到很多人专业课学不好的原因,就是你给专业课的时间太长了。

(再次强调:如果你选的专业课就是自己的天赋所在,自己就是很喜欢,则不在此讨论范围)。大学的时间总共有十个小时的话,学习与实践应该五五分,因为只有实践才能更好地督促大家学习。今天就把这个时间规划具体给大家分享一下。大学总共十个小时——

学习:五个小时。

实践:五个小时。

读书少的人,你的言谈举止,别人是能一眼看出来的。比如散发的气质过于僵硬,思维容易一根筋,等等。

所以,你要相信,你自己什么水平,将来找的另一半,大概率不会超过你这个水平,两个人是有感觉的。五个小时的学习时间,其中三个小时用来读书,剩下的两个小时用来学习专业课,应付考试足矣。所以,面临选择的时候,我是这样来做的。就是这个事情的最坏结果,你能不能承受。如果不能,坚决不干;如果能,就坚决干。

之前一个大三的学生(英语系,口语非常棒,毕业后自己创业),她来咨询我:自己想开个奶茶店,很纠结要不要干。

我问她:开奶茶店需要多少钱?

她说:总共需要三万多,自己手里存了一万多,还需要问父母借两万。

我问:总共三万多块钱,最差的情况,就是赔干净了,是不是?

她说:是。

我说:那有什么考虑的,年轻人最缺的就是经历、经验。成功了当然很好,哪怕最后失败了,成本也能承受,还积累了宝贵的经验。果断干!

我又说:对于年轻人,成功与失败,都是学习,都是长见识。在试错成本最低的时候,看看自己是否适合创业,看看自己到底几斤几两,这是大好事。多少人到了三十岁还不清楚自己适合干什么。

她后来果断干了,但也没赔,还为自己毕业后创业积累了丰富的经验。

所以对于年轻人,胡乱折腾也比不折腾强。最怕的是在最该折腾的年龄,没有去折腾的勇气。错过了,就真的错过了。实践分为两种:做事和输出。

做事,就是兼职、创业等。

输出,就是把自己学习的东西通过某种渠道传递出来,教学相长。比如把自己读书的心得体会整理出来,通过抖音发出来,这是很好的提升自己的途径。不要把大学所有时间都放在"鸡肋"的专业课上。

20 鸡汤是毒药还是营养?

自从大三接触青年人创业圈,我才发现了一个新世界,原来,有那么多年轻人在大学期间就开始奋斗,而且有人在大学期间就已经事业小有成就,这完全打破了我原先的思维认知。人在什么时候最愿意改变?就是亲眼看到"奇迹",看到自己原先脑袋里不曾想象过的事情,会瞬间打破自己思维的牢笼,重塑认知!所以,来到大学真的是不断打破思维认知的过程,在这里,切记不要随波逐流。

我在初中的时候,别人都说"我是中国人,为啥学英语""不懂ABC,照做接班人""学会数理化,走遍天下都不怕"等等。听多了,我也成了其中一员,觉得就是嘛,我干吗要学英语。

年轻,总是容易轻狂!但轻狂是有代价的!那就是自己的英语在初中一直很差劲,以至于影响到了自己的中招和高考。

后来我深刻总结,以后不能再人云亦云,凡事要独立思考!上了大学,前三年,虽然迷茫,但是我坚持早读,坚持参加各种活动,坚持去图书馆。虽然那时候身体很弱,天天吃药。

到了大三,我遇到了一个平台,遇到了志同道合的伙伴和正能量的老师,我就更积极了。

同时,更加努力地看书,学习,写笔记。有时候我的室友过来看看我在看什么书,写什么笔记。都是人物传记,写的也是很鼓舞人心的句子。我觉得很好,让我很有能量。但是,周围朋友看过后,不约而同地一脸不屑:看这鸡汤干啥!我没有被影响,但后来我发现好多人被"鸡汤"两个字吓住了。

这是鸡汤,那也是鸡汤,唯有无所事事者不鸡汤。是不是鸡汤无所谓,对自己有用最关键!

不要听别人说啥,自己的情况自己最清楚。现在状态不好,就看看激励人心的句子,能激励自己,有何不可!关键看自己的消化吸收能力!同样的"鸡汤",有人消化不良,他当然吃不消了!

但有的人吃得津津有味,还吸取营养,破除迷茫,更有能量,那这就是适合你的"鸡汤"。

不要因为一个似是而非的标签"鸡汤",就一味否定!这真的很愚蠢!结合自身的实际情况,去甄别,去学习,能吸收就吸收,不能吸收就暂时放下,去学习能吸收的。我自己从来不认为,这个世界上有什么"鸡汤",就算有,也挺有营养的!

你不能把它转化成营养,那是自己消化能力有限!馒头、大米、小米、水果蔬菜、干果点心,都得吃点,让自己的消化能力越来越强!而不是整天只吃面条,长此以往,偶尔吃一次大米饭,会肚子疼的!别人说"鸡汤",我说是营养!学无止境!干吗给自己那么多限制!

21 你还不会学习

上大学之后,真正的学习才开始。

学习途径太单一,是自身成长的顽疾。上大学的意义有很多,拥有真正的学习能力,应该是其中之一。而可悲的是,很多人大学都毕业了,自己的学习能力根本没有质的提升,这才是很多人毕业即失业的根本原因。

学习途径封闭,造成自己太笨了,俗称不开窍。人都拥有智商,也都聪明,但不一定拥有智慧。

智商、聪明、知识都是公共的,大家都有的。唯独智慧,是私人物件,需要自己去争取。如何争取?

第一步就是打开自己的学习途径。从小学、初中、高中,咱们最擅长的是书本学习,严格意义来说,就是学习考试科目。这无可厚非。

但是来到大学之后,就不能这样了。学习途径要多,要立体,要全时段。

通过书本能学习;

通过与人交流能学习;

通过观察生活能学习;

通过看影视作品能学习;

通过万物生长也能学习;

通过一片树叶、一棵树、一块石头、一株小草等等,都能学习。这才是那句话的意思:生活处处皆学问!

"生活处处皆学问",每个字都认识,但很多人不懂,因为没做到,没有深刻体会,就不会真信。文以载道,认识文字不重要,读懂背后的道理,并且去践行,才是大家作为成年人该具备的本事。这也是人与人之间的差距!

22 顶级学习能力

　　善不善于学习,这应该是青年人最大的区别了。不仅仅是学习课本,更重要的是能向身边人、身边的事情学习。

　　吃一次亏,长一次智慧,这是普通人!

　　看别人吃一次亏,自己能够举一反三,这就是厉害!我们要对周围的事情以及周围的人,感知力强!要像雷达一样,时刻开机,时刻学习,能够吸取营养。

　　所谓枪不离身,我在大学的时候,遇到上门推销产品的推销员,别人都不感兴趣,我却很有兴趣,因为我知道,免费学习的时候来了。

　　认真听认真看,人家是如何组织语言的,是如何在最短时间内将产品介绍给我的,是如何面对突发问题随机应变的。我对这样的事情总是很好奇。有时候也买点东西,但大部分是在向人家学习。优秀的推销员,他的思维、他的语言组织能力、他的临场应变能力、他的节奏把握能力,以及他与客户拉近距离的能力等等,都是经过很多时间和精力打磨出来的,经过无数次琢磨甚至失败后进行总结,然后呈现在我们面前的。

　　如此重要的学习机会,请问,为何要放弃?推销能力,是所有人,记住,是所有人,都必须具备的能力。

　　谈恋爱,交朋友,面试工作,都需要这种能力。哪怕是国家领导人,也在推销中国产品、中国智慧、中国方案。向身边人学习,向身边的事情学习,保持这种敏感度,保持这种好奇心,保持这种求索的能力。日日精进，夜夜总结，人与人的差距，就是这样拉开的。书本学习的能力，仅仅是成年人该具备的一种学习能力。要打通的学习途径，还有很多。

每个人的精力都是有限的，不可能把所有事情和所有行业都经历一遍。那么，通过别人的经历，学习别人的经验，来增加自己的本事，就是非常重要的本事，甚至是最重要的学习本事。我自己就是如此！也一直受益于这种方式。后来我发现，老板，都具备这种强大的学习能力。

23 牛人间接学习能力都很强

我在大三开始创业的时候,接触的都是青年创业者。最开始,我只有一颗斗志昂扬的心,其他综合能力很差。我就很好奇,那些很优秀的人,到底有什么奇特之处。后来看得多了,发现个别的人天赋异禀,其他大多数人是普通人,但就是学习能力很强大。个人更新迭代的速度非常快。其中有一位伙伴,毕业后创业,属于那种年轻有为的人,他给我分享他的事情,有一件很触动我。他在大学里,基本不在宿舍,整天在外面折腾。到了大三的时候,他觉得该检验一下自己的能力了,就去找工作,参加面试。在市区里逛着逛着,看到一家咖啡厅门口贴了一张招聘启事。招聘的岗位是大堂经理。下面是各种招聘条件。

他肯定不具备啊,没经验,没毕业。但是,他就是想挑战一下。他没有进去直接参加面试,他找到另外一家咖啡厅,进去点了一杯咖啡,然后把服务员叫过来,问:你们的大堂经理是哪位?服务员就给他指了指。

然后他一杯咖啡喝到人家关门。在这期间,他一直拿着笔和本,在记录这个大堂经理的所有动作。第二天换了一家咖啡厅,仍然是坐了一天。然后晚上的时候去网吧,查有关大堂经理的各种资料。总结、归纳、梳理,然后在脑袋里像过电影一样,内化为自己的东西。就这样全力以赴准备了三天,他借了一套西服,就去参加面试了,结果令人很满意。当然,他也没去工作,他只是检验一下自己的综合能力而已。虽然去之前也紧张,但从那之后他信心倍增,知道自己已经不是那个小白了。大学,每个人都需要脱胎换骨!当你大四毕业的时候,应该是和大一的你判若两人,不仅仅是长相。

人的学习,分为直接学习和间接学习。牛气的人,直接学习能力强,间接学习能力更强!希望大家在大学成长期间,能够刻意注意这方面。

24 你坚持认为的，也许就是错的

人生结果的转变，一定是以观念转变为前提的。

咱们都知道，人的一生，最重要的就是选择，有时候，走对一两步就能改变命运。但是，我发现人们在面临选择的时候，有几个关键的习惯，左右了自己的选择，进而影响了整个人生。咱们在面临一些事情的时候，脑袋里总是习惯性地蹦出一些观念来，而这些习惯性的观念，操控着我们的大脑，操控着我们的抉择，进而影响了我们的人生。中国人的文化，是高纬度文化，是强者文化。"自强不息"四个字，是中国文化里的精华。咱们每个人只要学到这四个字，注定是人生强者。

但是反观咱们身边，现在懂得"自强不息"且能够做到的人并不多。面对困难的时候，你习惯性的反应是什么？面对纷繁复杂的人际关系时，你的习惯性反应是什么？面对人生失败的时候，你的习惯性反应又是什么？

面对困难，面对纷繁复杂的人际关系，以及人生失败，很多人的反应是逃避。

面对机会，面对不确定性，很多人的反应是怀疑、否定。面对结果比自己好的人，习惯性地去否定人家，或者给别人一个比较低级的定性。正是这些看似很平常、很不起眼的习惯性反应，造成一个结果：改变人生结果太难了。

人生结果的转变，一定是观念改革为先。而观念里最先被改变的，就是这些习惯性的反应及错误的观念。我在2009年刚开始奋斗事业的时候，综合实力很差，面对困难，总是习惯性地逃避（比如上台发言），能往后缩就往后缩。后来我发现，这样根本不行，永远无法完成蜕变，所以经过认真思考，我就彻底铲除了原先面对困难的习惯性反应，改变了面对困难的应对策略。面对困难，原先是习惯性逃避，后来变成了这样一句话：魏燕龙，以后再遇到让你感到害怕、恐惧的事情，你要告诉自己，要高兴，因为你又找到了自己成长的阶梯。就是这句话，让我受益到现在。所以，对咱们影响最大的就是各种习惯，而这里面的习惯，最要命、最不容易发现的，就是当面临一些事情的时候自己的本能反应。不易发现，不易察觉，但对自己影响深刻。看到文身，很多人就习惯性蹦出一句话：肯定不是好人。

请等等，谁告诉你，有文身的就不是好人？一定要注意，在平时一些平常事情，自己脑袋里本能蹦出来的结论、观念等，一定要小心。就是这些不知道从哪里来的观念，深入我们的骨髓，我们是那么坚定，本能地就认为它的正确性，毫不怀疑。而正是这些自己毫不怀疑的东西，深入潜意识的东西，才是阻碍咱们人生蜕变的绊脚石。

25 这才是真正的勤奋

身体上的懒惰会让咱们变得虚弱，思想上的懒惰会让咱们变得贫穷。很多人可以很努力地干活，但就是脑袋太懒惰。我认为的勤奋，尤其是在赚钱这件事情上，勤奋就是：在思想上持续更新迭代，持续精进学习，让自己变得越来越值钱。为了生活，身体上的勤奋是必要的，但为了发展，脑袋上的勤奋是必需的。身边这样的人太多了，就是一年前是那个水平，一年后还是那个水平，没啥长进。如果工作几年，工资基本没啥太大变化，那就说明你内在更新速度太慢。所以，在给大家分享具体财富案例之前，我一直在强调内在观念的革新。

因为革新观念是让自己永远值钱的根本动作。要革新观念，首先必须打开自己的学习途径。咱们身边大部分人的学习途径，就是通过看书、听课来学习。这种学习方式效率太低，速度太慢，而且根本无法生出智慧。我的一个比较重要的学习途径，就是在日常生活中，不管是看电视剧，看广告，看电影，看日常生活，观察大自然，都能学习。尤其是让自己"心动"的时刻，我一定会深挖这样的时刻。是什么让我心动？为什么几句话就会让我记忆犹新？这个场景为什么这样设置？……我会挖出后面的真相。

比如，十年前，有一次我在公交车上看到一句广告语：世界上只有两种牛仔裤，一种叫××牛仔裤，另一种叫其他牛仔裤。看到这个广告，我没在意，该干吗干吗了。但是下车后，我心中一闪，我为什么记住了这家牛仔裤的品牌名字？

这两句广告语不简单,简短两句话,我只看了一遍,居然就清晰地记住了这家牛仔裤的品牌名字。我马上意识到,这两句话里面大有学问,所以就往深处挖掘,好好分析,直到把里面的学问搞明白才停止。包括看到一棵树、一块石头、一片落叶,都能引发我的很多思考。生活处处皆学问,绝不是一句空话。自我更新迭代的速度,决定了外在财富的增长速度。没有一个成功人士是不喜欢学习的。

26 冠军心太弱

人生结果的转变,一定是以观念转变为前提的。普通人翻身困难的一个坑:冠军心太弱。其实,各行各业发展到今天,每个人只要拼,都有机会赢,你不需要拼过所有人,只需要拼过你周围的人就行,拼过你们公司其他人就行。这种状态,在普通人身上很缺乏,但在能够逆天改命的人身上,这是普遍具备的做事风格。

因为他们非常清楚自己当下最重要的事情是什么,非常清楚应该把自己的时间和注意力花在哪里。拿我自己举例:

我在第一家公司的时候——

当学员,在课堂上是发言最积极的学员;

当基层管理人员,我是干活最积极的人,人送外号"实干家";

当中层管理人员,又把整个团队带到第一。当时在分公司工作,业余时间比较多,其他人都在刷剧、聊天、打牌。我上午背一上午的书,不是英语口语就是国学经典,下午就看各种老师的讲座视频。我是没有自己娱乐时间的,但我一直乐在其中,一直到现在,我还是这种状态。我现在,每天早上六点起床,跑步半个小时,然后就是看书,送孩子上学。上午看书;下午思考或者沟通工作,并且在两个研习社里分享;晚上还是看书。基本上三天两本书的速度。除非公司有事情,不然我的这个节奏是不会打乱的。为什么之前我一直在强调注意力,就是这个原因,你得把注意力放在自己事业上,勇于去争夺第一。

不要"差不多",更不要有"枪打出头鸟"的思想。工作上、事业上,就需要出头鸟。

同事关系不好,你钻研事业;

有人背后议论你,你钻研事业;

领导不看好你,你钻研事业;

朋友去旅游了,你钻研事业。

只有爱自己的工作,爱自己的事业,钻研进去,成为行业专家,回报一定是丰厚的,这就是普通人最靠谱的翻身路径。

不要想着依靠别人翻身,梦里也许可以,现实绝对不行。不要找任何借口,我不喜欢工作,我没有高学历,我不擅长学习……统统是借口。咱们作为普通人,还想翻身,就更不要找借口,除非你智商有问题。我见过初中没上完的人,人家自己钻研化工,搞出一套污水处理系统,申请专利,开自己的工厂。你是要结果,还是要借口,只能选择一个。

27 问对人，事就成了一半

今天咱们分享一个观点：永远向有结果的人请教。

这一条有多重要呢？这么说吧，这一条如果大家能做到，就是开启精彩人生的第一步。咱们往往是深陷其中而不自知，其实每个人都能遇到很多改变命运的机会。但是遇到这样的机会时，咱们一般情况下是看不懂的，但这并不关键，大家都看不懂。可面对看不懂的问题，你的态度、你的处理方法，将决定人生结果的不同。

大多数人遇到机会、遇到看不懂的事物时，总是习惯性地向身边人请教，向身边人咨询，而身边人的建议呢，往往又对咱们起到很关键的作用。

这就是麻烦的开始。

我要说一个很普遍的现象：我们都不善于向有结果的人请教。咱们要知道，作为普通人，身边也都是最普通的人，对于信息的获取、信息的分析处理等等，都是差不多的，基本就是连蒙带猜，外加道听途说，而且每个人都说得那么肯定，那么信誓旦旦。举例来说：你在打工，一个月就两千块钱，但你想挣到一个月一万，请问，面对这个问题，你该请教谁？

正确答案是：当然去向已经挣到工资一万的人请教。但是，咱们大多数人是怎么办的？是不是回到宿舍，就向身边的难兄难弟发问：兄弟们怎么才能挣到一个月一万的工资呢？

难兄难弟也很感慨，都特想挣到一个月一万的工资，几个脑袋在一起,说来说去,绞尽脑汁能想到的办法,其实刑法里都写着呢。如果你发现一个好项目,决定要创业,请问应该向谁请教?答:向我请教。向类似我这样,自己白手起家创业干起来的人请教,而不是回去向身边打工的朋友,或者打工一辈子的父母请教。绝对不可以,因为他们能给你的只有凉水,只有打击(我的经历是如此)。人与人的区别就在这里:都会遇到问题,但不是每个人都知道去问对的人。很简单,但又是大部分不具备的观念。这个世界,最贵的就是信息,能赚大钱的人,都是赚信息差。越是大企业,越是敢于在信息咨询上花钱。如果华为当初不下定决心花费巨资邀请咨询公司做股权咨询,也许现在华为的规模、战斗力都要打折扣。

当初本田要在美国发展,抢占美国车企的市场份额。付费几百万做咨询,换回来一句话:要在美国发展,就必须在美国建厂,变成美国的丰田。几百万美金买了一句话,你说贵不贵?阿里巴巴这个名字现在家喻户晓,但是马云创业初期,这个名字的所有权属于别人,马云确定想要这个名字,但人家开价一万美金。那时候马云没有钱,就去向别人咨询该怎么办。别人回答:赶紧买下来,如果你干起来再买,最起码要支付一百万美金。

马云听完之后,痛下决心,用一万美金把阿里巴巴这个名字买回来了。各位,请问,你在人生路上,工作、生活、爱情婚姻、事业财富等等,所有问题出现的时候,请问你的咨询对象是谁?还是遇到问题,用老思维、老观念,习惯性地拍脑袋做决定?

咨询对象的级别,决定了你事业的成就。有时候,有结果的人的一句话,顶你身边几十位朋友的脑袋。问得多,不如问得对。

选择大于努力。在你努力向别人请教之前你需要花大力气去甄别,去选择请教对象。

记住:只有努力地选择,才会选择大于努力。如果按照你的思维方式,你能把问题处理得非常好的话,你的生命状态应该不错,但事实怎么样,只有你自己知道。记住:永远向有结果的人请教。

你想翻身改命,那就向已经翻身改命的人请教;

你想学口才,那就向原先和你一样,但通过学习和努力,把口才练出来的人请教;

你想创业成功,那就向创业成功的人请教。

总之,你要的结果,已经有人拥有了,找到他把他实践过的方法拿来用起来,总比自己摸索强。

28 优秀的习惯造就优秀的你

大学四年毕业后,如果你最终的结果是"没的选",那只能说明,大学四年你没有去尝试,没有实践。如果没有尝试,没有实践,没有主动去找路,那么你没有路是正常的。当然,这样的大学生占大多数。

从 2010 年到现在,我每年都能遇到很多优秀的大学生。数量绝对不是一两个。包括我的同班同学,还有我媳妇的同学,都有毕业后很快拿到结果的。我指导的几家公司,也都有大三、大四就月收入一万多元的。前几天,又遇到几位优秀的大学生,刚上大三,每天的收入是一千元左右,还有一个研究生刚刚毕业,存款已经几百万的。

请注意,这绝不是一个两个。之前已经分享过,一个人之所以不成功,是因为他身边就没出现过很厉害的人,没有出现过取得结果的人。

还有,路都是蹚出来的,绝不是想出来的。大学四年,不敢踏出实践的第一步,不敢去尝试,只是在想,那么等你到了研究生就能突然变异,变得敢于尝试,敢于实践了吗?

根本不可能。本科没尝试,最后把考研看作没的选的最后选择。那么,研究生之后呢,你又能把什么当作没的选的最后选择吗?对很多人来说,考研为什么那么难?

(1)习惯。大学前几年没好好学习,学习习惯、生活习惯太差,突然大三要考研,请问,你能坐得住吗?

大学期间,你不养成好习惯,就必然养成坏习惯(只是你不自知而已)。这个坏习惯,会通过你的人生考验全部暴露出来,比如考研、就业、创业。单单安抚你那颗浮躁的心,就需要很长时间调节。

(2)规划。很多人是到了大三,没路走了才选择考研,根本没有提前规划,以至于到了十月份、十一月份了,还在狂背英语单词。这样的人,基本没戏。考研规划,要抓主要矛盾,就像打仗一样,要分先后轻重地复习,不是只要拼就行了,要拼得有质量。

(3)坚持。你心态也调整好了,能抵抗其他诱惑。规划也做了,按部就班复习,接下来就是坚持。而且要过几个时间节点,每个时间节点都会淘汰一部分人,你能熬过去,就离胜利近一些。奋斗会成为习惯,堕落也会成为习惯。请大家记住,成年后自己做的任何一件事情,都是有后果的,自己得担着这个后果。

你坚持早起习惯,走路就不一样;

你坚持读书,气质就不一样;

你坚持交友,思维就不一样。

一切,都是自己决定的。

29 想要革新自己，必须离开垃圾层，远离垃圾人

前两天有一位学生问我：在家里如何能保持高能量状态？

我问：家里有什么因素干扰你吗？

他回答：家里有一台游戏机，亲戚家的孩子和街坊邻居的孩子都会来玩，很干扰我。

我回答他：与其控制自己的欲望，不如直接远离诱惑。回家把游戏机卖了或者送人，总之，把游戏机清理出去。家里没有游戏机，不就清净了。

所以，借助这件事情，引出今天分享的重点：要想革新自己，首先必须远离垃圾圈层，远离垃圾人。

什么是垃圾圈层？

答：打击你的自信心，浇灭你的梦想，喂养你的恐惧，滋养你的贪婪。——这样的圈层是必须远离的。如果一个人想彻底改命，必须远离能量低的人和地方。比如，我给大学生的建议，在大学里，你具体如何奋斗先不说，最起码一条底线要求：除了睡觉，离开宿舍。不要担心人际关系不好了，跟宿舍人不同频了，或者我在宿舍也能学习了。

首先，我上大学时在宿舍待的时间比较少但和室友关系照样很好。另外，如果在宿舍能学习，那在图书馆、自习室学习效率不是更高吗？不舍得，不愿意，甚至是不敢远离垃圾圈层，其他东西谈再多，也没啥意义。

必须尊重一条规律:人是环境的产物。人生有三个阶段:

(1)30岁之前,是借力阶段。

(2)30到60岁,是发力阶段。

(3)60岁之后,是收力阶段。

30岁之前,谁先借到力,谁先成长出来。所以,在30岁之前,挣多少钱不是最重要的,最重要的是你身边的人文环境,你所从事的行业,都非常好,这才是成就你一辈子的选项,也是最该借力的对象。远离垃圾圈层,是改变人生的第一步。

30 花钱是有顺序的

人生结果的转变,一定是以观念转变为前提的。大家永远要注意,当你不愿意沉下心来学习,不愿意一点一点踏踏实实来改变自己,还沉浸在"我没翻身,就是因为运气不好,就是因为没有考上大学,就是因为父母穷"而不能自拔,当你一直抱怨外在条件,而不自己改变的时候,就是永远无法翻身的征兆。堂堂正正的中国人,是自强不息的中国人;拥有强者思维的中国人,更是自强不息的中国人。有自尊的中国人,有骨气的中国人,自强不息是标配。

持续成长自己,迭代自己,精进自己,就是自强不息的标志。有好运气,那是锦上添花;没有好运气,自己创造好运气。昨天分享到,出身平凡的人,在事业上不要听父母的话。

今天分享另外一点:自己挣的钱不要全部给父母。如果你出身平凡,家里没什么家底,你又把自己挣的钱全部给父母,这样的人,注定无法富有,更无法翻身。你说,这钱是给父母还账的,而且这个账还是因为你欠下来的;你说,父母养你不容易,想赶紧孝敬老人家;你说,你给父母的钱,都给上学的弟弟妹妹花了,替父母分担一些压力;等等。更何况,还有道德光环的加持:我是孝顺孩子,我是好哥哥好姐姐。

但是,我要明确告诉你:不行。当出身平凡的你,没有家底的你,有了收入之后,如果你想就这样了,那你怎么花钱都无所谓。但如果你想走得更远更高,就必须明确花钱的顺序:

首先，必须是给自己花钱，花在学习上，花在结交高人上，花在结交高质量朋友身上。

其次，如果还有结余，自己必须存一点钱，应对突发状况，有一定的抗风险能力。

最后，如果还有结余，该给父母给父母，该还账还账，该给弟弟妹妹也没问题。这个花钱顺序，看似有点不近人情，但正是为了整个家族长远考虑的。

家庭普通，没有家底，幸运的是，你考上大学成了家里为数不多的有希望冲出来的人，能带领整个家族向上走的人，也必定是你。那么，对于整个家族来说，你还在事业打拼期，所有家族的理解、包容、资源等等，都应该向你倾斜，支持你，力挺你，等你事业有了起色，再拉整个家族一把，才能真真正正帮助到家族的每个成员。

对于以上花钱顺序，稍微解释一下：

首先，必须花在自己的成长上，因为只有自己成长了，事业干成了，才能真正帮助家里，而不是被家里拖着，艰难向前爬。

其次，自己攒点钱可以应对突发状况。二十多岁的年轻人，不拖累家人，有自己的抗风险能力很重要。有的年轻人过年刚给父母五千块，没过俩月，又问父母要出来，说是遇到难事了。你说你这是干啥？父母钱没落住，还替你操心。

最后，不管家里用钱干什么，哪怕是还债，也要慢慢还，没有实力，就不要想着一下子赶紧给别人还完。保持健康、有序的财务状况很重要。

总结一句话：你是家里的希望，家族的所有资源必须向你倾斜，事业有成后，你可以全力扶持家族。道德的光环，谁都想要，人们在面临这个东西的时候，是没有抵抗力的。但大家永远记住，美好的东西(有形的财富，无形的名誉)，都是有巨大成本的。只是，这个成本你看到没有？

31 无效社交

沉浸在消费主义里出不来的人,不会是潜力股。今天分享第四个坑:无效社交。

出身平凡的我们,不要妄想有救世主来解除自己的痛苦,满足自己的期待。能依靠的,只有自己。越早认清这个事实,对自己的事业越有好处。

十年前在新乡参加一次企业家协会聚会,和其中一位二十多岁的年轻人沟通,他是这个企业家协会会长助理,他一直强调一点:我现在积累的人脉很厉害,将来自己想干什么,借助这些人脉,肯定能干成。要多交朋友,朋友多了路好走,多交朋友总没坏处,等等。我知道这种观念深入人心,也是很多普通家庭父母嘱咐孩子的。以上观念没错,但是对于"交朋友"的核心本质没有看清楚。

人脉资源当然很重要,但是,当自己一无所有的时候,朋友多的好处,不在于能够帮助你,让你借力。最大价值在于:带你看不一样的世界。但如果你的期待是希望别人帮助你一把,能够让别人借力给你,那你必须提供对等的东西来交换,不然,想都别想。人脉的本质,就是交换。

思想学识、金钱财富、人脉资源、特殊权力、精神寄托或者梦想寄托等等,都是可以交换的资源。

问题是你有哪一项?举例来说:马云身边的保镖,跟着马云去见了很多牛人,如果有一天,这个保镖要创业了,去找这些牛人谈合作,请问，谁会记得马云身边的这个保镖？除非你能提供的价值正好是牛人需要的，而不是因为你们认识。弱者总是期待奇迹的出现，这是人性的弱点。高质量的人脉，需要高质量的价值来维系。

所以，成长自己，强大自己，让自己变成高质量的人，有价值的人，圈子会主动向你靠近。牛人要么自己建一个圈子，要么吸引一个圈子，而不是去追着、求着，非要加入一个圈子。

人，要看得起自己，更要有实力看得起自己！放弃无效社交，你会越来越强大。那么，什么是无效社交呢？

与提高自己核心竞争力无关的社交，与提升自己事业无直接关系的社交，就是无效社交。你自己不强大，没啥价值，学啥社交技巧都没用。成功人士没一个是傻子，你的那些技巧，在人家眼里，一无是处！

32 你值得拥有最好的，前提是你得努力

在与事业无关的事上，不要花费太多时间和金钱。

之前咱们分享过，每个人最重要的资产，就是自己的注意力。所以越是普通人，越要把注意力投放在自己的事业上。不要花费大量的时间去做没有产出的事情，比如练瑜伽、弹琴、钓鱼等等。不要觉得自己做了这些事情，就能给自己戴个帽子：我是热爱生活的，我的生活是充实的，我是个积极向上的人，等等。偶尔娱乐一下，选择一个性价比更高的运动，都很好。你现在最重要的是干事业，拿结果。人，最可怕的就是自我感动，自我麻醉。如果你对自己没啥想法，就想平平淡淡地过，也挺好的。

但如果你心中还有不甘心，对于父母和孩子还有责任和担当，想为他们创造一个更好的生活，那就别矫情，别自我感动，别自我陶醉。直面自己的现实处境，盯紧自己的事业，制心一处，全力以赴。摒弃一切让你松懈的杂音，抛开一切让你颓废的圈子，砸碎一切让你脚软的观念，像猎豹盯着猎物一样，死盯自己的事业。因为普通人，除了靠自己去拼以外，没有其他可以借力的。

拿我自己来说，创业八年，现在我的生活，除了事业还是事业，学生时代养成的很多兴趣爱好早就抛弃了。我到现在还是这种状态。马云曾经说，创业这么多年，放弃了很多东西，比如自己的个性，自己的爱好。我是深有感触的。但这是正确的，我越来越觉得，这就是正确的路。有人可能要问：那你这种生活有意思吗？

我真的想告诉大家：其中攻克难题，超越自己的乐趣，那种成就感，是高级的乐趣，是高级的享受。而且，我超级认同一句话：事业有成的人，工作生活都很高级。所以各位伙伴，当自己还很普通的时候，不要沉浸在低级的快乐里出不来，这真的不值得留恋。它耗费你的时间和金钱，除了给你带来短暂的快乐以外，给自己及家人不能带来任何实质性的实惠。你要相信自己，你配得上这个世界上所有美好、高级的东西，但前提是，你得努力！有舍才有得。

33 获取别人信任能力太差

普通人翻身困难的一个坑：获取别人信任能力太差。《天道》里丁元英说过一句话：你不知道你，所以你才是你。

听着好像是疯话、胡话，但这真是戳中事实的一句话。如果你很努力，但是人生结果不好，那么，你身上一定有巨大的缺陷，而不自知。

我在研习社分享的观点，都是为了让我们能够洞察自己的行为模式，洞察自己的心智模式，进而能够彻底扭转自己的人生结果。咱们任何人的成功，都是依靠别人的支持才能获取的。

所以，大家扪心自问：你获取别人信任的能力到底如何？估计很多人压根就没思考过这样的问题。但不管你思考过没有，意识到没有，这个能力都在影响着你的事业发展。很多普通人，永远不愿意睁开眼睛看看自己的现实情况，更愿意活在自己的想象里。

我告诉大学生：高考结束，承认自己失败了，才能开启另一场比赛。但很多大学生听不进去，不承认自己失败，或者，我要通过大学四年考研，来扳回一局。

我告诉身边的朋友：不要谈天说地，多低头看看自己的现实处境，多看书多学习，多研究如何赚钱。但我的朋友还是投入极大的热情去关心与自己毫不相关的国际局势，对于如何赚钱，好像听不进去。自卑与自负是两个孪生兄弟，一个人自卑到极点就会自负。一个人在现实世界里无法翻身，那么在嘴巴上，在想象里，绝不会承认失败。

这样的人，获取别人信任的能力几乎为零。因为他不踏实、不落地、不理智，给不了别人安全感。

为什么满大街都是失败的聪明人？因为他们聪明外露，给不了别人安全感，得不到别人的信任，没人帮扶，请问，你靠自己如何翻身？每个人看看自己的情况：

如果世上只有父母信任你，那你生存都成问题；

如果除了父母，还有十个人信任你，那你生存无忧，生活有期待；

如果信任你的人有五十人，那你就是中产阶层；

如果信任你的人有百人以上，你此生不会穷的；

如果信任你的人成千上万，你本身就是财富，干啥都不会缺钱。

这个信任的尺度如何判断？

答：你说的话，别人信任，而且愿意听你的意见。

你要做的事情，别人相信你能干成，并且愿意支付金钱来支持你。如果除了家人，没人信任你，毫无疑问，这就是最大的人生困局。不要瞎折腾，也别想着去寻找各种赚钱门道，因为这样的你，就是别人最好的韭菜。

好好修炼自己的内功吧。

34 普通人不相信梦想,是自废武功

人生结果的转变,一定是以观念转变为前提的。作为普通人,不相信梦想,否定梦想,是自废武功。因为人的成功,需要借力。

权力、金钱、优质关系、时代风口、国家政策、人生梦想,这些都属于优质资源,都是借力的首选对象。

富二代、官二代、先行者等等,他们是借助各种优质资源干成某个事业,顺便成就了自己。那么,作为普通人,请问有什么可以借力的?

拥有优质技术?没有!

拥有几座矿山?没有!

拥有优质人脉?没有!

拥有家族基业?没有!

拥有商业秘籍?没有!

咱们只有自己这一百多斤,在此基础上拥有的体力和时间。这些是能创造价值并获得生活资源的,但极其有限,要想翻身几乎无望。所有的优质资源有一个共同特点:足够稀缺!翻身为什么难?普通人翻身的概率低到千分之几甚至万分之几,原因是什么?

原因就是:普通人总相信靠自己努力,去获取一个精彩人生。而个人努力,在成功人生里的影响力,低到可以忽略不计的程度,而对人生成功有巨大影响的因素,普通人又都没有,比如独到的眼光、优质资源、优质空间等等。这就造成一个事实:20%的人,对80%的人,

就是高维打低维,是俯冲。记住:努力是标配,一点都不稀缺,不是成功的核心因素。普通人面对人生,只有努力这一个筹码。

牛人面对人生,努力、优质资源都是自己的筹码。

你说怎么比?站在社会顶尖的人士,他们享受着这个社会顶尖的物质资源、顶尖的精神资源、顶尖的信息资源。

他们或者他们祖辈,曾经穷的时候,也是屠龙少年,但当他们坐上顶尖位置,拥有话语权的时候,他们却让年轻人做好手头工作,不要好高骛远。我听到这样的言论,再看看身边人拿成功人士的这种言论来否定我的梦想,来打压我的梦想,我就知道,这就是普通人的悲哀。

当他坐到顶尖位置,又鼓励你"996",鼓励你做好手头工作,不要好高骛远的时候,你都没看看他自己及他的父辈,是如何"好高骛远"、如何拼搏的。普通人要翻身,只有两条路:

(1)你天赋异禀。

(2)你胸怀大志。

绝大多数人只能走第二条路,可悲的是,大多数人浑浑噩噩,拼命打工,今朝有酒今朝醉,毫无斗志可言,毫无激情可言。

各位朋友,你有没有想过,当你梦想破灭,只看当下、目光短浅的时候,当你自以为聪明、自娱自乐的时候,你有没有想过一个问题:谁把你变成这样的?

当你自以为聪明,看透世间一切,玩世不恭的时候,那些顶层的人正微微一笑,心满意足地看着这一切。因为,他们最大的财富,不是金钱、不是股票、不是房子,而是源源不断的穷人、无穷无尽的穷人、毫无斗志的穷人,对他们只有价值没有威胁,没有人能威胁到他们的位置。普通人必须坚定自己的梦想,必须借助自己的梦想(在所有的优质资源里,普通人只能借助梦想),在梦想的加持下,普通人才会有机会真正成为自己家族的富一代,真正的富一代!

还记得以前分享的内容吗?

梦想对人的作用:

(1)明确人生方向。

(2)挖掘精神潜力。

(3)区隔低价值人群。

大家好好品品,不要怀疑梦想,不要质疑梦想,别人可以,但自己绝对不要这么做,不要自废武功!

35 人生模式从来没有快进过

普通人翻身困难的一个坑：人生模式从来没有快进过。

作为普通人，要翻身，唯一有效的途径就是：抓住机会，死磕自己。什么是抓住机会，死磕自己？

第一，用手机查查现在什么行业不需要投入重资金就有机会积累财富的。

第二，什么事情都不干了，把自己的所有时间和精力都投入这件事情上，全力以赴，把人生调整到快节奏上，一天当两天用。我举个例子来说明这个问题——

罗永浩，前几年做锤子手机，在网络上很出名。大家知道他是如何改命的吗？他高中退学，然后就出来闯荡社会，摆过地摊，做过销售，倒腾过二手货物，还干过传销，经历异常丰富。后来在报纸上看到新东方招聘英语老师，他一打听，干得好的老师居然可以年薪百万，这让他感觉一下子找到了人生翻身的方向。但是自己高中都没有念完，怎么去新东方教大学生呢，而且还是教英语里最难的 GRE（研究生入学考试）。但他明白，自己什么也没有，必须拼一把。于是采取行动了。

在北京郊区租了一个小房子，他开始全天候学习模式，零基础，每天十几个小时背英语，用了一年半的时间，成功成为新东方的 GRE 老师。在他背英语单词的过程中，为了防止自己放弃，他买了100多斤的成功学书籍，当自己背单词扛不住了，就看成功学书籍，里面有很多金句,比如"要成功,先发疯,头脑简单向前冲""世界上没有失败,只有放弃""你没有失败,只是暂时没有成功"等等,给自己打鸡血!他这就是遇到了机会:不需要投入重资金,唯一要做的就是让自己具备某种技能,而这种技能,在市面上是很值钱的。

有了机会,接下来就是死磕自己,让自己具备这种技能。把自己的人生模式调到"快进",一天当两天用,油门加足,全速开进。后来他到新东方试讲,前两次都失败了,因为完全没啥经验。但是他没有放弃,给俞敏洪写信,其中有这么一句话:我会成为新东方 GRE 最好的老师,没有之一。俞敏洪很欣赏他的自信,就让他做助教旁听。罗永浩认真听各个老师的讲课风格,最后汇百家之长,形成了罗永浩风靡大江南北的独有讲课风格。这就是高中辍学,体验各种辛酸生活,后来得知新东方老师能挣大钱,然后死命抓住机会,把自己往死里整,最终成为广受学生欢迎的罗老师。很多创业者,都是这样走过来的。遇到机会,死磕自己,死命抓住机会,彻底改命。

36 面临选择的第一权重是什么

今天分享人生重要的第二个课题：选择。人生是一个又一个"选择"组合而成的，人生关键的，起决定性影响的，就是那一两步。

面对选择，什么是第一权重？

答：方向。高考后，面临上大学还是上技校的时候，如果你知道选择的第一权重是方向，那么你就会知道，必须选择上大学，这是人生向上迭代的方向。因为上大学的人生上限是无限高的，拥有无限可能。哪怕现在上技校能很快赚钱，但人生上限太有限了，人生可能性太受限。当创业遇到困难的时候，如果你知道选择的第一权重是方向，那么你就会知道，绝不能以当下利益得失来做判断，而应该以价值高低来进行判断。

算计利益得失，会遮蔽双眼，会做出愚蠢的选择；以价值高低来判断，才会抓住根本，失败只是暂时的。我最开始创业的时候，做大学生教育培训，周围也有很多做大学生教育培训的。但是2015年之后，这片市场非常难干，根本赚不到钱，所以绝大部分同行都不干了，但是我知道，根本就不能依靠大学生本身来赚钱，要持续服务大学生，成就大学生，这个事情本身就拥有很大价值。另外，应该带着大学生去做项目，靠项目赚钱。但是，项目在哪里，我当时并不知道。

但我很确定的是，这个方向是对的，是能创造价值的，困难都是暂时的。选择行业，看行业趋势是否向上。

选择公司，看公司趋势是否向上。

选择城市，看城市趋势是否向上。

方向选对了，剩下的就是修炼自己、精进自己，让自己在这个方向上占据一席之地，剩下的交给时间。

面对人生，方向是选择利己为主，还是利他为主！

面对工作，将来是与机器打交道为主，还是与人打交道为主。我自己是这个思维模式的受益者，不管遇到任何事情，咬定初心，咬定大方向，绝不放弃。

方法可以变，方向决不能变！

37 人生轮回的根源在于信息茧房

你很努力,但人生结果不好,那你的思维认知里,肯定有个巨大缺陷而不自知。

人生结果的转变,一定是以观念转变为前提的。今天分享第三个重要的课题:阻碍自己成功的第一要素就是自己。一直说要学习,自己要迭代,原因就是咱们身上是有很多缺陷的。这些缺陷造成咱们一辈子平庸。我们每个人从哪里来?从家庭里来。而咱们可以仔细看看自己的原生家庭有多少问题,尤其是父母的思想观念、街坊邻居的言谈举止、亲戚朋友的眼光见识、物质层面的丰富与否,对孩子身心成长很重要。但是,各种信息组成的网,对一个孩子心灵的成长,是起着决定性作用的。而咱们每个人都在这样的信息茧房里成长了十几年,本身就是这个信息茧房的产品。

这个信息茧房本身相对于社会来说,就是落后的、不实用的,有很大缺陷的。那么,咱们作为这个信息茧房十几年的产品,自身的缺陷,是显而易见的,但最可怕的不是咱们有缺陷,而是咱们压根没有意识到这种缺陷。没有意识到,就不会主动去改变,进而活成祖祖辈辈信息茧房决定的人生轮回。

顶多父母是在农村种地,你在城市打工,表面看起来不一样,人生的实质没有改变:祖祖辈辈再辛苦都是求生存。《道德经》里说:知人者智,自知者明。知道自己的人,心明眼亮;明白人,不是看明白别人,而是看明白自己,知道自己几斤几两。说这个,不是让大家去责怪父母,恰恰相反,是要关心父母、体谅父母,他们的很多行为都是生存环境决定的。他们养育咱们,尤其是能让咱们上大学,已经是拼尽全力了,咱们怎么还敢在其他方面有所奢望!看明白了这些,就拼命干事业,修炼自己、完善自己、重塑自己,把信息茧房留在自己身上的链条斩断,绝不能让它伴随自己一生,左右自己一生,进而延续到自己的下一代。所以,如果对将来还有想法,必须明白这一条,必须慎重对待今天分享的内容。阻碍自己成功的,就是自己,不是别人。

人生赢在转折点,如果你能真正明白这个,并付出行动,这就是你的转折点。我是在大学四年级的时候彻底明白这个道理的,然后一路对自己死磕,读书做事,挑战不断。我最喜欢的一句话就是:

如果我遇到困难了,

我要告诉自己,

我该高兴了,

因为,

我又找到了成长的阶梯。

这句话支撑我走到现在,从一无所有到一无所缺的路上,这句话立下汗马功劳。身体需要营养,精神更需要滋养!而这句话在我披荆斩棘的创业道路上,给我的心灵提供了强大的支持。说了那么多,自己该如何做呢?读书,读书,读书,不要读小说,更不要读散文。马上开始读商业类书籍、营销类书籍、牛人传记、人性类书籍。知识能改变命运,这是真话,你要做的就是马上大量读书,提炼,总结,与自己的实践相结合,形成自己新的思维模式。咱们一辈子都在为自己的认知买单。你要么通过读书,把认知补上;要么通过吃亏,把认知补上。总之,你得补上,没人能帮你。

38 古往今来的商业法则

你很努力,但人生结果不好,那你的思维认知里,肯定有个巨大缺陷而不自知。

人生结果的转变,一定是以观念转变为前提的。我得先强调一下,在我的眼里,没有什么绝对的优点或者缺点,关键就是看你怎么用。我之前给学生讲原生家庭的影响,居然有人回去后就痛恨父母。我知道后真是无语,并马上反思自己说的话,如何表达更准确,同时,对于比较年轻的听课人员,我会很慎重讲这些话题,尽量讲得直白,不让有死角。

解决问题的第一步是发现问题。仅此而已,这就是我在本群分享的目的。其实,咱们的父母,很多是农民出身。就拿我父母来说,一辈子种地,人品和种地的技术,真的非常好。家里那几亩地,没有一小片地方会浪费,都会想尽办法去让地块产生价值。这种充分利用有限资源获取最大收益的做法,是非常值得称赞的。

以最小代价获取最大收益,这是很正常的心态,也是很正常的思维。但是这种正常的心态和思维,在不知不觉中变了味道。

慢慢地变成:把关注点全部放到降低成本,或者不用付出成本就想获取某种价值的倾向上。也就是说,很多人变得不再关注那个价值如何最大化,不再关注那个价值到底大不大。而只关注如何让自己降低成本,如何让自己不付出成本。这就会让很多从农村出来的年轻人,机遇摆在面前,压根也抓不住。因为他违背了一条从古至今任何人在社会上都必须遵循的法则：利益交换法则。这个世界上，除了父母，没有人有义务为你做什么，想从别人那里获取价值，自己必须提供相应的价值进行交换。

不要试图去违反这条法则。不懂得利益交换，潜意识喜欢白嫖，是年轻人成事最大的心理障碍。

我给很多年轻人讲，你的生存空间如果是在村子里，你的性格、人品都很好，绝对是个好孩子。但现在你大学毕业了，进入大城市奋斗，甚至开始创业，开公司，那么你已经进入商业世界，你完全靠老家生存空间那些人品、性格根本不行，你必须学习，必须懂商业，必须懂人性，必须懂价值交换，等等，要学的东西很多。

要得多，付出就得多，没办法。我给大家举个例子：

十年前，我认识一位比我大八岁的老大哥，他是做企业培训的，专门给企业做内部培训。一次，我们俩一起游泳，我就向他请教，他的人生转折点是什么？

他给我讲了一件事情。在他大三那一年，有幸去社会上听了一堂课，讲师是做企业培训的，很出名。课程结束后，讲师招生，要把自己企业培训的本事传递出去，而且只招二十人，关门弟子，我这位老大哥想报名，但是学费五千。他没钱，就鼓足勇气走向讲师，说明自己的情况，希望能先上课，等后期赚到钱后再把学费补上。他本来想着，自己是学生，而且也表达了坚定的决心，讲师应该会同意。

但是，讲师就问他一句话：学会这个本事能改命，你是真想学还是学着看看？

老大哥：真想学。

讲师：那就回去借钱，你没钱是你的事，我把真本事交给你是我的事，咱们各自做好自己的事。

39 人生最关键的是提升能量和智慧

人生结果的转变,一定是以观念转变为前提的。人最关键的就是要提升两个东西:智慧和能量。

这两者是互为良性循环、彼此促进的。能量高,就是行动力强大;智慧高,就是看事物透彻。如何提高这两者,我的体会是,提升自己的能量。

个人能量如何提高?

答:胜仗,是打出来的。能量提高后,行动力强,整个生命的正循环就启动了,学习力增强,成就感增强,赚钱能力就会增强,人生越来越自信,体验越来越多,越来越好,智慧自然而然就提升了。大家看看霍金斯能量图(也可以看看他的书),不同的能量层级,对应人不同的生命状态,而不同的生命状态,又决定了你的生活层次及物质多少。

生命本质就是能量;

财富本质也是能量;

美好的一切本质也是能量。

贵人也是能量。

所以,要拥有好的东西,就必须提升自己的能量,然后吸引和你同频的人与财富。这就是所谓的吸引力法则,也是因果循环。人生不知道路在何方?这是缺乏智慧。比如不知道如何赚钱,这就是缺乏智慧,这个时候就该学习。因为赚钱是一门技术,好好研究肯定能赚到。

知道人生的路该怎么走,但就是没劲走,这就是缺乏能量。

比如知道读书很重要,学习很重要,但就是控制不住自己,总想刷娱乐视频,学习就是没动力。所以,我总是告诉身边人,人啊,要成功,就两条路:

(1)天赋异禀。就是智慧高。

(2)拼命努力。就是能量高。

对于咱们普通人,更是如此。所以,看到现在,评价一下自己,自己有没有很高的智慧?如果没有,那就刻意训练自己,提升自己的能量。

前几天我发说说,一个小和尚念经,坐不住,问老和尚有没有什么办法。

老和尚什么也没说,转身拿了一根棍子,盯着小和尚。从此,小和尚能坐住念经了。补充一句:人,要么自己管住自己,要么就得靠别人来管住自己。

40 他们才是时代的创造者

你很努力,但人生结果不好,那你的思维认知里,肯定有个巨大缺陷而不自知。

人生结果的转变,一定是以观念转变为前提的。现在大环境不好,很多人心态比较浮躁,甚至有更激烈的情绪压在心里。

很多当下很艰难的时刻,挺一挺也就过去了,再过十年,回头看看,也就那么回事。

抱怨情绪要不得,它会腐蚀咱们的心灵,蒙蔽咱们的双眼,打碎咱们面向未来的信心。越是环境不如意,越是有很多人抱怨,抱怨是毒,首先会毒害自己的身心。

老天爷给了我们那么明亮的眼睛,是用来发现美的,而很多人却用这双美丽的眼睛,去盯着阴暗面不放。这不是阴暗面的问题,是人心理出了问题。

一颗不健康的心灵,是无法获得精彩人生的。

因为心是咱们的主宰。你的心在什么层次,人的生活就在哪个层次。一个爱抱怨,只盯着阴暗面看的人,本身就是这个社会的阴暗面。

无能的年轻人,没有资格去抱怨社会,因为你没有参与建设;自命不凡的年轻人,不能去抱怨社会,因为你终究会投入社会,成为建设社会的一员,建设社会的难度,你会有体验。我始终相信一条:咱们国家发展迅速,在各个行业和领域,已经达到或者快要达到世界一流水平。用几十年的时间,可以走过西方几百年的发展路程。

取得这么大的成就,不是那些抱怨者天天盯着阴暗面的人来推动的,而是各行各业、各个领域都有担当者、实干者、默默无闻者、无私奉献者,他们是各行各业的追梦人、各行各业的英雄。是他们的努力、他们的拼搏、他们的实干,形成滚滚洪流,推动咱们国家走到今天并取得举世瞩目的成就。他们也许默默无闻,但绝不能无视他们。

所以,年轻人应该向这些人学习,他们才是这个时代的精神符号,他们才是咱们中华民族精神的传承者、守护者。

人,一辈子怎么活,取决于自己,不要把自己活成连自己都看不起、都讨厌的样子。每个时代都有每个时代的阳光,很多人就是在看不到的地方活成了照耀别人的阳光。你我也许不认识他们,却享受着他们的奉献。

一个时代,一个国家,对年轻人最好的福利,我认为是你可以选择成为自己喜欢的人,你有这个选择权。不知道大家怎么想,我是在二十岁出头的时候,想明白这些问题以后就不再抱怨了,就把眼睛盯在自己身上,长本事,练本领,希望自己也能做一些力所能及的事情。一晃十几年过去了,也影响了一些人,至今仍然在路上,仅此而已。这辈子,咱们也许做不了什么惊天动地的大事,但守住自己向上、向善的心灵,应该是咱们的底线吧。

抱怨者,没有前途！行动者,拥抱未来！

41 三个关键好习惯

对于好习惯,我之前专门分享过,有一两个关键好习惯,就足够改变人生,但从普通家庭出来的孩子,普遍没有养成。这关键好习惯,我总结了三个:

(1) 自我调节的好习惯。

(2) 深度阅读的好习惯。

(3) 与人沟通的好习惯。

第一个牵扯到情绪,设定目标,自我相处等。

第二个牵扯到深度思考,深度总结,辩证看待世界等。

第三个牵扯到向别人学习,贡献价值,处理各种人际关系等。

以上仅仅是抛砖引玉,大家可以总结和讨论。想想自己及身边的人,自我调节的能力如何?自我调节的渠道有哪些?自我调节的效率有多高?

咱们本身就出发点低,遇到事情,再加上自我调节能力差,请问,拖着沉重的身躯,如何奋斗?再想想自己及身边的人,有没有养成深度阅读的习惯?除了教科书,自己有没有读书计划?有没有有意识地完善自己的知识体系、思维体系?

咱们都知道,人与人之间最大的差距就是思维,就是看问题的角度,没有完美的人和事,但有完美的角度。

阅读,是完善自我的捷径。看纸质书,是深度阅读的基本功。在此基础上,听书作为补充。

不然，只是听书、吃快餐，对自己阅读习惯的养成没啥好处。最后，从普通家庭出来的孩子，普遍人际关系处理能力太欠缺。除了之前分享过的白嫖心理，最重要的就是总以"受害者"的身份出现。任何人际关系里，有两种身份：受害者或主导者。受害者的意思是：总觉得自己付出多，总觉得别人对不起自己，总觉得别人要骗自己，总觉得坏人多。最大的特点就是：抱怨、怀疑、恐惧。

主导者正好相反，他的特点是：理性和超越。

42 你手里的工具太低端了

运用工具的能力,决定了人与人获取财富的能力差别。

越是能运用复杂的工具,你获取财富的能力就越强。

什么是工具?锄头、机器、语言能力、组织框架、品牌等等。对绝大多数普通人来说,咱们最擅长运用的工具就是锄头类。也就是原始简单、操作简单,人人都有的工具。比如自己的体力。所以替代性强,价值量低,得到的财富就少。但咱们为什么不会运用复杂的工具呢?原因有很多,但咱们还是向内找,找到一些自己能把控的原因,来使自己精进。

其实,咱们的手机,就是迭代自己最好的工具。咱们有没有用好呢?抖音,现在手机上应该人人都有,是一个推荐大家看各种视频的APP。身边很多人对我说,手机耽误我学习,我要把手机关了,要严格控制看手机的时间,等等。

我回答他,你说的方法当然没错,只要适合自己就行。但有一个认识上的问题需要纠正,那就是,手机是一个工具,而且是一个集合人类各种智慧的工具,它对你起好作用还是坏作用,完全取决于你自己。对于我来说,我真的觉得抖音太棒了,它提升了我学习东西、查找资料的效率。

抖音的算法,完全就是实现了吸引力法则。我上个月给公司开会,明确告知大家,像手机这样的工具,会让人与人的差距越来越大。

优秀的人,会越来越优秀,因为学习交流更方便,效率更高。

不上进的人会越来越不上进,那就是一个黑洞,因为无穷无尽的低质娱乐信息像潮水一样涌向你,最终淹没你。王阳明先生早就说过:破山中贼易,破心中贼难。手机,就是学习工具,咱们很多人不会用,这应该是咱们不会用其他更复杂的工具的一个原因吧。看看自己的双手,除了最简单的工具,自己还会哪些工具,好好加油。工具,是人发明的,所以理论上,咱们应该都能学得会。

43 人可以选择自己的生存模式

每种生存模式,都有其合理性。这就是当你身边的人,他能取得人生结果,一定有他合理的原因,也有咱们学习的地方。

通过"人"的眼睛看不懂,但是通过"大自然"的眼睛,也许就能看懂。每种生存模式,都有它的副作用,这是咱们更要注意的。

生存模式,没有高尚与低劣,但一定有副作用大与小的区分。看看大自然:

老鼠习惯于鬼鬼祟祟生活,副作用就是它们的身躯无法强大,有的老鼠甚至完全在黑暗的洞穴里生活,视力已经退化。

蟑螂繁殖能力超强,但副作用就是无法光明正大、堂而皇之地活着,整天东躲西藏,人见人杀,总是成为被消灭的对象。

鳄鱼,善于偷袭,从恐龙时代活到现在,生存模式真的是能经历各种巨大的考验,但是副作用就是为了一口吃的,永远只能在泥潭里争来争去,或者就是为了偷袭、屠杀,人见人怕。

就像人,习惯了拍马屁的生存模式,就会得骨质疏松,那腰板就直不起来!习惯了坑蒙拐骗的生存模式,就会眼黑心更黑,坑了眼前人,同样也不自觉地坑了他们的后代,他们的孩子将来也不会变白了。

这就是天网恢恢,疏而不漏!任何一个民族的文化,终极目标,都是为了让本民族的人活得像人,进而像神!

2019年世界哲学大会在北京举办,大会的主题是:学以成人!学以成人,这是咱们任何人一辈子的课题。

首先,作为人,最大的福气,就是咱们面对千万种生存模式,可以有选择权。而自然界的动物们,它们是没有权利、没有资格去做选择的。但可悲的是,那么多人,明明看着是个人,却不干人事。

生存模式三维度——

最低维度:动植物;

中间维度:人;

最高维度:神佛。

如果你选择的生存模式让自己活得越来越像动物,那就是最低维度的生存模式。

动物的生存模式关键词:物质与欲望。

人的生存模式关键词:生命与价值!

神佛的生存模式关键词:觉悟与奉献!

所以,以后再看到身边的人拍马屁、偷奸耍滑等,要可怜他。

他把自己活成这个样子,是在用生命告诉咱们:不能活成这样。

对,咱们身边的所有现象,都是咱们的老师,都是在提醒咱们,不要为了两口吃的,就把人的尊严、灵魂等抛掉,可怜、可悲、可叹。所以,老话总说:要活出个人样!对,就是要活出个人样来!这就是这辈子的底线,也是最大的任务。

44 自己还没毕业,父母催你找对象

很多大学生到大三、大四,会遇到让你想不到的问题,那就是:父母居然唠叨你该找对象了。

尤其到大四或刚毕业,特别是女生,父母给你的感觉,好像你嫁不出去似的。很多大学生在大学快毕业或者刚毕业的时候,并不想考虑这个问题,但父母对你的耐心却在流失。

尤其是来自普通家庭的女大学生更是如此,一定要注意这个问题。今天针对这个问题,分享一下我的看法。首先,摆明态度:这个事情怨不得父母,大部分在自己身上。咱们的实力,决定了别人对待咱们的态度。父母爱孩子,会为孩子考虑很长远,你大学还没毕业,父母已经考虑你的婚姻、工作甚至养老问题。

不开玩笑,我是经历过才知道的。真是可怜天下父母心。但是,我还有一个体验:父母其实也懒得管你,他们也想过自己的生活。这到底是怎么回事,一会儿管,一会儿不管的。

当父母觉得自己能够管你的时候,他们就会全力以赴参与你的事情。

当父母觉得自己已经没有能力管你,甚至他们清晰地感觉到再管你就是害你、耽误你的时候,父母也会放手,并尊重你的意见。这里面的关键因素是:孩子。当你上了大学以后,一定要注意这方面。如果你大一放假回家和高中回家的时候,表现是一样的;当你大二放假回家和高中、大一放假回家的时候,表现是一样的;当你大三放假

回家,你的表现和之前回家时候的表现是一样的。——你有没有成长,有没有长大成熟,父母其实都看在眼里。如果一直没啥变化,父母当然也不会凶你,而是知道:虽然上了大学,还是小屁孩儿一个。这个时候,父母就会替你打算了。俺闺女也没啥特殊才能,以后可咋办?

在这种情况下,父母能想到的最优解,就是那四个字:成家立业。

先成家,成了家,就慢慢成熟了。相反,如果你每次回家,表现都不一样,以前从来不做饭,现在回来就做饭。以前父母吵架,你要么偏袒一方,要么就是回到自己屋里不闻不问;现在看到父母吵架,能够客观分析,两头规劝,而且说话有高度,逻辑严丝合缝,请问,父母会怎么看你?肯定觉得,俺孩子长大了,这大学没白上。记住:你的实力,决定了别人对待你的方式。

知子莫若父,孩子成长到什么程度,父母心里最清楚。你在父母心中到底什么地位,我教你一个判断方法。

你家里的事,父母会不会打电话征求你的建议。如果父母从来没向你征求过建议,不管你觉得自己多牛气,事实是:你在父母那里,就是小屁孩儿一个。对于小屁孩儿,你说作为父母,他们得为你考虑多少事情。

当父母开始操心你的婚姻的时候,你就该警醒了,是自己成长不好。

如果不警醒,不加油成长,接下来你的所有事情父母都会深度干预,包括你的事业、你生活的地方选择等等。父母自己的生活没法安心过,还得操心你,这是不孝!

45 考研（1）

对于习惯，请大家务必重视，不知道未来的方向，不知道自己将来做什么，但最起码知道哪些事情是不能做的。把不能做的事情从生活中排除掉，剩下的不就是该做的了嘛。

比如不能睡懒觉，不能放弃读书，不能放弃写笔记，不能放弃广泛交朋友，等等。

我在大学也迷茫，也不知道该做什么，未来的路到底在哪里。但是突然有一天，我自己觉得：自己得守住底线，该做什么不清楚，但不该做什么很清晰。

父母还在为你拼命，作为年轻人，你凭什么不奋斗！如果准备考研，就尽量考个好的研究生，或者好的研究所。

除了习惯以外，第二个就是规划。

确定考研的人，考研从大一就要开始。具体从大一开始准备，从英语开始。政治、高数、专业课等到大三再开始也不晚，但是英语绝对不行。十个考研人，七个都是死在英语上的。考研初试，总分数要过线，单科也要过线，缺一不可。

而考研英语历年的平均分都是四十分左右。最近几年略有提升，我那时候更低，三十多分。满分一百分，平均分四十分左右。你感受一下，如果你考英语四级都属于困难户，你还是好好掂量掂量吧。政治，报个考研辅导班，在考试前半年疯狂背。

高数，从大二、大三开始，就该刻意练习了。

专业课，提前一年准备就行。但是，如果你想考个好的研究生，最好去目标院校结交一下你的学长学姐，让他们给你搜集一些专业课方面的资料，这很重要。

英语，不管你基础如何，请一定从大一开始准备。考研英语难，但不是词汇量要求多大，词汇量是 GRE 要求最多。但是考研英语有两个地方，大家要注意：

(1) 熟词生义。

(2) 思维漏洞。

咱们查单词的时候会发现，每个单词后面的汉语意思有很多，但咱们平时只记前三个，最多前五个。考研很多是非常熟悉的词，但你就是翻译不出来，翻译出来就是别扭。还有很多派生词。

这个事情，你买一份考研英语真题，就会有深刻的感受：最熟悉的陌生人。从大一开始，再记单词，多往后面看看其他意思，有个印象。

关于第二条，更让人无语，文章都是外国的原文，但是出题人全是中国人。他们最了解中国人的思维模式，也最容易给你挖坑。

还是建议你们去买两套考研真题，做做题，就深有体会了。总之，做任何事情都要抓主要矛盾。大家如果总分过线，因为英语没过线，那就太可惜了。

46 考研（2）

上研究生的成本是很高的：从大三开始准备，顺利考上研究生，还要再上三年，而且现在基本都是自费研究生，三年下来学费也得好几万元。再加上生活费杂项，开支保守十万。

四年时间，十万开支，这是最基本的成本。所以，考研是一个大事，尤其对于家庭条件很普通的人，更要慎重！

所以关于考研规划，大家一定要多查资料，多总结，多对比。

分享完心态和规划，接下来分享坚持。

考研的坚持，主要是三个时间点，先别说考上考不上研究生，先看看你能不能熬过这三个时间点。这三个时间点，也是放弃人数比较多的。分享出来，就是希望大家心里有个数。

第一个：暑假（考研前五个月的那个暑假）。

你决定考研，暑假就是第一关。学校放暑假后，你需要到校外租房子，甚至租一个自习室（现在学校给考研学生提供场地的比较少，基本都需要自己找）。

这个暑假，两个多月，不管有没有朋友一起，没人监督，没人管你，没人督促你，全靠你自觉，请问：你能不能坚持每天的学习计划？你能不能不看手机、不打游戏？你能不能不睡懒觉？三个时间点里，暑假放弃的人是最多的，请大家注意。当然，你如果能坚持下来，就已经胜过一部分人了。

第二个：十月份。

这个时候是填报志愿的时候,很多人暑假都是熬过来的,再加上对各个科目没有规划好,尤其是英语,都没有复习好,那种绝望,对心态的打击是非常大的。这个时候,有一部分人心态就扛不住了,索性直接放弃填报志愿。

第三个:考场。

熬过暑假了,也填志愿了,最后一步,进考场,也有一部分人果断放弃了。原先听别人说,考研的考场很多是坐不满的,我还不太信,连续几年,我问了考研的学生,才证实这件事情。也符合实际情况,明知道自己会考砸,就不要用事实证明自己会考砸。

别人问了,还可以说,我就没考,我找到了好工作,等等。当然,这三个时间点,淘汰的就是那些随大溜的人。研究生的录取率,这么多年一直保持在30%上下。很多人坚持到最后还是要直接进入社会的,我身边有不少考研二战、三战的人,我为他们的坚持而点赞,但也为他们的执着捏把汗。有这股劲,去社会上不管干哪个行业,都能学点真本事,以后选择在职考研也可以啊。不要听考研机构的老师在那儿瞎忽悠:即使考研失败,进去社会找工作,也是吃香的,因为别人最后两年是玩过来的,而你通过考研,重塑了你自己,好好学习了两年。重塑自己的途径有很多,为什么要选择考研来重塑自己呢?况且通过考研锻炼的东西,没有直接产出,不划算。

希望大家知道一个事实:考上好的研究生,或者大学毕业很快拿到结果的那些年轻人,都是在大学期间就很优秀。

优秀的研究生是优秀的本科的延续!

毕业后拿到优秀结果,也是本科阶段优秀的延续!

这两个都是需要靠真本事来拿的,都是人生的硬仗!本科阶段不优秀,你不会突然变异而变得优秀了。

优秀,都是一点一点累积的。哪怕你高中累积得够多,也能让你本科阶段吃很长时间老本。

优秀,累积就有;不累积,就没有,很公平!

47 考研（3）

考研，要不要报辅导班？今天来谈谈这个问题。我的室友当时考研，家里也有钱，就把所有科目的辅导班都报了一遍，然后的结果就是：考研变成了上辅导班。

上辅导班很积极，但是辅导班结束后，就是美其名曰休息一下，劳逸结合。不管你有钱没钱，我的建议是：政治一定要报辅导班，其他科目不建议报辅导班。政治是需要大量背、大量记的科目，对于这样的科目，有老师指导和没老师指导差距非常大。政治知识点多而杂，辅导班的老师会把知识点都总结出来，很方便大家记忆。

如果没有老师辅导，单独靠你自己去整理，太花费时间，性价比太低，而且你不一定能整理出来。考研，是你一个人的战争，关键取决于你自己，辅导班只能起辅助作用。如果你自己不行，没信心，不能坚持，学习效率低，辅导班起不到什么作用，除了心理安慰。而在所有科目里，报政治性价比最高。花一点钱，解决大量的时间，可以投入其他科目的复习。

而英语，完全靠平时积累（上次咱们群里刚上岸的朋友补充得非常好），基础不行，报了辅导班，收效甚微。

高数，如果你数学确实太差，自己学不懂，而你对考研又势在必得，可以考虑报个辅导班，但不要抱太大期望。高数，也是很看基础的，归根到底，还得自己啃。

专业课，主要是信息战，谁能掌握目标院校更多信息，谁的胜算就大。辅导班不可能有这个资源。所以,报辅导班意义不大。另外,考研复试一定要注意,好的院校和研究所,复试的时候会采取英语口语交流。之前我的一位学生考到华东师范,复试的时候,有一个环节就是全英文交流。大致有三个环节(每个学校都不一样):

(1)上台进行英语自我介绍;

(2)现场随机两个人进行话题交流;

(3)拿出一本全英专业书,读一段。

普通院校就简单了,我的母校,普通二本,我是化工专业。我大三的时候,学校刚刚获准招研究生。我跟着一位老师做实验,有一次他说:这学生本科都学啥了,复试英语交流不行,能理解,但是我让他说出三个专业单词就录取他,他居然也说不出来。关于考研的板块,就分享这么多吧。咱们群里有刚考上的研究生和在读研究生,可以多多补充;我分享有不恰当的地方,也请指出来。这样才能让群里想考研的朋友,能更全面了解,更好地准备。祝福想考研的朋友,都能如愿以偿!也祝愿在读研究生,将来学业有成!

48 选择环境，就是选择与谁同行

上次分享过，只有清晰的目标才会激发人的斗志，所以很多人在大学期间，会怀念自己高中拼搏的感觉。如果你没有远期目标，那就定一个短期目标，然后全力以赴去干。但是，如果你长期目标和短期目标都没有，干啥都提不起劲，那你缺的就不是目标，而是积极向上的环境，也就是一群积极向上的人。在大学及以后的人生路上，能自己搜索信息、提取信息，并结合自己的实际情况制定目标，然后全力以赴去做的人，属于少数人。

大多数人，都是没有这个能力的。所以，大多数人想要成才，决定要素，还是你选择与谁同行。十个人里，八个人都无所事事，剩下的两个，要么同流合污，要么离开这个环境。

同样，十个人里，八个人都是积极向上，剩下的两个人，要么跟上节奏，要么选择离开。

这就是环境与个人的关系，良性循环。大学生都想成长成才成功，也都有这个潜质，但为什么有人成功了，有人没成功呢？到底差距在哪里？

差距在环境的选择上，尤其是人文环境。假如你是一个大树的种子，那你就必须选择土地肥沃、阳光普照的地方生根发芽。但是，如果环境没营养（读的书、做的事、聊的天等等都没营养），那你就是参天大树的种子也白搭。

贫瘠的环境也能生长，比如石头缝里也是可以活的，但你看那些

树,活得艰难,还长得歪七扭八。自己的人文环境都是自己可以选择的:

你不能选择室友,但你可以选择以书为友;

你不能选择专业,但你能选择多去经历;

你不能改变现实,但你能沉浸在高质量书海。

能考上大学,大家的智商和品质其实都差不多,都有成才成功的可能,关键就看大学四年,你给自己内心的种子选择和培育了什么样的环境来滋养自己。

对于大多数人来说,谁先给自己找到这个优质环境,谁的种子就先发芽,生长,开花,结果。对于大多数人来说,大学提供的,绝不是读专业课和考证书,它更大的价值就是提供了一个平台、一种身份、一段时间,你可以自由地去选择和成长。疫情都解封了,大家就别再封控自己了。希望大家都能找到属于自己的土壤,别让自己梦想的种子、冲天的豪情,湮没太久。

毕竟,种子蕴含的勃勃生机,都是有保质期的,一旦错过,就真的错过了。趁着自己内心还有渴望,加油奋斗!

49 如何选择另一半

我们每个人都是环境的产物,而环境里最主要的因素就是人。就像很多父母觉得,大学生毕业后能拿到月工资一万元,就已经很不错了。

这是因为在父母的生活圈里,工资普遍不高。之前在很多大学里开讲座,我问大家,你们相不相信自己可以造福一方百姓,可以自己创办一家公司,可以在大学期间就经济独立?

我发现基本都是不相信自己的。因为,在他们生活圈里,以自己为中心,方圆十公里,没有一个成功人士。

你没见过,所以你就没意识到自己可以,仅此而已。人,是最关键的要素。而在所有人当中,除了大学里的朋友圈,对自己影响比较大的就是恋爱对象了。另一半如何选?

两个方面:

(1)用眼睛看对方业余时间在做什么。

(2)用心感受两个人在一起的状态。

很多人想找一只潜力股,在业余时间爱学习,爱读书,爱社交,开口闭口是未来,是事业,是责任。这大概率是潜力股。相反,在业余时间,开口闭口都是吃、玩、八卦和抠手机。这大概率将来就是为生存奔波的人。

再次声明,我在社群只分享普通人现象,不谈特别现象、个别案例。另外,两个人在一起,如果状态越来越好,也就是奋斗的热情、学习的心态，为了对方和自己的将来，愿意变得越来越优秀，这就对了，说明你们俩合适。相反，如果你们俩在一起，不想学习了，甚至你拉着对方，对方也不想学习，没有为了对方让自己变得越来越好的冲动。不用说，你们俩不合适。彼此无法激发奔赴美好未来的冲动，你们俩大概率不合适。你认为的不重要，事实很重要。

三 大学生百问百答

1 大学生成长

> ▶ **成长第一问：都说大学需要独处，独处很重要，为什么呀？**

不管是在大学期间还是进入社会工作，独处都是一个人的基本能力。独处既能让自己融入人间繁华，又能享受和自己对话，这是一个生命体本来的面貌。别人也许可以陪伴自己走过坎坷泥泞，但是永远无法体会自己的心路历程。从这个角度来讲，不管是身在闹市还是僻静小屋，人生都是不可复制的心路历程，其中滋味，只有自己清楚。朋友可以陪伴和安慰，但永远不能替代，他不能替代你，你也替代不了他。就像人生病，再亲近的人都无法替代你的痛苦。人生就是如此，酸甜苦辣各种滋味都有，自己的人生还是要自己去品尝。独处的好处有以下几点：

（1）给自己一点时间。在平时的生活中，需要我们付出时间的地方太多了，需要我们顾及的人也太多了，而最该被关注的自己的心灵需求却被忽视了。其实最应该慷慨对待的正是自己的心灵，它需要安静一会儿，需要沉思一会儿，需要一点属于它自己的时间。对于自己的心灵来说，没有什么能比慷慨地给它一点自由时间，更能滋养它。

（2）做自己生命的旁观者。越是成功的人，越是需要独处，因为这是看清自己和世界的最佳方式。不管是人生复盘还是深度思考,都需要用一段时间跳出当前生活,站在万米高空和整个人生的角度来审视当下的自己,看清当下的自己,这对自己的成长规划极其重要。如果你能了解整个民族的历史变迁,那么你就能用五千年历史的视角来认识当前社会的发展,更好地把握时代的趋势,客观看待当前的困难,超越眼前的是是非非,瞬间解脱,以一种超然的心态活在当下,任何时候你都是自由人。

(3)独处是挖掘思想深度的必经之路。不能独处的人,不会有自己的思想,更不用提思想深度了。

▶ 成长第二问:定位定江山,我该如何定位自己呢?

人有什么样的定位,外在就有什么样的人生。比如,你内心对自己的定位是学生,那么你外在的所有行为都会与学生这个身份相符合。我们都知道社会实践很重要,但为什么还有那么多人不去做呢?最本质的原因是内心的定位与社会实践不符合。人们该如何定位自己?具体有两条建议:

(1)事实真相。人的自我定位从自己了解到的事实真相里来。当我们在国外受过不公平待遇或者超高礼遇时,我们就会突然明白"中国人"这三个字在自己生命中的重要性,也会用"中国人"来定位自己。当我们深度了解到自己的家族奋斗史,了解到自己家族从爷爷辈开始,是如何一点一点奋斗过来的,有个声音就会从我们的心底升起:我要让我的家族变得更好。这个时候我们对自己的定位绝不是学生,而是家族奋斗史的继承人、家族的骄傲等等。定位自己是家族奋斗史的继承人和定位自己是学生,定位不同,能量不同。所以,要想让自己的定位更准确、更有力量,需要做的第一步,就是了解自己的家族奋斗史,看看自己的家族是如何一步一步发展过来的。

(2)人生对标。多读书,尤其是各行各业的企业家传记、牛人传记、历史人物传记等;多走出去听听看看,尤其是到大城市或者参加大型学习会,了解不同层级的人是如何工作、如何奋斗、如何对待人生的。当这些东西看得多了,心中对自己的人生会有个基本的意识和定位：别人可以，我也可以。接下来就是找个具体人物，作为自己的人生榜样。

▶ 成长第三问：为什么我定的目标任务总是完不成？

定的目标任务总是完不成，主要有两个方面的原因：一个是对这个目标的渴望度不够，另一个是目标任务完不成的代价太低。所以，对于如何完成自己定的目标任务，有以下两点建议：

（1）目标必须清晰。目标不要随便定，定目标要慎重，对目标的具体情况要清晰了解。就像大学里很多男孩儿想找女朋友，我问你想找什么样的女朋友，很多人就不清楚了。说不上来，这就叫目标不清晰。但如果对自己喜欢的对象能够清晰描述，比如对头发的颜色和长度、身高体重、双眼皮还是单眼皮、性格气质、行事风格和禀性等，都能准确描述，我相信你很快就会锁定目标，并展开行动。总之一句话：只有清晰的目标，才能最大化地调动人的积极性。

（2）代价够大，动力才够强。大学期间我和室友一起相约攻克英语，为考研做准备。然后就一起制定了学习计划，每天必须背会多少个单词、背会多少篇文章等，罗列得非常详细。为了让计划能顺利执行，我俩约定：每人拿出600元交给另一位室友，以一个月为一个周期，每天一评比，完成任务，就拿回自己的20元。如果对方没有完成，我就把对方的20元也拿走。用这种方法强逼着自己每天疯狂背英语，因为整个寝室都知道这个事情，所以完不成任务不仅仅损失20元，更重要的是面子挂不住。后来在早读的地方认识一位朋友，背英语更疯狂，我问他为什么动力如此充足，他说：我给自己定了三个月要背会50篇《新概念3》的文章。然后和女朋友打赌，给了女朋友2500元，背会一篇领50元。这个兄弟更狠，不光是钱的问题，你愿意在女朋友面前认怂吗？所以，如果真想完成目标任务，那就提高完不成目标任务的代价。只有付出代价，才会让人刻骨铭心。

▶ 成长第四问：如何结交牛人？

链接优质资源的本质就是链接人脉，所以，首先要弄清楚最关键的三个问题：牛人需要什么？牛人会在哪里出现？牛人愿意与什么样的年轻人深交？只有满足了别人的需求，自己的需求才有可能被满足。

(1) 牛人需要什么？牛人最需要的不是物质，即便是物质咱们也负担不起，牛人最需要的是精神需求得到满足。人类有 21 项心理需求，这里面大部分是精神方面的需求，比如受人重视和尊重、表达自我、渴求理解和支持、被人赞美等等。这些都是每个人最基本的需求，而且越是事业有成的人，这方面的需求越旺盛。

(2) 牛人会在哪里出现？年轻人和牛人的交叉点，基本是两个地方：运动健身的地方和读书学习的地方。首先，你所在的城市的牛人基本都会在一个时间出现在一个地方，比如早起在公园锻炼。我在上大学的时候，学校图书馆前面的空地上，每天早上有位老人练毛笔字，像扫把那样的超大号毛笔。后来我的一位朋友向他学习毛笔字，由于他有基础并且能够刻苦练习，最后这位老人和他成了师徒。这位老人是退休老教授，市书法协会的副会长。后来经过这位老人的举荐，他参加了市书法协会的各种活动，人脉和眼界都得到了很大的扩展。其次，牛人会以嘉宾或听众的身份出现在社会上的各种学习报告会上。这种学习报告会，年轻人有机会一定要参加，一方面是学习在学校里学不到的东西，完善自己的知识框架；另一方面，接触高人、牛人的机会也会增多，学习报告会一般有分小组交流学习的环节，自己要充分准备，主动交流学习。但请记住：惜缘随缘不攀缘。高人、牛人都慧眼如炬，就算你攀到了这份缘，也不一定会长久，切记切记。

(3) 牛人愿与什么样的年轻人深交？要想遇到贵人，首先让自己变成贵人，变成积极向上，有梦想和担当的人。牛人愿意手把手教你，是因为在你身上寄托着某种需求，需求很多，但归根到底是帮助你一个人，你可以帮助更多人。如果你是个自私的人，就算贵人天天在身边，你们也没缘分。

▶ 成长第五问：大学必备哪三种能力？

大学必备的三种能力：

(1)学习力。上世纪七八十年代，很多岗位都缺人才，所以基本上在国家单位工作就能安安稳稳过一辈子。而现在更新速度极快，一不小心就可能被淘汰，就像"双减政策"，让几十万人瞬间失业，所以我们想要在哪儿都有铁饭碗，有立身之本，就得有强大的学习力。因为学习力就是自己更新迭代的速度、成长的速度。自己时时刻刻都在成长，就不会被社会淘汰。

(2)营销能力。生活中处处都是营销，营销的初级阶段是某个专业的专属，也就是在商场卖东西，拥有这个能力，一定可以实现财富自由，任何一个产品都缺少营销渠道。营销的高级阶段是营销人，营销自己，比如谈恋爱、交朋友、谈生意、升职加薪、管理团队，都是在营销自己，展现自己的人格魅力。拥有这个能力，一定可以干成一番事业。所以不管学什么专业，将来从事什么职业，如果想让自己的人生精彩，好好研究营销，这是人生精彩的必备武器。

(3)口才。人们的就业大多数就两类：一类是与人打交道为主的工作；一类是与物打交道为主的工作。咱们大多数人的工作，都是与人打交道为主，没有好口才，待人接物将步步受困。口才绝不是宿舍几个哥们儿的卧谈，口才分为一对一的沟通、一对多的演讲，以及特殊场合（比如饭局、学习交流会等）的口才技巧。有一个好口才，人生事业将进步一大截。人际交往中的口才，是人生必备的最基础的能力。

▶ 成长第六问：做事坚持不下去怎么办？

做事坚持不下去，不是事情本身有多难，而是人性的弱点难以克服，大部分人喜欢享受，这是我们的本性使然。所以上大学后，做事想要坚持下去，就得克服人性的弱点。不需要一次性全部克服，慢慢挑战。能克服一个，人生的层次就会上升一个档次。记住,我们成长路上最大的敌人就是人性的弱点,要制服它必须利用咱们人性中的积极力量。以下两个具体方法,践行会受益良多:

(1)公布目标。因为我们都非常在意身边人对自己的看法,都想留下更多好印象。把目标公布于众,可以有效监督自己。如果要减肥,只是自己制订计划,然后去执行,估计大多数人坚持不下来,因为放弃计划的成本是零。但如果能把自己的减肥计划在朋友圈公布出来,并且发给自己生命中最重要的人,如死党、闺蜜、室友、家人甚至你暗恋的人等,这个时候我们减肥的动力就会变强,失败的概率会大大降低,因为放弃减肥的成本太大了。把目标公布于众可以制服你想偷懒的心。

(2)设置阶段性目标。如果要读书,也是如此,不但将自己的读书目标公布于世,更要在读书的时候,不断给自己设置阶段性的目标,一点一点去突破。

不管做任何事情,想要坚持下去,我们就用人性积极的力量去制服人性的弱点,这是最有效的方法。这个世界上从来没有坐享其成的好事,自古以来能干大事的人,一定是严格要求自己的人,管得住自己,就可以做成事。

▶ 成长第七问:我每天该如何复盘?

每天反省自己是成长的重要通道。关于反省,重要的是以下几个问题:

(1)反省的时间点。最好的反省时间点不是当天晚上,而是第二天的早上。一方面因为累了一天,到了晚上精力根本跟不上;另一方面,晚上的你,思维还沉浸在当天的事件、思维和情绪里,根本做不到跳出事件,以局外人的角度来全方位审视自己,这一点是很容易被很多人忽略掉的。第二天早上起来,再反思昨天的事情,很多情绪化的东西都会被过滤掉,让人更能看到客观的事实真相。早上能在六点之前起床进行反省,效果更好。

(2)反省的内容。反省的内容就是将事件复盘,然后评估自己哪些做得好,哪些做得不好;优点如何发扬,缺点如何完善,教训如何避免等。复盘最好在笔记本上将事件的脉络图画出来,将反省的关键点写出来,这样印象更深刻。

(3)反省的结论。反省由以下两部分组成:n+1。不管我们反省了多少关键点,也不管我们写满了几页纸,这些都是 n 的部分。最后都要用一句话对昨天的事情进行总结,这个总结可以是学到了什么,也可以是吸取的教训是什么。用一句话写出来,这句话要铭记于心,指导以后的生活,这就是一天复盘得到的金子。很多人每天也复盘,也总结,洋洋洒洒写了几千言,但是并没有提升,没有升华,没有萃取,金子没有得到,一切都白搭。

▶ 成长第八问:在大学不自信、不敢表现自己怎么办?

很多人在公众场合表现的时候都会紧张,包括我们大家看到的著名人物,公众场合演讲时,也是会紧张的。紧张分为两种情况:能控制住紧张情绪别人看不出来;不能控制紧张情绪,别人一眼就看出来你很紧张。公众场合讲话时,紧张是很正常的反应,但是后天训练的次数多了,就能慢慢适应,给人展现的就是自信、大方、得体。如何训练,有以下三点建议:

(1)从分享自己擅长的领域开始。人的成功都是从自己的一个成功走向另一个成功,所以在公众面前,可以从分享自己擅长的领域开始,这样能最大限度地减少紧张。如果你擅长篮球,那就分享篮球知识和技巧;如果你擅长弹钢琴,你就分享自己和钢琴的故事;你如果喜欢读书,就分享读书的乐趣。如果你没啥爱好,那就分享一下这二十年的枯燥人生是如何熬过来的,相信很多人也很好奇。

(2)放下面子。很多人在公众场合表现不自信、很紧张的原因,就是太在乎自己的面子,总是担心自己被议论,被嘲笑。其实我们在人家的生活里没那么重要,在台上表现得再差劲,顶多也就是在人家茶余饭后的谈资里出现几分钟,过后没人会在乎的。所以,放下面子,尽情展现!

(3)先占位置。我们上台是想锻炼自己,其他一切都不重要。所以大胆地走上前台,我们现在需要的不是精彩的内容,而是走上去的勇气,给自己一个机会,站在舞台上! 行不行,先占住位置再说!

▶ 成长第九问：我在普通高校，如何成长自己？

考上重点本科，固然成长资源、环境很好，但不好好利用，再好也没意义。同样，纵然我们上的是专科院校，身边的资源也足够成就我们了，关键看我们如何利用。我的一个同学，上的大专计算机专业，同寝室的人经常去网吧玩通宵，他也不能不去，但他深知父母供自己上大学不容易，就利用别人玩的时间，自己一个人在网吧的角落里学习编程等相关知识。毕业后靠自己过硬的计算机技术，顺利入职深圳一家大公司。所以对于成长来说，环境是外因，自己才是主因，自己才是决定性因素。对于如何在专科环境下成长有以下三点建议：

(1) 利用图书馆。不管是自己买的书还是图书馆的书，带上书，把自己的大学时光放在这里，养出一个精神贵族，稳赚不赔。同时，自己大学所在城市的图书馆，也是我们汲取营养的地方。

(2) 利用大学所在的城市。读大学也是读城市，大学所在的城市是我们最好的练兵场，城市能给我们提供兼职平台、学习论坛、公益志愿者，通过这三样资源，可以帮我们扩展人脉、增长见识，可以让我们比其他同学提前四年开始开拓自己的人生事业。

(3) 早起晚归。不管我们是专科生还是本科生，要想在大学期间让自己成长起来，就记住一条：少在宿舍待着。

总之，想要在大学脱颖而出，外在环境重要，自己更重要。改变自己接触的人、做的事、读的书，不断地学习、折腾，就可以很精进。

▶ 成长第十问：如何做到少混日子？

如何做到少混日子，有以下三条建议：

(1) 跟着大环境高效学习。学校的课程安排就是最好的时间管理，我们要紧跟学校的安排。也许有人会说自己不喜欢本专业或者毕业后不从事本专业等等，但是大学是通识教育,可以让我们通过学习一门专业课练就强大的学习能力。毕业后不管干哪一行,都能用自己强大的学习力迅速适应,这才是最大的事实。所以抛弃那些借口,跟着学校的安排好好学习。

(2)利用好课余时间。不管喜欢不喜欢,把更多课余时间放在图书馆里,是让时间增值的最佳方法。待的时间长了,慢慢就会喜欢这里安静的气息、阅读的味道。另外,在业余时间参加一个积极向上的团体,一起锻炼身体、练习球技、做志愿者、学习英语等等。借助组织的力量来提升自己,这是最好的选择。

(3)时常深度思考。上面两条是从时间的维度上给的建议,有一定的时间和地点限制。这一条随时随地都能进行,也是对零碎时间利用效率最高的方式。对一件事情进行深度思考,将前因后果推演一遍,并且能进行动态演变,这种能力是学习力的最重要组成部分。一旦习惯养成,乐在其中,想浪费时间都不可能。

▶ 成长第十一问:如何面对自己犯的各种错误?

每个人都会犯错误,但是如何面对自己犯的错误,这是一个必须重视的问题。分享几个正确看待错误的视角:

(1)发展的视角。大格局的人明白什么对自己是最重要的,所以总会以发展、动态的眼光来看待自己、看待别人,相信自己会越来越好,相信别人也是如此。什么是大格局?其实就是一个人要胸怀大略,目光要长远,不争一日之短长,不因一系列的困难裹足不前。

(2)价值的视角。赋予错误以崇高的价值,是终结错误对自己负面影响的最好方法。有个中学生小李,学习成绩倒数第一,是班上最难管的学生。一天,他和一位女老师发生冲突,最后居然把老师给打了。学校立刻通知父母,要严肃处理并开除他。在校长办公室,站着小李和他的父母,还有一屋子的老师,校长将事情经过当众讲清楚并宣布处理结果时,小李的父母突然双双跪在校长面前,恳求校长不要开除孩子,再给一次机会。这位中学生,本来听到处理结果还是一脸无所谓,但父母的举动一下子让他震惊了,他低下头,无地自容。最后这名中学生当众向女老师鞠躬道歉,并承诺绝不再犯,学校才给了他一次机会。这个事件之后,这位中学生没日没夜地刻苦学习,最终考上了重点大学,改变了家庭命运,他的父母在村子里也有了面子。而这一切好的结果都缘于中学时代的奋斗,是他的奋斗让中学时代犯的这个巨大错误有了巨大的价值。不然,这个错误会在心里压一辈子,此生任何时候回忆起来,都是伤痛,不管是对父母还是对他本人,都是如此。我们给自己的错误赋予什么价值,决定了我们将如何面对这个错误。我大学的一位室友,人很乐观,他是从大山里考出来的大学生。一次刚开学,他把自己一个月的生活费给弄丢了,整整五百元。我们几个室友想安慰他,但他却乐呵呵地说:也许是哪个农民捡起来这个钱,正好给没钱交学费的孩子,那这五百块钱起的作用就大了。因此,我们要学会赋予错误以价值,乐观地看待人生。

(3)宽恕的视角。犯了错误,要总结教训,这个教训能指导自己在接下来的人生当中不犯更大的错误,使人生的损失降到最低。从这个角度来想,是不是该感谢自己,更应该宽恕自己。

▶ 成长第十二问:和牛人沟通,应该聊些什么?

首先需要摆正心态,牛人是人不是仙。是人就有人的基本需求,尤其是经过自己的辛苦奋斗事业有成的人,他们对精神方面的需求更大,因为他们本身就是精神力量的产物。具体建议如下:

(1)请教。牛人喜欢分享,体验好为人师的感觉。所以面对牛人,聊天的主旋律就是请教。因为这里面包含了人渴望被尊重、被认可、被需要等等的心理因素,而你的请教就刚好满足对方这些心理需求。请教之前,要提前研究牛人擅长的领域,准备好请教的问题。请教过程中间,要认真倾听做沉思状态,不时点头认可。如果能适当地加上两句赞美和认可的话,那就更好了。请教结束后,要表示感谢,并说一句:"这个问题困惑我一年多了,今天被您几句话点醒了,真是太感谢了!"聊天的主旋律定为请教,还有一个更重要的原因,那就是牛人都喜欢和谦虚好学、勤于思考并对自己研究领域感兴趣的青年人交流。

(2)同频。牛人需要同类,一个人做的事情被深刻理解,是这个世界上最稀缺、最可遇不可求的精神馈赠品。所以认同对方,是和对方保持同频很好的方法。有三种认同方式:认同对方的选择、认同对方的过程、认同对方的结果。如果你对牛人的领域很有研究,那就认同他的研究过程和研究结果;如果你对牛人的领域不太了解,那就认同对方的选择。举例来说:我外出学习,遇到不同领域的长辈,我总会请教一个问题:"您当初有那么多选择,为什么会选这条更艰难和不确定的路呢?您当时是如何考虑的?"当对方回答完之后,我会由衷地赞叹:"有您这种眼光和魄力的人,真的不多见!就您的这种敢于拿得起放得下的精神,值得我们年轻人好好学习……"同频的目的只有一个:让对方感觉你懂他。

(3)分年龄段。另外,对于不同年龄段的人,请教的主题不一样。对于青年才俊,请教的主题是事业;对于中年人,请教的主题是人生抉择、经营家庭;对于老年人,请教的主题是孩子培养、身体保养、人生故事。请教的原则就是:对方最擅长、当下最感兴趣的话题。

提醒:如果你聊天的对象是一位德高望重的人物,在交流过程中,拿出笔记本和笔,边请教边做笔记,效果会更好。

▶ 成长第十三问:如何成为一个情绪稳定的人?

什么样的人不容易情绪化还能放下自己的面子?格局大的人、成熟的人、人生阅历丰富的人!以这样的人为榜样不断修正自己,就能改掉自己的毛病。

(1)格局大的人。格局大的人有以下几个特征:当自己置身于团队当中的时候,会把自己看小,把团队看大;当自己面对人生的时候,会把当下经历的事情看小,把整个人生的价值和意义看大;当自己面对过往不堪回首的时候,会把过去的一切看小,把当下的价值看大;当自己面对民族利益的时候,会把自己的利益得失看小,把民族的利益看大。自己到底为什么而活?是别人的赞美还是自我的肯定?是外在的虚荣还是内在的精神富足?容易情绪化的人,本质上是因为没有分清楚自己到底在乎什么,所以什么都在乎,什么都敏感,什么都能让自己的情绪处在波动状态。

(2)成熟的人。成熟的人都明白,人生的自控力,其实就是管控自己情绪的能力。管控情绪能力强,人生幸福度高一些;管控情绪能力弱,人生幸福度低一些。成熟的人更明白:面子是自己挣来的,绝不是别人给的,更不是自己向别人要来的。

(3)人生阅历丰富的人。一个人生阅历丰富的人就像一棵古松,经历过狂风暴雨,小风小浪就很难再影响它,甚至对它来说是滋养!一个人生阅历丰富的人明白自己只是沧海一粟,渺小得不值一提,外在的看法更不值得一提,活出自己才是正道。

▶ 成长第十四问:如何防止被诈骗?

关于骗局,具体有以下三条建议:

(1)管住自己。所有骗局都是利用人性里的"贪"来做文章,原则上只要自己不贪,就不会被骗。而骗子最喜欢围绕"贪钱"这个主题进行诈骗。请记住:没有一夜暴富的神话!就算有,也不要想着会出现在自己身上,我们都是普通人,什么资源都没有,神话凭什么发生在自己身上?就凭自己会做梦吗?!俗话说,常在河边走,哪有不湿鞋?不要依仗自己的小聪明铤而走险,觉得自己会是幸运儿。世界上的骗子,骗的就是贪心而且自以为是的"聪明人"。

(2)反常则妖。所有看似正常的不正常的事情,背后都有不正常的目的。比如突然发现一个可以挣快钱的兼职,突然一个多年不联系的朋友邀请落魄的你去他那里应聘好工作,等等。这里大家要记住两点:一个朋友告诉你一个能挣大钱的好机会。这句话里有三个要素:朋友、挣大钱、好机会。这三个要素不可能同时出现,比如靠得住的朋友给你介绍赚大钱的机会,这个机会一定是高风险的;低风险又能赚大钱的机会,你靠得住的朋友肯定不会告诉你,因为你有什么呢?靠得住的朋友介绍的好机会,风险低,但肯定不能赚大钱。我们是普通人,就踏踏实实学习,人一辈子能遇到改变命运的机会不多。发现机会靠眼光,抓住机会靠实力,而眼光和实力,都需要自己一点一点积累,天上不会掉馅饼。

(3)学会问问题。当别人给自己介绍一个好机会,自己思考几个问题,也可以当面问对方:你的利益点在哪里?我的利益点在哪里?我得到我的利益有没有外在力量干扰?骗子都是利用中国人爱面子,很多问题不好意思问的弱点,我们最好反其道而行之,骗子归根到底要骗钱,直接问得露骨一些,直接问到本质上。如果对方回答得含含糊糊或者语无伦次,我们就知道这是假的了。

▶ 成长第十五问:大学期间早起有必要吗?如何坚持早起呢?

大学期间一定要坚持早起,原因有三:

(1)养成受益一生的习惯。曾国藩先生曾经说,看一个家族能否兴盛,就看这个家族的年轻人是否做三件事情:早起、习劳、读圣贤书。其实大学四年,除了学知识、结交朋友外,另一个很重要的就是自己是否养成受益一生的习惯。比如阅读的习惯、写总结的习惯、早起的习惯、锻炼身体的习惯等。咱们做一件事情,有三个层面:我坚持、我习惯、我热爱。生活中的事情,谈坚持就说明很痛苦,坚持不了多长时间,而能把咱们面对的事情变成自己热爱的事情,又不现实。坚持太低,热爱太高,习惯刚刚好。当自己做某件事情是出于习惯,比如呼吸、吃饭、睡觉甚至帮助人、节约用水用电等等,那说明这件事情已经内化为自己生命内在的东西,这些习惯将支撑自己领略不一样的风景。

(2)强化自己的行动力。咱们总得做一些"不为什么"的事情,并坚持下来,弱化自己的功利心,强化自己的行动力。

(3)培养自己的奋斗精神。大学四年坚持早起,每天比别人多奋斗一个小时,四年下来,就是1460小时。按照每天12小时的清醒时间,咱们比不早起的同学多奋斗了121天,有多大的梦想能抵挡这样的奋斗精神?大学早起就是在拓宽自己的生命,还有比这更好的爱自己的行为吗?

大学坚持四年早起的人,和四年睡懒觉的人,站在一起,不用开口说话,气质和能量场就不一样。至于如何坚持早起?参考上面大学生百问百答。

▶ 成长第十六问：大学期间如何选择兼职平台？

大学生做兼职，有两个目标：赚钱和锻炼能力。如果自己家里真是特别困难，那做兼职赚钱是第一目标，具体有以下三点建议：

(1)安全第一。做兼职不要去太远的地方，地点要告知室友；工资尽量日结，如果遇到需要押工资的情况，坚决不干；最好能签一份工作协议，把工作内容和工资提前说清楚。

(2)实地工作。尽量选择实地工作，比如家教、销售员、发单员都行，工资虽然不太高，但是拿到手里才是自己的；有些工作薪水很诱人，但是拿不到手里，还是白搭。

(3)关于寒暑假，建议暑假要外出工作，寒假尽量回家陪陪父母。

如果自己的家庭条件还可以，并且想尽早独立，那锻炼能力是第一目标。对此有两点建议：

(1)我们的目标是毕业后更好地立足，所以大学期间兼职可以体验一下，但绝不能成为大学的主旋律。就算做兼职，也绝不能做小商小贩，更不能做直销；做小商小贩时间长了，就会养成小商小贩的思维模式，这是最不可取的。而做直销，会严重影响自己的三观，对于直销就一句话：大学期间不要碰！

(2)选择兼职也一定要选择能让自己不断提升、不断进步的兼职，或者跟自己以后就业相挂钩的兼职，而不能盲目选择那些流水线的工作，比如端盘子、站岗等，这些工作重复做而没什么大的提升，只是拿时间换金钱，没太大价值。

最后，大学的主旋律是成长，大学期间一定要多提升自己的核心竞争力，多花时间读书，多参加平台锻炼自己，不断提升自我，这才是王道！

▶ 成长第十七问：大学期间需要参加校外培训班来提升自己吗？

大学期间肯定是要报班学习的，因为大学内开设的课程只能满足学生所有需求当中很小的部分。毕业后如果需要的储备量是10分的话，大学里开设的课程只能给3分，其余的7分需要你自己想办法学习。明白这7分是什么，然后自己寻找学习资源。

(1)知识类。比如营销类、经济类和历史类。学习营销能让我们明白各大公司是如何运作、如何攻占市场、如何抢占客户心智的，这是公司层面；学习经济能让我们明白社会生产力和生产关系这个助推社会前进的底层逻辑，这是社会层面；学习历史，能建立完整的历史观，拥有独立的思考体系，凡事会从多个角度来看待，不会让自己的脑袋成为别人的跑马场，这是个人思想层面的。

(2)能力类。比如沟通能力、销售能力和写作能力。沟通能力——开会、汇报工作、动员、谈判、日常社交等等都需要良好的沟通能力，这是目前职场的基础能力；销售能力——卖商品仅仅是销售里很小很小的一部分，它的概念和应用范围远远超出我们的认知。不管是面试竞聘，还是交朋友谈恋爱，需要的都是销售能力。销售能力强的人，到哪里都有饭吃，这才是真正的铁饭碗；写作能力——人一辈子成就的大小，取决于我们的影响力，而写作，是通过文字来传递影响力，是自文字被发明之后就诞生的一种能力，值得我们好好学习。

(3)其他类。比如英语四、六级证，计算机证，普通话证，会计证，各类工程师证等等，自己选择实用性强的来报班学习，也是增强自己综合实力的好途径。报班学习的最大作用就是花钱买时间，节省下来的其他时间，可以做更多事情。

▶ 成长第十八问：大学期间为什么要尽早实践？

大学期间一定要尽早实践，越早越好，实践越早，成功越早。原因如下：

(1)实践能全面提升认知模式。人内在的认知模式决定了外在会采取什么动作。人对企业的运作逻辑、社会的发展趋势、自己的优势等问题认知的清晰度，将直接决定自己未来的职业发展方向，更决定了自己当下需要做哪些事情才能让自己将来毕业后能在社会上迅速立足。人内在的认知模式都是通过实践去建立的，听别人说或者看书学习，学习到的更多是知识，很难内化成认知模式或者转化成执行力。就像一个小孩子,只有触摸过热水的温度才会真正理解"烫"这个概念,才不会轻易去碰热水。

(2)逆流而上。在大学里想要脱颖而出,有一条简单实用的原则:逆流而上,做正确且有挑战的事情。比如早起、实践、大量阅读等等。只有敢于走少有人走的路,才能欣赏别人无法欣赏到的风景。一定要记住,大学是实现人生弯道超车的绝佳时机,绝对不能随波逐流。

(3)人生事业开启得越早越好。对于大多数人来说,从我们进入大学的第一天开始,求学就已经变成了第二任务,我们的第一任务是:开拓自己的人生事业。

但是,大多数同学还没有意识到这一点。我们只有提前开启自己的人生事业,才能提前训练自己社会人的学习模式,摒弃学生的学习模式。社会人的学习模式是:需要什么就学习什么。由于目标明确,所以学习效率高,所学内容实用性强。学生学习模式是:考试考什么就学什么。如果考试主要依托背诵加理解,那考试结束后基本也忘得差不多了。所以,实践是开启自己人生事业的第一步,越早越好。

▶ 成长第十九问:如何让自己拥有独立思考的能力?

从整个人生的角度来说,独立思考是最重要的能力。古往今来,各行各业的英雄,性格各异,行事风格各异,但是如果非要找个共同点的话,那就是他们的独立思考能力很强大。练就独立思考能力需要从以下三方面着手:

(1)真相。人们三观的确立和独立思考能力的养成必须建立在自己知道的真相上,也就是掌握足够多的信息量才可以。比如你让一个十岁小孩去独立思考,他能思考什么呀?他思考的依据是什么呢?既没知识又没见识,独立思考就是一句空话。这就要求咱们必须多读书,广泛阅读,历史、人物传记、哲学、宗教等等,都必须阅读,博学才能做到多角度看问题。同时还必须多做事,多经历事,只是知道理论根本不行,现实中的问题比理论更复杂,就像下象棋的规则,车走直路、炮翻山、马走日字、象走田,很快就记住了,但是真正开始下棋的时候,脑袋里一片空白。如果理论掌握了,现实问题就能解决,那就不会出现诸葛亮挥泪斩马谡了,也不会出现长平之战,赵军被坑杀 40 多万的悲剧了。只有实践才是检验真理的唯一标准。

(2)多问为什么。独立思考能力一定是平时日积月累完成的,所以平时看电视、看电影、听讲座和听课,一定要多问为什么:电视剧的剧情为什么这样设置?这个镜头为什么要这样拍?老师为什么要这样设置主题?为什么要按照这个思路来展开讲解?老师为什么要以这个为切入口讲解知识点?……多问自己为什么,并且试着去给出答案,就是平时最重要的独立思考的训练。

(3)旁观者。对于自己经历的事情,要常常站在旁观者的角度来审视自己。比如你和室友发生争执,在争执的过程中,自己就可以以旁观者的角度来审视当下的事情,自己直接当裁判,这样能看到客观的事实。

▶ 成长第二十问:在大学里如何锻炼自己的口才?

这个问题是针对口才非常不好的朋友回答的,一对一的沟通、一对多的沟通和演讲都是锻炼口才的机会和平台,对于提升口才和演讲,大多数人第一印象是参加演讲比赛、辩论赛、班委和学生会竞选等,但这些是展现和锻炼口才的平台,是比赛现场,对于我们没有做过口才训练的人来说容易失败,甚至从此对上台产生巨大的恐惧。当然,如果你心理素质强,也想挑战,这是一个很大的锻炼提升机会。所以给出以下三条建议:

(1)做好积累。所有的口才技巧、演技技巧都是锦上添花,而丰富的知识和感悟生活的能力,是做好日常积累的必修课。这样才能使口才既有语言的华丽,又有有血有肉的真实表达,这样的口才才能转化为触动别人思想、心灵的能量,成为好口才。

(2)专业学习。口才是一门技术活,需要专门学习和训练。请利用网络的资源优势,好好提升自己。

(3)生活处处是锻炼的平台。世上无难事,只怕有心人。生活中只要有与人交流的机会,都可以成为自己锻炼口才的平台。先明确一下初级口才的定义:最短时间内表达清楚自己的思想。首先提升自己的初级口才。怎样提升？第一,当和别人聊天时,要想尽办法用最短的语言表达清楚自己的意思,聊天结束后要复盘、总结、精进；第二,当听别人聊天或者演讲时,将自己代入,如果是我,我该如何表达；第三,当遇到别人对自己销售时,学习销售员是如何介绍他的产品、如何拉近人与人的关系的。这都是自己学习口才的实战派老师。

成长第二十一问:大学里是让自己成为通才还是专才？

答:关于通才和专才,相信很多人都考虑过这个问题,通俗的理解,通才是多方面都强,专才是只有一个方面强。理论上来说,大学四年时间足够长了,应该尽可能地让自己多方面发展,毕业后有个保障。但是实际情况却不是这样的,别说通才,大多数人连一个方面强都很难,毕业后连在社会立足的本领都没有。所以,成为专才是比较实际的做法。但是要成为专才,以下三点必须做到:

(1)要有丰富的知识。虽然专才是强调一门深入,但是任何一个学科都不是孤立存在的,更不是孤立发展的,所以,如果想把自己的专项训练得强大,就必须广泛阅读,夯实自己的知识基础。肥沃的土地才能长出参天大树,丰富的知识就是土地,大树就是专项。

(2)具有深度思考的能力。如果要成为专才,这个能力必须具备,而且要很强。要想在某个方面真正强起来,绝不仅仅是背诵那么简单,而是要在这个方面深刻钻研,让自己有深度的思考。

(3)寻找榜样或对手。不管我们想在哪方面深耕细作,请给自己找个榜样,这个榜样一定是在这方面比较牛气的人,研究他,吃透他,模仿他,超越他。如果找不到榜样,那就给自己找个对手,这个更容易一些,看到身边有朝着这个方向发展的人,就把他当成对手,心中就一条信念:他只能看到我的后背。榜样会让我们前进的方向更加清晰,对手会让我们进步神速而且不敢懈怠。人不强大,最缺的就是强大的对手。

▶ **成长第二十二问：在大学如何找到系统化平台？**

如何寻找系统化的平台，有以下两个思路可供选择：

(1) 拼尽全力去找到一家公司，因为这是系统化的平台，将自己的业余时间都放在这家公司。公司规模大小都行，甚至规模小的反而对青年人历练更大。不要计较报酬，不要计较付出，能在这家公司干就行，永远记着自己要的是：拥有一个系统化的平台。其他方面暂时可以做出牺牲，目的只有一个：通过系统化平台的塑造，让自己更值钱。自己值钱了，以后再赚钱不是水到渠成了吗？

(2) 如果找不到这样的系统化平台，那就换个思路，将自己的业余时间都用来锻炼一种能力：销售。工作的场地、时间都可以很散，但是工作的内容都要与销售有关，比如去服装店卖衣服，去推销日用品等。销售工作对人的锻炼效果是很明显的，而且这是强者玩的游戏。原因有两点：首先销售能力的强弱，是一个人综合实力的集中展现，包括口才、控场能力、随机应变能力、察言观色能力、经营人脉的能力等等。所以，如果有人问，一个人在社会上立足的根本能力是什么？我会毫不犹豫地回答是销售能力。谈恋爱、合作、面试、创业等等，都是销售能力在生活中各个方面的体现。其次，各行各业的成功人士，有个共同点：销售能力一流棒。

▶ **成长第二十三问：大学毕业后想要创业，大学期间应该怎么做呢？**

如果大学毕业之后想创业，大学期间要做好以下几件事情：

(1) 能力储备。要创业，需要储备的基础能力有：生存能力和销售能力。在大学期间能够在某个行业深耕细作，并且具备赚钱养活自己的能力，说明自己已经具备独立创业的基础条件。关于这一条，需要给自己设个目标：大学期间的生活费自己解决。中国五百强企业的老总，90%以上是销售出身。所以，要想创业，销售的能力必须强。

(2)资金储备。学会如何使用金钱,是人生非常重要的一项能力。金钱是实现自己人生理想最重要的工具之一,所以,如果自己要创业,一定要尽可能地储备资金。储备资金不是让创业用的,是给自己的创业兜底的。万一创业失败,这笔钱可以保证我们的基本生活,不至于再伸手向父母要钱,让父母担心。这笔钱可以是五千或者一万,存在自己的账户上,不到万不得已,绝对不要动。

(3)行业经验储备。当确定自己的创业方向后,先去这个行业的其他公司打工,积累这个行业的经验。这是降低创业风险、提高创业成功率的最佳方法。隔行如隔山,在不了解这个行业的时候,千万别轻易下水。

2 班级社团活动

▶ **成长第二十四问：如何进入学生会？**

如何进入学生会，开学前一定得知道。

第一，进入学生会的好处。学生会干部保研的时候会加分，评优评先评奖学金有优势，结识优秀的学长学姐不踩坑，还可以认识更多不同专业的好朋友。好的部门还能锻炼你的语言组织能力，什么商务谈判、与人相处、管理能力等等，对以后的工作都有一定的帮助。除了以上这些好处，另一方面就是费时间、费体力，有事没事就开会，体验小社会的钩心斗角。

第二，应该加入哪个部门。可以根据部门的职责及优势来选择，这个要提前问本校的学长学姐，提前了解。关于要考研要升本的同学，如果想加入学生会，建议大一的时候就进。其间如果真的影响到了学习，完全可以申请退出。

第三，进入学生会的准备。写好简历，练好自我介绍，以及准备好面试常被问到的十大问题。

做到以下几点，你就有机会被内定。比如大学开学你提前两天报到，然后帮助代班或者辅导员做一些开学准备工作；军训期间积极表现；加上学生会成员的微信尤其是部长级别的……这都是增大内定概率的有效行为。总之，就是要敢于积极表现，把自己的优势展现出来。面试的时候要自信大方,虽然部长就像考官一样盯着你,但私下就是学长学姐而已,不用怕。

第四,面试结果。在你面试后,通常会在两天之内收到录取通知信息;如果没有收到,那大概就凉凉了,连打杂的活都安排不上,只有开始好好学习了。

▶ 成长第二十五问:参加的班委、学生会、社团竞选全都落选了,我该怎么办?

首先对你的坚持和勇气点赞,所有的经历都是在成就自己。参加所有的竞选都失败,当下最应该做的事情,就是从失败的经历中提炼出能让自己今后走向成功的金子。自己付出了时间和精力,如果不把经历中的金子提炼出来,太对不起自己了。具体如何做,有以下三点建议:

(1)总结。这些经历中蕴含着对自我认知的宝贵经验,大学期间认识自我是最重要的课题,认真回顾自己的整个竞选过程,然后将自己在竞选过程中的优点和缺点,统统写下来。并且将优点和缺点分别总结三条,自己写的这六条,在接下来的大学生活中,优点要发挥,缺点要完善。根据自己的优缺点定向选择锻炼平台,这样成功的概率会高一点,同时,这也是自己接下来的主要成长方向。

(2)向别人请教。除了自己总结,还要向别人请教,顺序依次是:面试官、老乡、室友和高中同学。当然,向专业的人请教更好,请教的目的仍然是找到自己的优缺点。

(3)寻找其他锻炼平台。大学里的锻炼平台还是挺多的,社团协会、兼职平台、培训机构以及校外的大型平台、公司等等都是可以锻炼的地方。踩在过去失败的阶梯上,肯定会做得越来越好。

总之,自己败了必须找到原因,防止以后再掉进这个坑里。另外,告诉自己,暂时的失败没什么,四年后才是决胜时刻。

▶ 成长第二十六问：大学要参加社团吗？

首先我们要明白社团的定位和功能，社团的定位就是丰富我们的大学生活，把有相同兴趣爱好的人聚在一起！社团的功能就是培养兴趣爱好，同时结交一些朋友。关于社团有以下三点建议：

第一，参加社团的数量不要过多。每年新生开学不久，学校所有的社团都会有一次大规模的招新活动，我们称之为"百团大战"，很多大学生都会抱着多多益善的心态，有人选择三四个，有人选择七八个，我有一个大学同学刚开始报名6个社团，外联、口协、轮滑都有。当时为了练习轮滑，还特意花了几百块钱买了轮滑鞋，但是后面练习了几次就不去了。为什么？因为根本忙不过来，A社团开会要参加，B社团办活动要参加，C社团竞选要报名，整个人跟陀螺一样连轴转，还有专业课的学习……刚开始还能请请假，后来直接不了了之了。所以，对于自己极其感兴趣的社团，最多选择两个！

第二，如何选择社团。一个学校的社团基本分成两大类：发展成熟的和发展不太成熟的。如果想重点发展兴趣爱好，那就优先考虑发展成熟的社团，设备更加齐全，可以指导我们的学长学姐也会更多；如果想和社长、干事一样锻炼能力，那就优先考虑发展不太成熟的社团，人比较少，相对而言，锻炼能力的机会更多。

第三，于大学而言，社团只是饭后甜点，不是主食，真正的主食是增长安身立命的本事！因为毕业后社会看中的不仅仅是你的兴趣爱好，更是你能为社会创造什么价值。从时间分配上来讲的话，"饭后甜点"占20%，"主食"占80%。建议大家初步确定自己想要从事的行业，以终为始，去查一下在这个行业如果想要有所建树应该怎样做，以此来安排自己80%的时间！

▶ 成长第二十七问：大学是否应该参加学生会和班委竞选？

大学就是自己进入社会之前的练兵场，所以，对于大学期间的大型平台一定要好好把握,大学毕业后人与人之间的差距之所以那么大,很重要的原因就是大家在大学期间获得的锻炼平台不一样,所以对于学生会和班委的竞选,一定要积极准备,不管结果是否成功,都是一笔宝贵的财富。关于竞选班委学生会,有以下四点建议:

(1) 积极配合老师和学长的工作。要让别人看到你,记得你。大学一般都是在军训结束之后竞选班委,所以在此之前都是自己好好表现的时候。大一,我们班有一个男生就特别积极,提前联系老师,帮助我们班做新生接待工作,后期开会、发通知、考勤、发教材这些事情安排得特别好,在我们班露脸也很多,我们就默认他是班长,后来竞选,没有任何意外他就是班长!

(2) 和老师、同学搞好关系。军训期间,要多配合代班的工作,多向代班请教关于大学生活的问题,分享你的思考;和同学们处理好关系,老师会认为你领导力很强。班委的人选,虽然最终是系里决定,但是基本听代班的意见,所以,代班是班委竞选的关键人物。

(3) 认真准备演讲稿,最好是第一个上场。我大一有一个朋友竞选团支书,就是第一个上场,虽然上去之后表现也不太好(站到台上,双眼一直看着窗外,紧张得语无伦次),但是由于平时表现积极,最后也竞选成功了。后来代班、评委都说,敢第一个上台,都是有勇气的人,印象分不错,一般不会落选。

(4) 铭记自己参加学生会和班委的初心:锻炼自己,服务他人。对于不好的风气,不要学习,要敢于说不。

▶ 成长第二十八问:我应该为即将到来的大学生活做哪些准备?

生活上需要做什么准备网上有很多攻略,这里不再赘述。开启新征程需要做好哪些准备,有以下几点补充:

(1) 画句号。给自己的高中时代画个句号,我们可以选择写一篇总结,也可以选择画一幅画,画句号的形式不同,但是最后的落款都要回答这几个问题:第一,我努力奋斗十余年,最终的目的是什么?第二,对于含辛茹苦的父母,大学毕业时我该还给他们一个什么样的儿子(或女儿)?第三,面对新的人生征程,我的人生榜样是谁?

(2)感谢信。在我们上大学之前,父母既激动又担心。激动是因为孩子考上了大学,担心是因为孩子要独自外出求学。所以在出发前,我们要尽可能地打消掉父母的担心,同时也借助这个机会,和自己的父母进行深度沟通。给父母写一封信,主要内容至少有两方面:一方面,对过去岁月中一家人的奋斗历程总结一下,对自己曾经做过的对不起父母的行为进行道歉;另一方面,对自己接下来的人生进行展望。当然,信中的内容根据自己的实际情况来写,但主旋律是感谢父母,请父母放心。如果能在信中和父母做个约定、给个承诺,效果会更好。比如大学毕业后,还您一个不平凡的孩子。记住:父母最需要的是希望。这封信,父母会珍藏的,所以,认真写,这也是给自己的人生创造记忆瞬间。

(3)买礼物。给自己即将见面的大学室友分别准备一份礼物。

3 大学考证考研

▶ 成长第二十九问：在大学，怎样才能拿奖学金？

奖学金大致分为国家奖学金、国家励志奖学金和校级奖学金。国家励志奖学金一般只有贫困生才能申请，其他类型奖学金就是凭实力获取了。每个学校的奖学金评比条件都不太一样，一般是70%的专业分+30%的综合素质分。具体可以参考学校的学生手册，在这里针对主要问题，有以下三点建议：

(1) 成绩排名一定要靠前。奖学金的评比是按积分来评比的，而积分里最重要的就是考试成绩，占比70%左右，所以要想得到奖学金，考试成绩一定要好，排名一定要靠前，坚决不能挂科！

(2) 积极参加活动，考证书。一般一个证书是1—3分，像英语四级证书，就是2分；参加活动，肯定是级别越高，名次越靠前，加分越多。我有一个朋友，有一次考试成绩班里排名只能说是中上等，但是因为平时参加活动，得奖很多，加分比较多，最后也成功获取校奖学金！

(3) 竞选班委、学生会干部。当班委，不仅可以锻炼自己，为大家服务，也可以为自己加学分。总结来说，学分的主要来源是三项：考试成绩+证书/活动+在班里系里或学校里任职。最后，我们要明白：奖学金也只是大学的一个小目标，不要痴迷于奖学金。我们的重心还是要不断培养自己的综合能力！毕竟,走向社会,能力才是金钥匙！

▶ 成长第三十问:为了找到好工作,我需要专升本吗?

如果只是为了找工作,我不建议专升本。在找工作时,学历确实是其中一个条件,但本科学历的人找工作同样很难,按照这个思路,本科毕业又该考研了。现在时代发展如此之快,从专升本到研究生毕业,时间成本很大,不如利用专科这三年好好历练自己。时代发展快,意味着机会多,既然是为了找工作,与其在学校里坐而论道,不如横下一条心,用三年的时间,去开拓自己的人生事业。具体建议如下:

(1)学习。我们是谁不重要,重要的是我们跟着谁学习,教练的水平在一定程度上决定了我们的水平。在学校跟着老师学的是理论,我们可以利用互联网,寻找各行各业的老大,他们都是实战派,看学习他们的书籍、视频都可以,如果能线下学习更好。如果我们想尽快在社会上立足,就直接对准社会上的牛人,学习他们的思想、眼光、能力。这个世界上最快的成功方式就是模仿。

(2)销售。人与人的区别就两条:思维模式和语言模式。如果大家想在最短时间内去塑造这两方面,那就去你所在的城市里,找一家规模比较大的销售公司,从基层干起。做销售,但绝不能做直销,这是最快改命的通道。大多数企业家、公司高管都是从销售干起的。

▶ 成长第三十一问:对目前的大学不满意,想复读一年可以吗?

上大学的价值和意义,不在于自己必须选个好大学,而在于在大学里好好提升自己,所以,如果进入大学后发现真实的大学生活和理想中的大学生活不一样,我是不赞成复读的。原因有三:

(1)成本问题。复读一年我们所付出的成本,除了金钱以外,有两项最重要:个人的时间和父母的心理负担。对于成年人来讲,个人成长的时间成本是最大的。目前的中国学生最缺的不是学习的机会,而是社会历练,如果父母供自己上大学比较费劲,那接下来的路就需要自己去闯,所以,时间对于自己才是宝贵的不可再生资源,提前入学、提前毕业,就能尽早在社会上立足。另外,我们复读的时候,个人压力大,父母的心理负担也会很大,不仅有对自己孩子前途的担忧,更有亲戚朋友聚焦带来的压力。

(2)人生阶段不同、目标不同。高考是过独木桥,最高战略目的是:过桥!只要考上大学,就已经过桥了,至于过了桥之后,站立的位置好不好,姿势帅不帅,这根本不重要,因为过桥之后的任务已经变了,那就是:尽快在社会立足。如果没考上理想的大学,那么请在接下来的人生比赛中弯道超车,在社会上干出一番事业,才是咱们寒窗苦读十几载的最终目的。考上名校风光一时,事业有成风光一世。有志气的你,觉得哪一个更值得自己去追求呢?

(3)如果自己上的大学实在不理想,那么我们的面前有两个选择:复读和考研。如果必须选一个,建议选择考研这条路。

▶ 成长第三十二问:对专业不满意怎么办?

高考结束,我们是怎样报专业的呢?有的是根据就业前景选的专业,有的是在亲戚朋友的推荐下选的专业,也有的是学校调剂的专业。所以,相当一部分同学对自己的专业都不太满意,那就一定要耐心听完以下三点建议:

(1)如果你找到了自己喜欢的专业,并且经过深入了解,确定这个专业就是自己喜欢的,那就一定要转专业。我有一个朋友,刚开始学的是酒店管理,但是突然有一天对我说,很喜欢英语,要转专业。我告诉他:先不要急着转,建议你全面了解一下,最好可以去听两个月的课,如果确定喜欢再转。他听了一段时间之后,确定喜欢。然后,果断转专业,现在在北京读研,继续学习英语。

(2)如果你对当下专业不喜欢,也找不到自己喜欢的专业,那最好的选择就是:保证专业课不挂科的同时,将自己的业余时间多用来看书和锻炼能力。对专业课不满意,并不影响自己过一个好的大学生活!

(3)专业课并不是大学的全部,不能深陷专业课。之前听说过一个故事:捕猴人会在老南瓜身上挖一个小孔,然后将南瓜的中心挖空,在南瓜肚子里放上炒熟的花生。猴子闻到香味,就会把手伸进南瓜肚子里抓花生吃,手能伸进去,但抓住花生之后,变成拳头的手就出不来了,其实只要放下花生,手就可以出来了。但猴子不愿意放手,就只能被抓。猴子不愿放弃花生,而失去了生命的自由。我们不能因为对专业课不满意,而错过了精彩的大学生活与此是同一道理。

▶ 成长第三十三问:大学要多考证吗?

大学期间当然要考证,但不是越多越好,因为证书不是大学的全部。对于证书要有选择地去考取。具体有以下三点建议:

(1)如果你将来从事的事业方向明确,那就提前上网查清楚,这个事业方向的证书要求有哪些,尤其是能影响职业晋升的证书,一定要尽早拿下。

(2)如果将来从事的事业方向不清晰,除了英语四级、教师资格证这些证书,还要参考国家大趋势,比如健康类、消防安全类、家庭教育类等等,这些都是符合大趋势的大产业。考取这方面含金量高的证书,会让自己毕业后就业的路更加宽广。

(3)证书对于将来就业来说,是敲门砖,是入职资格,但是我们一定要考虑一个问题,用证书把门敲开后怎么办?难道被用人单位再扔出来吗?所以,除了选择考取证书以外,一定要注意锻炼能力,尤其是解决问题的能力,这才是安身立命之本。证书和能力都要有,一样都不能少。所以,对于大学里盲目的考证风不能跟,要独立思考,走出自己的路。

▶ 成长第三十四问:大学期间逃课正确吗?

大学时代和中学时代最大的不同就是自由度很高,关于逃课这件事情,不能简单说正确或错误。上了大学以后,包括进入社会后,每个人都要学会为自己的行为负责,这是人生必修课。分享一个小故事：

小李在上大学第一节课的时候,王老师说了一条课堂纪律:在我的课堂上点名有三次不到的,这个科目直接挂科,下学期重修。

一个周末,小李的铁哥们儿来找他玩,去网吧玩了一个通宵,第二天没有去上课,结果室友回来告诉他,你被王老师点名了。小李心里没当回事,继续睡觉。又有一次,小李起床晚了,正在紧赶慢赶向教室跑去,因为这节课还是王老师的课,但是正走在半路上,看到几位同学,他们告诉小李:今天王老师不上课。小李就和他们一起跑出去玩儿了。但是当中午回到宿舍的时候,室友告诉他:你又被王老师点名了。小李脑袋嗡了一下子,心里很紧张,再次上课的时候,小李鼓足勇气给王老师解释,说自己不是故意逃课的,第一次是什么原因,第二次是什么原因。王老师只是耐心地听着,然后告诉小李:你第一次为了陪铁哥们儿熬了通宵,因此旷课,你就要为自己熬通宵负责任;第二次,你因为道听途说而旷课,你要为自己的道听途说负责任。我无权去责备你,但是你是成年人,懂得取舍,为自己的取舍负责就行了。

大学逃课正确与否取决于逃课的时间做了什么。如果利用逃课的时间去学习、去锻炼自己,并且还不耽误学业,让逃课的时间价值发挥得更大,那这个课就值得逃。如果逃课的时间是去享受、享乐,那还是不要浪费时间了。

大学里没有人有义务为咱们负责,更没有人能保证给咱们一个光明的未来,父母老师都不能。咱们所要做的就是利用大学四年的时间野蛮生长,给自己一个可期待的未来。

▶ 成长第三十五问:大学里一定要考研吗？如果要考研什么时候开始准备呢？

考研分为应届生考研和在职考研,对于考研,一定要认真考虑自身的现实情况,绝不能跟风,因为考研需要花费大量的时间和金钱,风险大收益也大,没有大学一定要考研的说法。需要根据自身情况来全方位考虑,没有标准答案。

在我看来,有一种情况是必须考研的,那就是:本科阶段学习的东西根本满足不了自己的求知欲。还有一种情况是不能考研的,那就是家庭条件不允许,自己的考研之路将会给家里带来沉重的负担,不能给父母再带来压力,要自己找其他出路。

除了这两种情况,考研与否,自己根据实际情况来决定。如果要考研,具体如何准备,给出以下三条建议:

(1)时间准备。从大一就开始准备,考研需要准备的内容是英语、高数、政治和专业课。要想顺利进入考研复试环节,考研的总分数线和单科分数线都必须过线,最重要、最难的就是英语,新东方的老师将考研英语列为世界英语类考试难度之首。大一开始准备英语,大二、大三准备高数,考试前半年重点准备政治和专业课,这是时间比重上的整体安排。

(2)联系学长学姐。如果你要考的学校已经确定,一定要找到要考的这个学校里的学长学姐,最好是本专业的,因为越好的学校,大部分是本学校老师出卷面试,所以有本学校本专业学长学姐出谋划策,会对专业课考试有很大的帮助。有考研机构称专业课是信息战,有夸张之嫌,但有时候也是客观情况。

(3)报班。在所有的考研科目里,政治一定要报班,性价比很高。其他科目,报班起到的是锦上添花的作用,报班的前提是自己实力强,不然报班性价比太低,而且会给自己坐等靠的思想,反而消磨了自己的斗志。

▶ 成长第三十六问:大学课堂和高中课堂的区别是什么?

大学课堂和高中课堂的区别主要在以下两点:

(1)大学是比较自由的。就拿上课来说,上课没有固定的教室,没有固定的同桌,甚至室友之间,课程表也会不一样,因为大学课堂有必修课和选修课,还可以去其他院系或其他学校蹭课;而且大学课堂的老师也不会盯着你学习,那种在高中教室窗户外飘忽不定的老师身影,再也不会出现。正是因为大学比较自由,所以在大学里往往会出现这种情况,室友,有的成了网络一哥,有的成了兼职达人,有的成了考试狂人,更有的人成了以上三种人的专职陪练。

(2)大学和高中的课堂目标不一样。高中只有一个任务就是学习,好好学习,努力学习,目的是考上一个好大学。但是大学的目标是:修学、储能。修学就是要好好学习专业课,多读书,确保拿到毕业证和学位证或者顺利考研。储能就是要锻炼身体,参与实践活动,提升自己的能力。我们之前说过,大学的主旋律就是不断增长自己安身立命的本事,毕业之后,企业不仅要看我们上了什么大学、有多少证书,更重要的是,我们能为企业创造多大价值,这就要求我们有实实在在的本事。所以我们在大学要面向社会,明白企业对优质人才的要求是什么,以此为方向,不断寻找系统化平台锻炼自己。

▶ 成长第三十七问:大学有必要辅修第二专业吗?

大学是否辅修第二专业,要根据自己的具体情况来定。

有这两种情况可以考虑辅修第二专业:第一种是当前专业的知识架构不能支撑你将来的职业生涯;第二种是你非常喜欢那个专业。除了这两种情况,都需要慎重选择是否辅修第二专业,因为同时学好两个专业,需要高效的学习效率和很强的时间规划能力,想做什么和能做什么,往往是两回事。所以,辅修第二专业需要综合考虑自己的实际情况,不要最后两个都没学好,那就得不偿失了。

其实不管自己在大学里学习哪个专业,都要对标社会、对标具体的职业岗位,如果将来从事的工作对双学位有要求,或者个人对这个双学位有特殊需求,一定要修双学位。反之,如果没有这样的要求,与其将精力放在辅修第二专业上,还不如将精力放在图书馆里去完善自己的知识框架,放在实践平台上去锻炼自己的综合能力。有人说,旅游就是从自己待腻的地方,去别人待腻的地方换换口味,同样,咱们羡慕的那个专业,很可能也是那个专业的学生正在吐槽的专业。没有一模一样的大学生活,但是以终为始,是最正确的指导思路。

▶ 成长第三十八问：大学建议考哪些证书？

大学四年这么短，就不要考那些乱七八糟的证书了，今天给大家列举六个真正需要而且非常有用的证书。

第一，英语四、六级证。每年6月、12月考，一年两次，越早考越好。时间精力允许的话可以再冲刺一下口语证，这是能力证，更吃香。

第二，计算机二级证。每年3月、6月、9月、12月考，一年四次，这个相对来说比较简单，提前一个月在网上刷刷题基本上就可以过，这项技能写在简历上绝对加分。

第三，普通话证。每年2月、12月考，一年两次。如果你毕业之后打算考公或者从事教育行业，那么这个证就是必不可少的。一般的话二级乙等就够用了，但教师行业需要二级甲等。

第四，教师资格证。每年3月、10月考，一年两次，不需要花钱报班，没事啃书刷题完全够用，而且通过率是比较高的。

第五，托福、雅思。如果毕业想要出国，一定要考托福或者雅思，这个随时都能考，建议还是大一就开始考，因为那个时候你的英语水平是最高的。可能你身边条件好的同学，在初中或者高中就已经考过了。

第六，驾驶证。大学的时候一定要抽时间把驾照考了，因为毕业之后我们很难抽出时间专门考驾照，而且有些毕业生在应聘的时候，老板一般会对开车有要求。

▶ 成长第三十九问：大学怎么考教师资格证？

考教师资格证，这五件事一定得知道，会让你少走很多弯路，考证时间、科目内容、注意事项、要不要报班，全帮你安排得明明白白。

(1) 报考时间。一般一年有两次，上半年1月报名3月考试，下半年9月报名11月考试,专科生大二开始报考,本科生大三开始报考,非全日制学生,毕业拿到学历才能报考,毕业生每年都可以报考。

(2)哪些人可以考,专科生、本科生、非师范专业学生、非全日制学生、已毕业的学生,都可以考,也就是说你不一定非得大学考,但考教师资格证必须考普通话。

(3)考试内容。小学考试,考综合素质、教育知识与能力,初中及以上还要加上对应学科的考试。先笔试再面试,笔试通过面试才能报名,面试分为模拟、讲课和答辩。笔试成绩有效期两年,面试成绩三年,相当于笔试过了,这次的成绩可以面试三次,全部合格可申请领证。

(4)需要报班吗?报班老师虽然可以带着你勾重点,但现在还有个东西叫网课,多刷真题,考试重点自然就知道了,把配套的试题和真题多做两遍就稳了,所以没必要报班。

(5)要知道考教师资格证的目的和初心是什么。未来想从事这个职业,还是单纯地听别人考,自己也跟风?这个最重要!

▶ 成长第四十问:如何考公务员?

对于考公务员,必须提前知道这五点:

第一,报考的条件:①具有中华人民共和国国籍;②年龄18周岁以上35周岁以下;③具有大学专科以上的文化程度。还有其他条件要求。

切记触犯这几点是没资格报考的:①因犯罪受过刑事处罚的;②被开除中国共产党党籍的;③被开除公职的;④被依法列为失信联合惩戒对象的;⑤有法律规定不得录用为公务员的其他情形的。

第二,怎么报考。首先明确意向岗位,公务员考试采取严格的一人一岗考试制度,考生可以通过国家或地区公务员考试官网,了解今年的公告及职位表,然后根据岗位需求,选择自己心仪的岗位。其次是进行网上报名,考生可以登录系统,填写相关的资料,并且进行报名缴费。需要注意的一点是,公务员考试需要携带准考证才能进入考场,不然就凉凉了。

第三,报考注意点。对照职位表,选择自己能满足要求的职位,一定要完全符合才能报,不然笔试过了,也会被取消资格。最具筛选的就是学历和专业。学历,如果没有全日制教育(学历)要求的话,那你具备国家承认的电大、函授、自考等在职和成人教育学历也是可以报考的。再来看看专业要求,职位表上是要求某一专业还是某一类。举个例子:要求是工商管理专业,那如果你是人力资源管理专业的,你就不能报;要求是工商管理类,那你就可以报,因为人力资源管理属于工商管理类。要求不对,努力白费,一定要看清楚哦。

第四,考试内容。公共科目分为申论和行测。大部分公务员职位要考的都是这两门。一些特殊的职位,还要加考专业科目。比如警察和执法勤务类要考公安专业,外事侨务办职位要考英语专业等。笔试的平均通过率为1:100,有的地区会更高,竞争极为激烈,笔试通过后会面试,最后进行体检和政审。如果这两关也顺利通过,那就可以准备在往后余生,好好为人民服务了。还要再补充一点,如果报考警察职位,还有体测,所以要强健体魄。

第五,备考。报班或者学习网课以及刷真题均可。

▶ 成长第四十一问:如何快速通过计算机二级证考试?

对于计算机二级证的考试还是有必要的,就算不参加考试,也得有常用的基础文件处理能力,比如PPT、Word、Excel,参加工作必备!

计算机考试分为一级和二级。但是我觉得最值得考的就是二级,二级分为Office、CTT、Java、ACCESS,建议大家优先考的就是Office。考试时间是每年3月、6月、9月、12月,一年四次,报名后具体考试时间要看准考证,教育网考试部统计通过率为22%,就是五个里面过一个,考试难度还是有的,但是认真准备肯定可以通过。

题型分为选择和操作,选择题20分,只要考前刷刷题库,把该拿的分拿了就OK。

操作题分为 Word、Excel 和 PPT。Word 细节多、步骤多，但是多刷刷题基本上就会了；Excel 属于函数和公式比较多，比较复杂，建议放最后面刷题；PPT 最简单，跟着教程视频练习，基本都会了。考试成绩分为优良、良好、及格和不及格，60 分以上为及格。特别要注意的就是 2021 年计算机考试改革，现在用的都是 Office2016 版本。

最后关于具体怎么去刷题和练习，强烈建议大家开学之后去学校机房刷题，免费而且里面有模拟题库，考试基本上都是从这个题库里抽题，一模一样。另外，教程可以在淘宝上买一个几块钱的视频，然后跟着它一起练习，一个星期就可以搞定 Word 和 PPT。Excel 如果不拿高分可以放弃，拿到选择题、Word 和 PPT，就可以过了。最后特别提醒，一定要在完成之后及时保存，把这个文件放到指定的文件夹里面，按照要求去命名，答完题之后再退出。

▶ 成长第四十二问：在大学如何入党？

在大学入党，一般需要三年的时间。大学入党，需要七个步骤，这七个步骤一定得知道。

第一，写入党申请书。入党申请书的范文，网上有很多种，结合自己的情况写入党申请，然后交给自己的辅导员。

第二，争取入党的推优名额。推优时间是每年的 4 月和 11 月，一个班每年有两个名额优先考虑，一般会优先考虑班长、团支书以及学习成绩前三名的同学。入党还有一个硬性条件，那就是不能挂科，只要挂科马上失去入党的资格。

第三，成为入党积极分子。每三个月写一次思想汇报，向党组织说明自己的学习和生活情况。

第四，参加党校学习、入党积极分子培训班，认真上课并通过最后的考试。

第五，通过考试，再经过一次入党推优，你就会成为发展对象。然后继续接受党组织一年的考察期。

第六，成为预备党员，这个时候相当于进入了试用期。

第七,预备期满一年后,可转为正式党员。

对于入党的步骤和流程,在学校里面多关注学校信息,跟着学校的步骤走,不犯太严重的纪律问题,入党就没问题。

▶ 成长第四十三问:如何备考英语四、六级

英语四、六级笔试每年有两次考试机会。一般情况是:上半年 3 月份报名,6 月中旬考试;下半年 9 月报名,12 月中旬考试。由于各个省份、各高校的报名时间并不统一,请大家关注学校通知,以免错过报名时间。报名网址以学校通知为准。题型以答题卡为例,答题卡一的题型主要是写作和听力。听力考试占比 35%,要特别注意听力结束之后,监考老师会立刻收走答题卡一。答题卡二分两大类型:阅读和翻译,考试占比 65%。

大学英语四、六级考试如何一次性通过?今天来分享我第一次四级就 600 加的详细方法。从现在开始这样做,四、六级过不了来打我。

(1)听力篇。新概念英语和 Ted 演讲是四、六级听力的绝佳材料。Ted 演讲每篇在 5 到 15 分钟之间,演讲题材覆盖面广,且每天都有对应的文稿,可以采用精听法、选择材料法、整体法听,如果听不懂,可以对照文稿找出哪些单词没听出来。听的时候要特别注意语气词、表示转折的词。听力考试中这些词的后面一般会跟着考题答案。

(2)单词篇。你需要用到乱序单词数,顺序从 a 到 z 来背,大概率坚持不下来,每天背一章乱序单词即可。一定要注重每个单词的正确发音,如果发音记得不对,听力考试中一定听不出来。同时大多数同学背单词都习惯于看中文翻译来联想英文拼写,但反过来看英文联想中文也相当重要,否则阅读是真的容易在文章中看到熟悉的陌生人。

(3)阅读篇。做阅读时一定要先看一遍文章,了解大意,重点看第一段和最后一段,尤其是第一段的最后一句,通常会概括全文内容,其他段落泛读即可,尤其转折词汇一般会出题,四、六级的阅读真题一般都出自外刊。按照刚才的方法,

每天找一篇练习，不出一个月，你的阅读水平就会有很大提升。

　　以上几个方法长期坚持，效果会非常明显。要想短期内出成效建议直接刷往年四、六级考试真题。吃透每一套考题，把每一套真题里面不认识的单词全部挑出来，背诵相应的作文模板。基础不错的同学，这样连续做四五套真题之后，不认识的单词就会大幅减少，题感也能直线上升。

4 人际关系

> **成长第四十四问：面对自己不想参与的事情，如何委婉拒绝？**

如果是班级的集体活动，能参加还是要尽量参加的；但是，如果是个人的活动，不想参加想拒绝的话，具体有以下三条建议：

(1) 安排好自己的时间。先把自己每周的时间安排好，每天的作息要规律，课余时间做的事情要固定。比如晚上没课的时候，就是去图书馆看书等，让周围的人都知道你每天很忙，时间安排很紧张。这样一来，别人如果有什么事情要打扰你，也会提前在心中思量一番。

(2) 委婉拒绝。有了上面第一条做铺垫，那么就算别人开口了，你也可以轻松拒绝。比如今天晚上我正好和别人有约，要一起探讨《红楼梦》等。委婉拒绝的前提是自己真的有安排，没有这一条做支撑的委婉拒绝，语言再华丽，编的理由再充分，都会被别人识破，时间长了，我们的人缘会很差。因为"委婉拒绝"的结果是不能得罪人，不能让别人感觉你是在敷衍他。

(3) 强势一些。面对自己不熟的人或者对方有过分的要求时，请抛弃委婉拒绝，直接果断拒绝。敢于果断拒绝，也是一种能力，毕竟，只有我们自己先重视自己的时间，别人才会重视我们的时间。

▶ 成长第四十五问：怎样处理和室友、同学的关系？

（1）少争对错。尤其是室友之间，很多时候没有对错，只不过立场不同，看待事情的角度就不一样，结论当然也不一样。所以，少争对错，多欣赏彼此，最起码也要做到多理解。

（2）反思自己。和同学、室友之间，如果遇到不愉快的事情了，一定多想想自己哪些地方做得不对。孔夫子说过，君子求诸己，小人求诸人。拥有这种思考模式非常重要，它甚至决定了人生是成功还是失败，我们一定要重视。

（3）人有多大心量，就有多大福气。老话说，吃得苦中苦，方为人上人。这句话不全对，有时候应该改成：受得屈中屈，方为人上人。我们一定要思考，尤其是室友之间的争吵，有多少大是大非的人生大事呢？很多毕业生在毕业聚餐时都会感慨：室友之间很多的争吵，真是没必要。既然如此，为什么不扩大心量，包容自己的同学和室友呢？

对于以上三条建议，可能有人会不屑一顾，依旧按照自己的性子来处理同学和室友的关系，但是我们要明白，大学，是训练自己的胸怀、管控自我情绪和思维方式最重要的练兵场。当别人还陷在一点小事中评论对错、宣泄情绪时，你已经站在局外去审视当下，将当下的事情当成自己全方位进步的阶梯。人与人的差距就是这样不知不觉拉开的。

▶ 成长第四十六问：在大学沮丧、低落、无助时如何调节自己？

在大学期间出现这种情况很正常，正好可以通过这种情况来训练自己的调节能力。具体建议如下：

（1）借力。优秀的人都喜欢去优秀的圈子，因为自己会被圈子赋能，个人意志力加圈子的赋能，等于给自己的生命上了双层保险。当自身出现消极状态的时候，把自己置身于积极的环境中是最佳的方式，这种方法叫借力，这是人生成功必须学会的思维方式。找到身边很乐观的朋友或者直接找到一个积极向上的团队,然后置身其中,让周围的能量场来影响自己、塑造自己。

(2)换种生活方式。如果自己各种方法都用了效果还是很不好,那就直接换种生活方式。比如直接大睡一觉,不管什么事情,等醒来再说,或者外出旅游,最好是换个城市或者换个省,把自己从当前的生活圈中完全抽离出来。生命的本质是一团能量,这团能量就像水一样,如果长时间不流动,会发霉发臭。所以,换种生活方式,其实就是向生命里注入新鲜的能量,让原先的能量团焕然一新。

(3)读历史。幸福都是对比出来的,读读历史,尤其是新中国成立之后的历史,再对比现在的时代,也许很多事情瞬间就看明白了。人如果经常出现情绪低落,最主要的还是因为读书太少、经历太少、见识太少,随便一片叶子都能挡住生命的阳光。

▶ 成长第四十七问:有社交恐惧症该怎么办?

我们最大的问题不是不会交流,更不是不敢交流,而是自我的一个心理障碍没有攻克。这个世界上根本没有什么社交恐惧症,如果一个人用一个很可怕的名字来定义一个很正常的行为,那么人的心就被这个可怕的名字牵着走。就像郑州一家医院的著名肿瘤科主任,他在自己的科室门前放了一个牌子:这个世界上根本就没有癌症。来他这里诊治的人,康复的概率比其他医院的肿瘤病人高很多,这位大夫就是深刻洞悉了人类的心理与疾病的关系。如果一个人听说自己得了癌症,就会天天想着自己得了癌症,最后肯定好不了。社交恐惧症也是如此,请告诉自己:我很正常,我很健康。因为关于人与人之间的交流,只有一个问题,那就是练习的多与少。练习得多就擅长,练习得少就生疏,所以我们需要做三件事情:

(1)喜欢自己。给自己积极的心理暗示,无时无刻不在心里告诉自己:我喜欢与人交流,我很擅长与人交流,我很享受与人交流的感觉。

(2)借力。找到我们身边人缘很好的朋友,经常和他在一起,让他潜移默化地影响自己。

（3）找一个与人打交道的兼职或社团。通过工作经常去练习交往，或者借助团队的力量来助推自己慢慢习惯与人打交道。

▶ 成长第四十八问：通过哪些方式结交高质量的朋友？如何判断哪些朋友值得交往？

首先明确一下什么是高质量的朋友。高质量的朋友就是：当下某个方面比你强，非常值得你学习的朋友。

很多人交朋友就像找对象一样，要求人品要好、没有洁癖、能关心人等等。朋友就是朋友，我们又不是要和他过日子。他好不好关我们什么事儿，他有没有洁癖关我们什么事儿，只要他有优点，能让自己提升就行了。友情最重要的作用就是塑造彼此，让彼此更优秀。也就是有了这个朋友，自己就打开了一扇窗户，看到了不一样的风景，学到了不一样的东西，这就足够了。至于其他方面，都是附带的，有的话更好，没有也行。

三人行，必有我师。当自己站在心理高位挑朋友的时候，我们交到的朋友多半是不如我们的，这是人性，那自己就很难变得优秀。所以，交朋友必须把自己放低，去观察身边人的优点，去欣赏和自己性格不同的人，抱着这样的态度，我们会发现自己交的朋友会越来越优秀。原因只有一点：你让人很舒服。总结一句话：结交高质量朋友的根本前提是自己有高质量的态度。

▶ 成长第四十九问：如何让自己变成一个幽默的人？

幽默的基础是丰富的知识储备。它的特点是出其不意和反向思维；它的目的是活跃气氛，消除彼此的距离感。因此，关于幽默，给出以下三条建议：

（1）学习幽默的逻辑。把关于幽默笑话的书籍买回来，先好好看看，找出你喜欢的并且在生活中可能会用到的小故事，将它们标记出来，作为重点研究对象,认真琢磨里面的幽默点是如何设计的,把共通的东西总结出来。同时对于实用性比较强的幽默笑话,把框架直接背下来,这是基本功。研究幽默逻辑,最好是看书,不要看视频。

(2)在生活中学习。在生活中,如果身边有比较幽默的人,或者遇到比较幽默的事情,自己不要只是笑,而要反向思考,它为什么能让我笑?这里面的关键点是什么、逻辑是什么?生活处处皆学问,关键要用心。

(3)先模仿再创造。将自己平时生活中遇到的场合(比如聚餐、与异性交往、卧谈等)中的经典幽默笑话,在心中记住几个,遇到这样的场合,不失时机地练上一练。当自己的一席话能把大家逗乐的时候,你就有了成就感,也就更加有动力去向这方面积累,哪怕这个幽默笑话是你背下来的。先学会模仿,再去创造。

▶ 成长第五十问:如何做好班干部的工作?

对于这个问题有以下三点建议:

(1)班干部的作用。班干部是链接院系和学生的中间桥梁,相当于国家管理系统的村干部,官不大,但是作用很大。大学生班干部的权力不大,但是对于刚成年的你,锻炼综合能力、了解和熟悉中国式管理还是有很大好处的。这一点要向其他班干部和学长多取经。

(2)管理的本质是服务。班干部是协助辅导员为班级服务,而不是管理,这是很重要的定位问题。定位是管理者,那我们的关注对象更多的是辅导员,最近辅导员又有什么新任务、新指示,我如何在我们班级落实等等。定位是服务者,那我们的关注对象是同学,同学们有什么具体困难,对学校的课程安排、活动安排有什么想法等等,而辅导员是我们的借力对象。对于服务者,绝不能成为同学们的对立面。有一些大学生就犯这样的低级错误,一旦站到同学们的对立面,会发现自己的工作根本无法推进。所以,对班干部来说,团结同学是第一位的。

(3)在团结同学的基础上,把辅导员安排的工作结合班级情况落实好。这很考验人的协调能力。

成长第五十一问：我和好朋友不在一个学校，如何保证关系不生疏？

人与人之间的关系，不管是友情、爱情，甚或是亲情，都需要多走动、多联系，不然就会产生距离感，这是不可抗拒的事情。就像亲戚，如果常年不走动，关系也容易疏远。人与人之间的距离分为两类：心与心的距离和物理空间的距离。物理空间的距离对情义有杀伤力，但是更大的杀伤力是心与心的距离。如何维护，具体有以下三点建议：

（1）交集。利用周末或者假期的时间去看望彼此，是维持关系的必要做法，但绝不是长久之计，甚至还会成为彼此的负担。两个人的生活如果没有共同关注的点，友谊就失去了继续成长的土壤，只有彼此的生活有交集，才有共同谈话的基础，友谊才能找到新的土壤继续茁壮成长。比较好的方法是一起参与一些线上活动，比如读书打卡、健身打卡、公益志愿等等。彼此通过这样一些中间平台，做同样的事情，面对同样的问题，会有更多共同话题。

（2）礼物。礼物不在于价格高，重要的是价值量大，在对方生日的时候，或者你们有纪念意义的日子里，给对方送上一份精心准备的礼物，里面一定要有自己亲笔写的一封信，信的内容不管是回顾过往、祝福现在还是展望未来，都可以传递思念之情。

（3）榜样。给朋友一个更优秀的自己，在对方需要你帮助的时候，除了安慰，能拿出实实在在的帮助，这是最酷的。所以，请把大学的时间放在结交新朋友和野蛮成长自己上。

成长第五十二问：面对进宿舍推销产品的人，我该怎么办？

两种选择，一种把门关着，简单省事；另一种让人家进来，根据情况，各取所需。我很赞成第二种处理方式，当年我刚上大学的时候，就是这样干的。具体原

因如下:

(1)学习。能上门进行推销的人,口才都不错,而且都有一套自己的推销话术,这正是自己学习别人讲话思路的好机会,主动上门服务,全程现场直播,哪有这样的好事情,为什么要放弃呢?至于买不买,自己是有主动权的,就算自己最后不好意思不买,还有室友帮衬着,有足够的理由拒绝对方。

(2)请教。如果上门推销的人是出来做兼职的学长、学姐,更要抓住这个机会,多请教几个问题,比如学校哪里有兼职平台?竞选学生会职务需要注意什么?贫困补助如何领取?勤工俭学岗位如何获得?等等。这个时候,对方为了获取我们的好感,都会给予很全面的解答,甚至很多消息是我们从代班那里了解不到的。因为代班立场在学校,很多话不方便说。但对于本学校的情况,尤其是关系到自己切身利益的消息,多了解一些总有好处。多个信息来源,有时候真的很管用。

(3)链接。如果我们也有做兼职的想法,或者我们发现眼前这位做推销的学长或学姐很厉害,有很多值得自己学习的东西,那就果断交个朋友。如何判断这个人可交不可交,一方面通过聊天,了解他的大学生活怎么过的;另一方面,加个好友,不管是微信还是 QQ,看看他的朋友圈或空间动态是不是像他说的那样。

▶ 成长第五十三问:大学应该多结交什么样的人?

大学是建立自己人际关系最重要的时机,毕业之后,大学期间的人脉圈都是很重要的资源。更重要的是,大学期间的朋友在塑造自己的思维模式和三观。那么,大学期间应该结交什么样的朋友呢?最主要是以下三类:

(1)乐观派。这样的人,不管多大的困难,他永远是积极面对。好像什么事情在他那里,都不是事。邓小平一生三落三起,但从来没有悲观、气愤过。邓小平说,气愤不能解决问题。很多朋友问他为什么可以活下来,他说,没有什么秘密,他是乐观主义者,就是觉得他这个人还有点用处,要继续为人民服务!这样的精神永远值得我们学习!

(2)行动派。这样的人行动力很强,少说多做,说干就干。他们不喜欢扭扭捏捏,性格很耿直,很自信。他们通过行动认知世界,提升自己的思维模式。和这样的朋友在一起,做事效率会提高很多,会让自己更积极、有斗志!

(3)特长派。这样的人有自己的兴趣爱好,不管是看书、听音乐、打球、下棋,不只是简单的喜欢,更是自己的精神寄托!就像李子柒,正是因为对中国文化、对田园生活发自内心地热爱,所以她的视频总能给我们精神享受!央视也曾点评"没有热爱就成不了李子柒。同样,没有热爱也看不懂李子柒"。如果我们可以交一个这样的朋友,也真是人生一大幸事啊!

乐观派让我们形成豁达的人生观,行动派让我们养成踏踏实实的习惯,特长派让我们的生活丰富多彩。一定要记住:大学里的朋友对你的塑造,超过了老师对你的影响。那么,如何去结交这些朋友呢?答案就是让自己成为这三种人中的一种。

▶ 成长第五十四问:大学是否要合群?

果断回答:不需要合群。弱者都需要合群来找自我认同,强者都是目标明确,特立独行,但朋友很广泛。具体有三条建议:

(1)人的本性都是跟着强大的走。如果我们不强大,牺牲自己的时间去和任何人合群都没用。如果我们有本事、有实力,会有人专门来与我们"合群"。所以,我们现在纠结的不是合不合群,而是如何强大自己,如何让自己的知识、见识、胆识都全面增长、提高,这是自己建立人脉的基础。

(2)与室友搞好关系。和室友搞好关系,不用花费太多时间,只需要在第一条的基础上,再做一些力所能及的小事情。比如自己打开水的时候也帮室友打一壶;晚上回到宿舍,把宿舍的地扫一扫、拖一拖;每周给室友买点好吃的零食;和室友聊天习惯性地认同别人;等等。人人心中有杆秤,多做少说,日复一日,日久见人心,这样就能真正得到室友的理解和支持。

(3)建立属于自己的人脉资源。大学期间的人脉资源极其重要,而资源的本质就是交换，要想建立高质量的人脉，首先自己必须是高质量的人，给快乐、给思想、给建议、给安慰、给认可等等，成为一个能持续给别人东西的人，我们的人脉自然就建立起来了，一味索取的人，不可能建立高质量的人脉。

▶ 成长第五十五问：大学室友第一次见面，如何避免尬聊？

大学室友通常会一起生活四年，这是一份很值得珍惜的友谊。避免尬聊，给出以下三条建议：

（1）提前给自己的室友每人准备一份礼物。礼物不用很贵重，但要很用心，比如给每人送个写笔记的本子，上面写上自己的美好祝福，这样会给别人留下很好的第一印象，也很容易打开彼此的心，彼此也就更容易产生兴趣，不管谈什么话题，双方都会产生将话题继续进行下去的渴望。

（2）善于倾听。避免尬聊的最好方法就是一个人谈、一个人听，而且听众要不断点头、微笑、赞美。当自己还不想谈太多的时候，就做个优秀的听众，这样双方都不尴尬。

（3）谈对方感兴趣的话题。对于青年人来说，最感兴趣的几个话题是：交友、初高中的特殊经历、高考见闻、对自己帮助最大的老师、对大学的畅想等。每个人都希望被关注、被认可、被赞美，所以当我们能满足别人的内心需求时，谈话想不热烈都不行。

▶ 成长第五十六问：大学如何与专业课老师、辅导员处理好关系？

大学期间不管是学习、锻炼能力，还是扩展自己的人脉圈，其实本质都是在扩大自己的舒适区。当我们和老师之间不能自然而然地相处，就说明我们需要专门去研究这方面的知识和方法。更何况，大学里的老师很有可能是我们一生的贵人，一定要认真对待。大学如何和专业课老师、辅导员处理好关系？有以下三条建议：

(1)做好自己的本职工作。不管是和专业课老师还是与辅导员相处,都要做好自己的本职工作,因为所有的老师都不会喜欢一个连本职工作都做不好的人,这是与老师打交道的基础。没有这个基础,其他的都免谈。

(2)点头微笑。在教室里上课或者辅导员开会的时候,尽量靠前坐,同时,当老师讲到一些知识点或者开会讲到某些注意事项的时候,经常地点点头,并挺直腰背、面带微笑,这会给老师留下非常好的印象。当老师提问我们的时候,再能圆满回答,一定会让老师记住我们。老师的课堂也需要别人的支持和鼓励,我们能满足老师的需求,就会成为老师重点关注的对象。

(3)多了解关注老师朋友圈的动态。比如:发表了什么言论?平时老师都关注哪些时事?了解这些是为了能和老师有共同话题,可以更好地同频共振。我们只有满足老师的需求,当自己需要老师指导的时候,老师才不会拒绝。

▶ 成长第五十七问:别人借自己的钱怎么办?

关于借钱的问题,具体有以下三条建议:

(1)救急不救贫,更不救贪。我个人借钱的原则就是救急。朋友有急事,真的需要用钱,尽己所能地借;如果是好吃懒做、染上不良嗜好或者去路不正需要借钱的,坚决不借。

(2)量力而行。如果自己决定借钱给对方,这个时候请把面子放下,自己心中要有一条底线:不能影响自己的正常生活开支。之所以让大家画一条底线,是因为大家现在手里的钱大都来自父母,如果大家连自己最基本的生活都保障不了,肯定会连累家里。在这条线的基础上,能借多少就借多少,毕竟,不到万不得已,朋友也不会向你张口。这里的朋友,是指知根知底、关系很好的朋友。如果一个人跟你的关系根本不算近,却向你张口借钱,请果断拒绝。因为他有自己的朋友圈,如果不向自己很铁的朋友借钱,而向你伸手,只有两种情况:要么就是自己的好朋友没人借给他,要么就是这个人根本就没打算还你钱,也根本不顾虑你的感受。这两种情况都不值得借。

(3)不打算让对方还。不管什么情况,大家如果把钱借出去了,借出去钱的那一刻,就要有这种心理:借出去的钱就算自己送给对方了。有了这样的心理做支撑,如果将来别人还钱了,你会有像捡到钱一样喜悦;万一不还,也不会影响到自己什么。如果做不到这个,那就不要借钱,不然,到时候因为催对方还钱,人财两空:钱要不回来,朋友的关系也搞僵了。

5 时间规划

▶ **成长第五十八问：如何做时间投资评估？**

时间投资评估就是如何把自己的时间投资在价值更高的事情上，而高价值又分当下价值和未来价值。

(1)时间是我们每个人最珍贵的不可再生资源，也是人生逆风翻盘的最基础保障。任何事物的发展离开时间，都无法有成果。比如种子要长成大树，土壤、水、阳光等物质条件都具备，但是没有时间绝对不行；比如咱们有了好的创业项目，资金、团队、场地都具备了，但是没有时间，什么也干不成。同样，任何事物加上时间，都会让人产生敬畏，比如一个人活了 200 年、一个瓶子有 1000 年的历史、一个民族的历史有 5000 年等等。

(2)时间是创造任何财富的先决条件。历史上发生的所有掠夺的背后，本质上都是掠夺别人的时间。我需要粮食，如果依靠自己种，需要花费三年时间，邻居家有，我直接抢过来就行了，历史上国家之间也经常出现这样的现象；我需要铁锅，如果自己研究冶炼技术，再去挖铁矿，也能搞出来，但是时间成本太大，吃口热饭太难了，所以游牧民族要南下中原……后来的资本家，本质也是在抢夺别人的时间来节省自己的时间，在最短的时间内积累巨大财富。

所以，如果我们不能成为自己时间的主人，赋予时间价值，别人会借用我们的时间去创造价值。失败的人和成功的人,每天都是24小时,但是失败的人成为自己时间的傀儡,成功的人成为自己时间的主人,顺便还成为别人时间的主人。

(3)高价值的事情就是对未来人生起保障和助推作用的事情。例如锻炼身体,练就超强的学习能力、外语能力、写作能力、演讲能力,等等。多把时间投资在这些事情上,就是给自己的人生积累势能,只待东风吹来,就可以借势腾飞。

▶ 成长第五十九问:如何提升大学的做事效率,摆脱拖延症?

想要摆脱拖延症,就要做到"专注",单位时间内目标单一,单位时间内,专注做好一件事情。

新东方有位讲师讲过这样一件事,他有一位室友是南方某个省的状元,讲师本人是踏踏实实学习的那种人,但是他的这位室友就属于学习效率超高的那种,不怎么学,考试分数却很高。

具体情况是这样的:进入大学后,这位室友买了一台电脑,每天除了上厕所,其他时间都在上铺打游戏,"粮草"都让室友带,大一上半年结束时全部挂科。这个结果太严重了,用他们系书记的话说:打破了本系的历史。

所以,书记就要求劝退这个学生,但是辅导员觉得还是要给这个学生一个机会。书记同意后,辅导员就来做这个学生的工作。这个学生百毒不侵,说啥都没用,根本没有悔改之意。辅导员灵机一动说了一句话,彻底打动了这个学生。这句话是:如果你被开除了,到哪里去自由自在地打游戏啊!这个学生最后向辅导员保证,不会再挂科了。

从大一下半年开始,他只上其中两位老师的课,因为这两位老师点名三次不到就直接挂科,没的商量。其他时间,他和大一上半年没啥两样,但是离考试还有一周的时候,这个学生把电脑关了,把室友的书和作业本借过来,然后把打游戏的时间全部用来看书学习,最后人家考试科科都是九十分以上。讲师说,从大一下学期开始,人家所有的考试都是班级里的前几名,自己拼死拼活也干不过他。然后,这位讲师就向这位室友请教学习方法,人家就说了一句话:"挺简单的啊,没啥方法,一看就会了。"既然人家不愿意说,这位讲师就开始观察,后来发现,这家伙看书学习的表情和打游戏的表情一模一样,就是极度专注。

解决学习效率的问题,就是一句话:单位时间内,目标绝对单一。

▶ 成长第六十问:如何给自己大学四年做时间规划?

大学四年的时间转瞬即逝,做好时间规划是赢在大学的第一步。关于大学期间的时间规划,有以下两点建议:

(1)按年级划分。大一、大二是夯实基础的阶段,这个夯实基础包括专业课、认识自我、知识框架的完善及三观的形成等。总之,通过大一、大二的不断折腾和学习,要达到一个目标:对自己的人生方向有个基本判断。

大三是选定方向的阶段,方向有三个:从政、从商、继续深造。

在整个大学四年里,最关键的是大学前两年,因为在这两年中,个人的习惯、思想等都会有决定性的改变。

大学生从大三开始分为两批:优秀的会越来越优秀,差劲的会越来越差劲。而这个现象其实是由大一、大二的努力程度决定的。

请记住一句话:大一、大二养成奋斗的习惯,将受益终身。

(2)按整体划分。大学的任务就四个字:修学储能。如果将大学的时间设定为十个小时,这十个小时的划分建议是:六个小时用来读书学习,四个小时用来锻炼能力。而在读书学习的六个小时里,建议学习专业课的时间是三个小时,读其他书籍占三个小时。这种划分是针对大多数同学的。但是如果你决定在学业上继续深造、继续考研考博,那读书学习的时间应该更长一些。如果你决定本科毕业后就进入社会大学去历练,那锻炼能力的时间就要适当延长一些,通过大量的实践去认知学习。

▶ 成长第六十一问：大学假期该怎么安排呢？

我们从小学到大学，寒窗苦读十几年，都是以高考为导向，在老师父母的引导、监督下学习的，但进入大学就比较自由，主要靠主动学习。其实，对于我们人生来说，最重要的也是主动学习。高考之前要顺势而为，高考之后一定要逆流而上，绝不能随波逐流。所以，大学期间要修炼自己的主动学习能力，这是成才的关键。拥有这项能力，毕业后我们会受益无穷。所以，不管是大学寒暑假长假期，还是十一、周末短假期，正是提升主动学习能力的最佳时机。因为大学生的差距不在课堂，而在于业余时间的安排，一定要记住这一点。具体有以下三点建议：

(1) 多读书。如果高考之前除了课本，没有广泛涉猎其他领域的书籍，那么自己的知识框架就没有建立起来。我们就要利用大学期间的短假期泡图书馆。如果有条件，可以在校外租个房子作为大学期间的私人书房，这样就可以利用课余时间多充实自己的知识框架。在贫瘠的精神土地上，想要长出硕果累累的人生，完善知识框架就是实现精彩人生的基石。

(2) 做兼职。如果自己不做兼职就没生活费，那就在第一条件以上加上兼职，这样自己会很忙，但是事情的规律就是这样，想要得多，就必须付出更多。

(3) 在工作中成长自己。只读书、做兼职是不够的，寒暑假长假期正是弥补自己认知短板的好时机，利用寒暑假去创业公司工作，可以零距离接触社会，在工作中认识自己、认识社会、开阔眼界。暑假工作中，成长第一、赚钱第二。暑假工作结束后，回到学校，对接下来的成长方向会更加清晰。

▶ 成长第六十二问：如何应对大学的考试？

大学期间的考试究竟如何应对才能不挂科，以下三条很重要：

第一，多花时间在学分多的科目上，每学期课表出来后，第一时间上教务处看看哪些科目学分多。比如说我本科高数 6 个学分，大学英语 2 个学分，那么高数考 90 分的意义会比大学英语考 90 分高很多。

第二，听不懂课不要慌，因为听不懂的人不止你一个。上课进度很重要，如果你连进度都不知道，不出一周就不想上课了。课后坚持两个步骤，按照进度通读课文，遇到问题多问度娘、助教，找网课资源，相信这远比问舍友问老师来得快。提示：买一本习题解析，遇到不会的题就对着答案找思路。凭借这些方法，我认识的同学所有数学科目都能在 95 分以上。

第三，期末考试要准备最后一节课，提前抢前排，老师会划重点，将这些重点整理成提纲模式打印出来复习，这远比一遍遍翻书效率高得多。多问上一届学长、学姐要真题做，悄悄告诉你，一定要蹲一下学校打印店。每学期老师、同学去打印复习材料时，这些店家都会把材料保存下来卖给学生。

6 读书学习

▶ 成长第六十三问：怎样持续地高效学习？

能做到既高效又持续的人，他们都很优秀，因为他们的背后都有一个非常优秀的系统在做支撑。我们和学霸拼学习时间，可能最后考试成绩仍然比不上人家，为什么？人家之所以是学霸，是因为人家有个优秀的系统，而不单单是拼学习时间。就像鸟儿能飞，翅膀只是表象，背后有一套能飞的系统才是关键。保持高效学习，需要从底层系统开始提升，具体建议如下：

（1）坚持锻炼身体。身体好是一切的基础，身体好的人定力足，而定力是能长时间高效学习的基础条件。咱们的身体是一团能量，就像一摊水一样，长时间不动，水里面就容易生脏东西，身体也是如此，体内时刻都在产生垃圾，经常运动，就能让垃圾及时清理出去，保持神清气爽。身体能长时间保持优良的内循环，这是定力足的前提条件。

（2）养成好的习惯。能够长期做一件事情，靠的不光是坚持和毅力，更是拥有一个好习惯。好习惯的养成包括：单位时间内目标绝对单一、少玩手机、在图书馆或自习室学习、适当奖励等。第一条就是去学习的时候只带一本书，深入钻研几章；第二条和第三条是远离诱惑，人的自制力没那么强大，与其抵制诱惑，不如远离诱惑；最后一条，是正向激励,完成任务后,适当放松一下,给自己买点好吃的,形成正循环。

(3)教学相长。教是为了更好地学,教别人不仅能让自己理解得更深入,还会让自己的学习更有动力。

▶ 成长第六十四问:如何做读书笔记呢?

读书的时候拿着笔写写画画,这是很多人的读书习惯,这个方法只是让读书有更好的效果。如果我们不用动笔,读书效果都很好,那就没必要动笔。我自己读书也是必须拿支笔写写画画,不然确实效果不好,这是我个人的体悟。读书写笔记的好处有以下两点:

(1)帮助我们尽快把书读薄。读书就要把一本书吃透,当再次拿起读过的书时,只需要通过三条线索,就能迅速将这本书里的重点内容变成自己大脑里的知识。这三条线索为:书的目录、划的重点、自己读书时第一时间写下的感悟。这样可以避免重复读同一本书,造成时间和精力的浪费。

(2)记录下来我们读书时的灵感。我们在读书时,自己的思想与书中观点碰撞而产生的灵感,才是读书最宝贵的东西。这就像挖矿,这个灵感就是那个金子。而这个灵感是稍纵即逝的,当时不记录下来,过后就想不起来了。坦白讲,一本书能给我们的灵感没那么多,如果不记下来,太对不起自己了。

那么如何读书写笔记呢?不一定要准备本子,边看书边写笔记,甚至摘抄书本上的好句子。不用拘泥于形式,读书时可以直接在书本上写感悟、写灵感,我认为这是最好的笔记。读书写笔记,很多人刚开始不习惯,但是不习惯的事情,做得多了也就习惯了。读书写笔记这个习惯,值得好好培养。

▶ 成长第六十五问:如何在网上找学习资源?

网络上有句话:没有方向的船,什么风都不是顺风。网络资源好,是对于有明确目标的人来说的,如果自己没有明确的学习方向,那就是将自己置身于茫茫

大海中,看似身边都是水,但自己一口也没法喝。如何利用网络查找学习资源,有以下三点建议:

(1)关键词。不管我们是买书还是看视频学习,掌握关键词是最直接找到所需学习资源的途径。比如我们要学习管理,那就先在百度上搜索中国讲企业管理最好的人是谁,在百度上先查出人名,然后再去优酷、当当、B站上面,搜索这个人写的书籍或讲课视频。

(2)花钱买。我一直坚持学习的顺序是:看书不如看视频,看视频不如现场交流。自己看书的步骤:买书、看书、消化整理。这是比较慢的。网上有免费的视频课程,但很多视频课程质量不高。建议直接花钱买高质量的视频课程。

(3)无穷链。其实按照以上两种方法,自己就会源源不断地获得自己想要的资源,而且随着自己不断在一个方向深挖,这个领域内,整个互联网的资源都会被我们挖出来,越学习,挖到的资源质量越高。有点像挖矿,刚开始困难,而且挖到的都是废渣,坚持一段时间后,就会挖到金矿。

▶ 成长第六十六问:如何找到高质量书籍?

就我自己的经验而言,现在互联网如此发达和便捷,想要找到自己渴求的书籍,还是很简单的。但最麻烦的是很多人根本不知道自己要读什么书,这样的人缺的是实践。因为要认真读书,无非两种原因:个人喜欢读书或者为了解决某个具体问题而读。其实大部分人属于第二种,人一旦实践就会遇到问题,而要解决问题,自己就需要找相关的书籍来进行阅读。至于挑书,个人有几个经验分享一下:

(1)作者。我们读书最喜欢读的是故事,有故事的人写的有故事的书,读起来不枯燥,很多知识也通俗易懂。所以挑书的时候,先挑作者,去查这个作者的人生经历,是纯学术派的还是学术派加上实践派又或者是纯实践派。我个人比较喜欢学术和实践相结合的作者。纯学术派写的书不落地,有时候感觉很空洞,抓不住。而纯实践派的作者理论高度达不到,很多观点提炼不出来。就像咱们如果去拜师学中医,肯定希望这位师傅既有理论造诣,又有丰富的实践经验。

(2)看书评。网商的出现,让客户的鉴别成本越来越低。以前我们在实体店买件东西,这东西到底行不行,想找个参考信息很难,但是现在网上都有用户评价功能,任何一本书,我们买之前肯定有很多人买过了。在百度上或者网店下面都有读者的评论,自己多看看,重点看评论不高的言论。如果用户都说网店服务不好,但是书的内容不错,很实用,那说明这本书不错;如果大家对书的内容评论不好,自己还是要慎重的。

(3)销量和二手市场的价钱。销量好 + 二手市场价格一般,不一定是好书;销量差 + 二手市场价格高,有可能是好书;销量好 + 二手市场价钱高,一定是好书。

▶ 成长第六十七问:如何打好阅读基础?

打好阅读基础主要是这几个方面:阅读的速度、阅读的质量和阅读的延续性。

(1)阅读的速度。读书不是像嗑瓜子那样必须一个一个嗑,读书是有技巧的。我喜欢读书,买的书也很多,当我拿到一本书的时候,一定是先认真看几遍目录,然后再看序言,通过书名、目录和序言,我会直接在心中构建整本书的核心脉络:主题思想及分解思路。然后我会想如果我是作者,我会如何去展开论述。接下来我会打开书,去印证我的设想。如果看了两章之后,和我思考的差不多,这本书我就会粗略看看。如果和我构想的不一样,我会认真拜读,学习作者的思想、知识和分解思路。

(2)阅读的质量。阅读一本书之前,自己要对这本书的核心思想有个独立思考,然后读书的过程不是单方面摄取,而是通过书籍和作者一起探讨,一起深度思考,共同达到对核心思想的深度理解。所以在读书的过程中,我总是在书里随时写笔记,随时勾勾画画,字写得不好看无所谓,关键是要写下第一时间的思考和灵感,这是最珍贵的。

(3)阅读的延续性。书籍的产生,是为了总结前人的经验、教训和心得,方便指导后人学习,进而更好地生活。所以,读书绝不仅仅是为了自娱自乐,更是为了在生活当中使用出来。读完一本书一定要总结出能在生活中实践的几句话,这就是阅读的延续性。要能延续到生活中,这会加快建立起自己读书+实践的良性运转体系。

▶ 成长第六十八问:如何真正读懂一本好书呢?

文以载道,只是读懂文字而不懂得文字背后所蕴含的道理,就是没读懂这本书。就像儒家经典,书上的字都认识,但是背后的思想就是不明白。这也是现在很多人面临的问题,对于我们大多数普通人来说,对事物的理解程度取决于自己的生命体验,也就是咱们的思想认知不会超过自己的生命体验。举个例子:我们告诉小孩子,开水烫,小孩子可能会听懂这三个字,但是在他的生命中,如果从来没有碰过热水或者被热的东西烫过,那这个小孩子还是不知道"开水烫"具体代表什么意思。反之,如果这个小孩子曾经碰过热水或者被热的东西烫过,我们再告诉他"开水烫",他不但能明白这三个字,而且深刻明白这三个字是告诉他:不要动这个水,会烧疼自己的。他自然就不会去动开水了。所以,遇到读书读不懂的情况,建议大家做以下两件事情:

(1)大量做事增加自己的经历和阅历。放下书本先去做事、去经历、去体验,读不懂书的最大原因,是因为自己太缺乏生命体验。火热的生活会让我们用生命体悟书本上的道理,而不是通过文字去思考。

(2)多去交流、沟通。读书后要去交流,交流本身就是一个理解、再吸收的过程。同时,交流前如果我们能自制思维导图、写读书感悟,交流后我们能总结心得体会,那读书的效果将会事半功倍。

▶ 成长第六十九问:大学如何练习写作能力?

写作能力是一种实战能力,这种能力是很有必要练习的。同时,如果我们真

的想练好写作能力,需要三步:

(1)写。第一步就是现在就拿起笔,每天坚持写,量不需要大,每天几百字都行。写作是书面语言模式的训练,和我们平时说话的口语化表达完全不是一回事。比如一件挺简单的事情,嘴上几句话能说明白,但是如果用书面语言来表达,就会突然发现自己心中的意思,非常不容易表达清楚。所以,坚持每天写很重要,定个小目标,先写十万字。至于写的内容,读书笔记、生活感悟、工作心得等等都行。

(2)阅读。每天除了写,还要大量阅读优秀的文章。在阅读的过程中,学习人家的表达模式,甚至在自己写作的过程中,尝试着去模仿别人的表达模式。

(3)专业学习。用书面语言表达,需要经历从表达清楚到表达准确再到表达优美这样的一个过程,如果自己在写作方面没有基础,那就需要投入大量的时间和精力。这种情况下,想早点学有所成,最好的方法就是借力,花钱买专业的课程,请专业的老师来教自己。

▶ 成长第七十问:大学期间多读什么样的书?

我们对书本知识的吸收,很大程度上依赖人生经历,所以古人会说读万卷书不如行万里路。这是提醒我们,读书要和人生经历结合起来,因为我们从来不是懂得了某个道理就能过好人生,而是通过人生经历才能铭记道理,然后少走弯路。大学期间最好读以下四类书籍:

(1)历史类。历史从来不是过去,历史就在当下。读历史不仅仅是增加自己的知识储备,更重要的是,当我们能将五千年历史通读一遍,心中自然会升腾起民族自豪感,深刻明白任何事情都需要一个过程,就会戒掉急功近利的心。读历史就是读人生、读社会、读人性、读趋势,这也是各行各业的领军人物都喜欢读历史的原因。

(2)经典类,《论语》《大学》等等。这些是民族文化的精华,这里有圣贤对整个民族的终极关怀。我大学前两年一直困惑一个问题,人生的价值到底是什么?

后来读经典,里面说,大学之道,在明明德。当时就豁然开朗,迷上经典,一直到现在,受益无穷。

(3)头部企业的老板传记。对于这些各行各业的领军人物,我们不能只是远远欣赏,更应该去认真研究他们的成长经历,虽然说每个人的成功都是不可复制的,但是他们背后的精神是绝对值得借鉴的。

(4)如果想让自己尽快在社会上立起来,就要再读一类书,不仅仅是读,更是深入研究,那就是营销类书籍。人生要获得财富自由,营销是必备技能之一。

7 赚钱理财

> **成长第七十一问：大学里为什么不能碰校园贷？**

什么是校园贷，上网百度搜索一下就行了。这里重点回答大学生为什么不能碰校园贷，原因有三：

（1）超前消费是个坑。咱们中华民族经过几千年的发展，总结出最朴素的生存哲学就是：勤俭节约。而最近二十年，西方的各种思潮扑面而来，如果大家认真总结一下就会发现一个很幼稚的现象：西方的东西都是好的，咱们是全方位不行。网上流传很多小故事，比如华盛顿承认撒谎的故事、林肯百折不挠的故事、西方孩子独立自主的故事等等，总之就是告诉咱们：西方都好，自己都不行。最后不知道是谁炮制出一个两位老太太的故事，西方老太太超前消费，享受一生，中国老太太勤勤恳恳，受苦一生。得出结论：要学习西方的超前消费。这简直就是胡说八道，这个问题需要系统阐述，限于篇幅，这里重点说两点：首先，西方可以高福利、超前消费，是有一个大基础的，那就是二战后的世界规则是由西方主导制定的，而在这个规则体系里，西方是最大受益者。简单一句话：动乱年代，西方靠武力，以战争和强迫为手段去掠夺和侵占其他国家和地区。在和平年代，通过制定游戏规则，以商业为主要手段去掠夺其他国家和地区。其次，西方社会是以个人为中心，他们的家庭是有限责任制。而我们国家从来不靠侵略别人来发家致富,同时,咱们的社会是以家庭为中心,而咱们的家庭是无限责任制的。两种文明,两种社会基础,当然是两种生活方式。至于谁优谁劣,交给时间来评判。

(2)天上不会掉馅饼。贷款公司没有义务借你钱花,它肯定是要赚钱的。如果做校园贷的公司越来越多,可以肯定,这是个暴利行业。那么请问:它从哪里挣钱呢?它的暴利到底是从哪里来的?如果你算不出来,算不清楚,或者你算出来的利润很低,那我奉劝你,永远不要碰校园贷,因为你就是他们最喜欢的羔羊。这里大家记住一句话:商业社会里的一切商业活动,咱们得到的任何东西,都是需要付出成本和代价的,没有天上掉馅饼的事情。而商业社会里最可怕的就是,你明明看着是薄利,但是做这个行业的人又极其多,只有两种情况:要么是人家的商业模式很高明,要么人家玩的就是骗局。

(3)生活不是童话故事,更不是静态的,生活充满了变数,充满了不确定性。不要现在算算每个月还几百块钱,忍一忍,一年就还完了,但这一年中的变数太多,而自己有抗风险的能力吗?如果没有,就不要超前消费。校园贷从诞生的那天开始,就是为了定向收割年轻人,资本没有那么善良,你想睡觉了,正好给你递个枕头?

▶ 成长第七十二问:大学期间如何理财?

人们对待钱的态度就是人们的成熟度,钱虽然不是生命的全部,但钱是让我们实现梦想的重要工具,并且财商又是我们人生很重要的一项技能,对于大学期间如何理财有以下建议:

(1)做预算。咱们大多数人都有一种体验,一百元装兜里,只要开始花,这一百元在不知不觉中就没了。现在基本上是手机消费,这种"钱去哪儿了"的感觉更强烈。还有一种职场现象,干了十年工作,好像也挣钱了,却没有存款。其实问题就出在,没有给自己的日常做预算。从现在开始,每周的饭钱、娱乐钱、手机费等等,每个板块做个预算,超出了,就不再消费。刚开始有点难,但是坚持下来就会养成习惯。做预算的目的不是为了省钱,而是为了让自己养成掌控钱、驾驭钱的本领。

(2)存钱。办一张银行卡,定期往里面存进去一笔钱,定期存款,毕业后才能取的那种。比如每周存一百,雷打不动,而且这个钱存进去,大学期间就不要想着花,这笔钱是为了自己开启人生事业的时候做启动资金用。当然,也是一笔风险兜底资金,毕竟大学毕业后,经常会出现一两个月没工作、没工资的情况,到时候总不能再去找父母要吧,未雨绸缪挺好。

理财不一定要买理财产品,除非你真的懂,并且钱赔光也不影响自己的正常生活,不然,还是老老实实存起来。如果真想投资,那就投资自己的大脑,把自己变成财富,才是最靠谱的投资。

▶ 成长第七十三问:大学期间如何正确使用钱?

不管是在大学期间还是走向社会,钱,永远是我们完成梦想最重要的工具之一。如果自己目前经济条件很不好,那么自己仅有的钱就要花在逆天改命上,而不是花在可有可无的地方。对于钱,简单来说一句话:消费享乐的钱一定要省,投资学习的钱一定不能省。

消费和投资。自己去吃一顿饭或者买一件漂亮的衣服等,这就是消费,花完之后这笔钱与自己没关系了。但是如果自己买一本书、买个课程等,这就是投资,这笔钱虽然暂时花出去了,但是这笔钱置换成了另一种资源,持续影响着自己。

投资的实例。我大四外出学习的时候,认识一位比我大五届的学长,他当时做的是企业内训,在他的同学中算是事业有成的。我很好奇就问他:"为什么大学没学这个专业,而您能做得这么好?"他说:"我大学期间不断找各种兼职做,同时用赚来的钱去外面参加学习会。一次学习会上,有位讲师说自己的主营业务是企业内训,正在招学员。经过简单了解,我就毫不犹豫报名参加了,但是当时学费是五千元,我先交了五百元定金,然后和讲师沟通,自己是一名在校学生,希望跟着他学习,学成之后再把学费补齐等等。但是讲师直接回绝了,只撂下一句话：你要学习，就想办法把学费凑齐。最后我只能向亲戚朋友借钱，终于把学费凑齐了。因为这个学费交得太难了，所以我必须学成。在接下来的学习中，我不敢喝水，怕上厕所耽误时间，下课了就去向讲师请教。课程结束后，在几十人的学员中，我是第一个被老师选中跟着他当助教的，也是第一个单独接业务，给企业做内训的。后来想想，挺感谢这位讲师当初拒绝了我缓交学费的请求，才把我逼上了成功之路。"

▶ 成长第七十四问：大学期间，应该怎么投资自己？

消费和投资完全不一样，消费不具备未来价值，而投资主要就是获取未来价值，就像十块钱吃碗面和买本书来看，价值量完全不一样，而投资自己无非就是两个问题：自己的钱和时间花在哪里？知夏学姐建议自己的时间和金钱要花在以下两个方面：

（1）图书馆、锻炼平台和学习交流会。对于职场人士和大学生来说，拉开人与人之间距离的不是上班时间和课堂上的时间，而是业余时间。作为年轻人，一定要将自己的业余时间放在三个地方：图书馆、锻炼平台和学习交流会。也就是说，要么读书扩充知识面，要么锻炼自己、提高自己的综合能力。自己的时间是实现人生梦想最宝贵的不可再生资源，只有这三个地方才能值得我们将最宝贵的资源投资在这里。坚持三年，还父母一个不平凡的孩子。

（2）高人。遇到高人不交，那是人生一大遗憾。所谓高人，就是结果比自己好很多的人，要么事业成功，要么人生阅历极其丰富，要么思想格局很厉害。总之，遇到这样的人，一定要抓住机会多请教，很多时候咱们纠结几年的问题，和人家交流几分钟就化解了。记住，古往今来成大事者，都有很厉害的师父。人与人的第二个差距，就是师父水平的差距。更多人没有师父，面对人生路只能自我摸索，所以要花时间去结交高人。

不管现在自己遇到什么问题，在这个世界上已经有人遇到了，并且解决了。我们需要做的就是找到这样的人，向人家请教，把人家碰得头破血流总结出的经验拿过来结合自己使用就可以了。投资的本质就是借力,借助别人的力量或者趋势的力量来提升自己。不会借力、不懂借力的人,干不成大事。

8 家庭和谐

▶ 成长第七十五问:我还是大学生,能为父母做些什么?

孩子上大学,父母也都年过半百,目前我们国家的人均寿命是七十八岁左右,按照大家毕业后一年回家两次,一次十天来计算。我们和父母一起度过的日子是五百多天。所以趁着上大学,多给自己的父母做一些事情:

回家后,重点做两个方面的事情:一、减轻父母身体的劳累。自己回到家把所有力所能及的活干了,给父母做饭、打扫屋子、洗衣服等等。让父母看到自己的变化,让父母知道:孩子已经长大,能独立了。二、提升父母心里的幸福感。基本动作是给父母洗洗脚,借助洗脚的过程,跟父母谈谈心。重点谈自己在外面的学习、成长、收获以及自己对将来的打算,因为父母很想知道我们在外面过得怎么样。

自己在外面上学,也是可以给父母做一些力所能及的事情的。首先,对父母是报喜不报忧,父母对孩子是操不完的心,如果自己什么事情都跟他们说,会让他们增加无谓的担心;其次,可以将自己的家族奋斗史写出来或者给自己的父母写个传记,在重大日子里作为惊喜送给自己的父母;最后,给自己定个小目标,用自己赚的钱,带着父母去他们梦寐以求的城市旅游等等。

咱们都欠父母一个优秀的孩子。其实不管自己做什么,关键是要让自己成长起来,成长、成才、成功,还给父母一个优秀的孩子,让他们回忆自己的一生,有一个绝对值得骄傲的孩子。孩子的成功,会变成光,照耀父母的晚年。

▶ 成长第七十六问:家里总是矛盾重重,我能做些什么来改变现状?

不管是长辈与长辈之间,还是兄弟姐妹和长辈之间,如果产生矛盾或者经常吵架,作为家中一员,最好的做法是强大自己。咱们身边发生的事情都在释放一个信号,那就是自己必须强大。面对家里的重重矛盾,我们到底该怎么做,有以下三条建议:

(1)润滑剂。自己要成为家里的润滑剂。矛盾源于不理解,自己要学会多方沟通,成为家里的心灵桥梁。面对兄弟姐妹,把父母的心酸讲给他们听,让他们知道父母的辛苦,更要让他们知道父母是爱他们的;面对父母,让他们知道兄弟姐妹的真实经历和真实想法;同时,找到双向问题的症结点,也许是孩子误解父母,也许是父母错怪孩子。找到这些症结点,帮助双方化解掉。很多时候,双方内心深处只是对对方不满,但是到底有什么不满,其实自己也说不清楚,化解症结点,才是解决问题的正确途径。

(2)融合链接。当自己在家里的时候,带着兄弟姐妹和父母一起干活、娱乐、聊天,经营家庭就是经营氛围,一家人只要经常在一起说说话,很多事情自然而然就解开了。

(3)强大自己。父母需要希望,兄弟姐妹需要榜样,只有自己强大了,在家里有了话语权,别人才愿意听你的。所以,重点是回到学校后,野蛮成长自己,让自己尽快撑起一片天。很多时候,父母的抱怨,是在巨大生活压力下的一种求救信号。

▶ 成长第七十七问：如何与父母有效沟通？

父母和孩子发生争吵，父母基本上不会赢，因为他们爱孩子，不忍心强迫孩子，作为子女要主动化解这种不和谐关系。请记住两条：首先，读书以明理。咱们上了大学，比父母读了更多书，应该更能理解和包容父母，而不是反过来让父母多包容和理解自己。其次，咱们永远比父母少了二十多年的人生经历，在和父母争论之前，先想想父母讲话的道理。接下来具体给出三条建议：

(1) 干活。当自己回到家时，积极干活、扫地、做饭、洗衣服等等，多干活、少说话，让父母真心看到你的改变。如果平时自己已经这样做了，那就再精进一下，争取做得更有亮点。做一段时间后，就找个午饭的时间，做一桌子好菜，再买一点酒，和自己的父母好好深度沟通一下，让父母了解自己内心的真实想法，同时也了解父母内心真实的想法，听听他们的经历和委屈。整个沟通的过程注意几点：自己不要否定父母；从美好的回忆开始整个话题，营造一个好的气氛，气氛不到，不谈正事；最后讲正事的时候，只讲事实和自己的构思，不要过多做个人评价，更不要翻旧账。

(2) 请客。如果在家里不好沟通，那就把父母请出来，目的只有一个，换个环境，换个能量场，家里是父母的主场，很多沟通方式都已经习惯了。把父母从主场请到饭店里，用自己做兼职的钱请他们吃顿饭，然后再沟通。

(3) 写信。前两种方法都是当面沟通，人总是有各种情绪，不容易冷静思考。我毕业的时候要创业，就遇到了这种情况，当面沟通很困难，尝试几次都不行。最后我给父母写了一封长信，把自己从初中到高中再到大学的经历以及对未来的真实想法和决心都写在信纸上。很奇妙，从那之后，父母再没有阻止我创业。人在看信的时候容易冷静，反而是一种更高效的沟通方式。

成长第七十八问：父母与自己的想法不同，如何说服父母？

父母对孩子的任何建议，都是在自己几十年的生活经验所建立起来的认知基础上能给出的最好的建议。所有建议的目的只有一个：让孩子生活得更好。而我们上了大学，置身在外面精彩的世界里，读了很多书，结交了很多朋友，手机上的资讯更是丰富多彩，这些都在告诉我们：人生的路有很多条可以选择。这个时候就需要和父母好好沟通，让父母真正了解、知道自己的想法。具体给出以下三条建议：

(1) 将父母的建议，用关键词写出一条推导思路。比如：上大学—考研—找个好工作—娶个好媳妇＝幸福人生。然后将自己对人生的构想思路也写出来，比如：上大学—创业—获取财富自由—做自己想做的事情＝人生幸福。我们和父母对未来规划的争议，本质上就是这个推导思路之争，不管我们认为对不对，父母有完整的推导思路，而有时候我们却没有。所以，和父母的意见分歧，都沦为讲空洞的道理，谁也说服不了谁，最后变为吵架甚至将这个话题搁置，成为彼此之间不能沟通的一个障碍。

(2) 数据对比，拒绝空洞的概念。用数据来说明自己的人生设计比父母给的人生设计更适合自己。这里注意两点：首先是不要说自己的路径最好，父母的路径不好，这容易陷入谁好谁坏的空洞争执中；结合自己的实际情况，讲清楚自己的人生设计更适合自己就行了。其次就是数据和资料，父母的设计更多是建立在新闻、身边人的建议或者身边成功的个例的基础之上。所以，我们要顺着父母的思路，用实际的数据和资料来告诉父母，父母的设计思路真的不适合自己。数据包括：个人的喜好方向、未来十年的工资待遇、就业方向大数据等等。然后用数据来说明自己设计的路径最适合自己。

(3) 给父母写一封信。不管沟通的结果如何，最后都要给父母写一封信，把自己对未来的思考、规划、决心写出来，人在看文字的时候心是最静、最定的，也是最接近本心的时候。操作好的话，这封信会是神来之笔。

▶ 成长第七十九问：大学想创业，但是资金不够怎么办？

对于想在大学创业的朋友，需要明白以下两点：

(1)资金。创业要面对的问题非常多，资金是最不重要的因素。因为所有创业者刚开始的时候，资金都不充裕，有的人甚至没资金，负债创业。我最开始创业的时候，就是从负债开始的。

(2)支持。父母亲戚朋友不支持是很正常的事情，可能自己的父母一辈子都是上班族，对于创业这样陌生的词语，天生抗拒，但是更重要的是：我们在父母心中到底是什么样子。如果我们在家里从来都是被照顾的对象，家里有什么事情，父母也从来没和我们商量过，那么可以说，我们在父母心中还是个什么都不懂的小屁孩儿，有谁会相信一个什么也不懂的小屁孩儿的创业计划呢？

怎么做？明白了以上两点，就再做好以下两条：一、创业计划需要认真考察，反复推演，但是没有经过实践的设计，照样漏洞百出，最好能去相同行业的公司干一年，用人家的平台锻炼自己的经验，然后再实施自己的创业计划。在具体创业的时候记住：轻资产重营销。不要刚开始就追求高大上，各种买买买。很多青年创业，都是死在这上面，对资金的支出没有节制，花在看似重要但根本不重要的地方，到真正培育市场、产品迭代这些要花钱的地方，又没钱了。二、在和父母正式谈创业计划之前，需要用自己的行动向他们证明我们长大了。比如回家多干活、平时多打电话关心他们、多跟他们谈谈对这个家未来的规划。当我们给父母的感觉是成熟了的时候，再拿出切实可行的创业计划，父母没有理由不支持我们。

9 恋爱情感

▶ 成长第八十问：自己喜欢的人有了对象，我该怎么办？

有以下三条建议：

（1）了解对方。你真的了解这个人吗？他的梦想是什么？他将来要在哪个行业发展？他想在哪个城市生活？他理想的生活方式是什么样的？他父母对他有什么期待？我们了解得越清晰，越明白自己是否真的喜欢对方，也可以确定自己的努力方向。如果经过了解，自己对对方的感觉越来越不好，那就直接停止，不用往下看了。之前的喜欢只是一时的感觉而已，不能当真。

（2）野蛮成长。追人是很费劲的，但是通过吸引就容易得多，再次强调：男人喜欢有智慧的女性，女人喜欢强大的男性。通过野蛮成长，让自己优秀起来，变成对方心中的梦中情人，这是最高级别的追求。举例来说：如果你了解到对方近期目标是考上北京的研究生，将来想在北京发展，那么你也要考上北京的研究生，能考上同一个学校最好。通过拉升维度，不但有可能将竞争对手直接甩掉，更增加了自己成功的概率。在陌生的城市里，大学同学之间会有天生的亲近感。

（3）与其思念，不如行动；与其追别人，不如苦练内功。成长自己，这才是王道。花香蝶自来。当别人有了对象，再去打扰，这不是明智之举，于人于己都不好。

▶ 成长第八十一问：如何选择恋爱对象？

选择男朋友要看责任感，选择女朋友要看爱心。具体建议如下：

选男朋友。男人必须有责任感，因为责任感能长出事业心、上进心以及血性、气魄、格局，这些男人身上的优良品质，都需要以其强大的责任感为基础。如何判断男人的责任感呢？看两点：一、观察他个人平时的言谈举止。如果总能听到他说：我的父母如何辛苦、兄弟姐妹如何不容易，我要给他们创造好的生活；哪位老师或同学对我的成长帮助最大，将来一定要报答他；看到不好的社会现象，不是抱怨，而是要解决这个问题；对待身边的弱者，能经常给予帮助。这就说明他内心里时刻在想着别人，这就是有责任感的体现。相反，如果平时说的话都是：谁谁对不起我；我要开好车、住好房，但从不提父母和兄弟姐妹；对身边的弱者视若不见、冷嘲热讽，对强者却阿谀奉承；对社会不好的现象漠视、冷嘲热讽等等。这就说明他内心极其自私，根本不关心别人，这就是没有责任感的表现。二、要看男孩的朋友和他的父亲。他身边朋友的类型，就是男孩内心真实情况的外在呈现；同时，男孩多半像他的父亲。

选女朋友。女人最重要的是爱心，主要体现在两个方面：首先是日常接触中，看这位女孩对待弱者、小动物等有没有爱心；其次是看这位女孩内心的能量是否和谐，身上戾气重不重，是不是有很强大的独处能力。请记住：女人内心多一分静气，身上就多十分贵气。

业余时间。选择的对象如果符合以上两条，就再看他业余时间都在做什么，父母业余时间的兴趣爱好，直接决定孩子的行为习惯。不管两个人是三观一致还是互补，这都不是判断两人婚姻是否能幸福的准则。什么样的夫妻幸福指数高呢？就是能够打造学习型家庭的夫妻，共同成长，养成良好的学习习惯，不仅能提升自己的包容度，同时也会给孩子做好榜样。

最后关于选择另一半，首先是给自己的孩子找个好爸爸、好妈妈，其次是给自己的父母找个好媳妇、好女婿，最后才是给自己找个好伴侣。这是中国式婚姻的先后顺序。

成长第八十二问：如何判断这段恋情是对的还是错的？

从两个方面来判断：

（1）恋爱前后的状态。如果恋爱前你阳光励志、学习积极，整个人是乐观向上的状态，而恋爱后，自己内心越来越忧愁，越来越不快乐，也就是说，原先是个对生活、对未来充满想象的人，现在变成了庸庸碌碌，连自己都不喜欢的状态，那么，毫无疑问，这段恋情正在反噬我们的生命能量，请及时停止这段恋情。不能说你和这个人绝对不合适，而是当下这个时间段，你们两个在一起肯定不合适。也许暂时放手，给彼此一段时间，等彼此成长得更好了，再考虑在一起，也挺好。

（2）原则问题。出现以下任何一种情况，请马上分手。第一种：如果一个男孩或者女孩，用自残的方式来向你表达他（她）对你的爱意，请果断离开。他（她）今天可以对自己自残，明天就可以对你下手。而且，对你下手的时候会更狠，我身边就发生过这样的例子，切记切记。第二种：如果一个人对自己的父母满怀恨意，毫无孝心可言，请果断离开。在这个世界上，父母是对他付出最多的人，而父母付出如此之多，在他心里都没有占据重要位置，请问，你能比他父母付出更多吗？第三种：打过你的。请记住，一对恋人和一对夫妻之间，暴力只有第一次和无数次两种，只要他敢打你第一次，以后就会有无数次等着你。如果还只是恋爱阶段他就敢打你，你就知道自己在对方心中的分量了，根本没有多重要。请果断离开吧。

出现以上三种情况，都说明这个人是极度自私的人，你和这种人谈恋爱，他爱的不是你，而是自己，是自己的占有欲，是自己一定要得到你的感觉，他只爱自己。和这样的人恋爱，要有智慧，不要当面起冲突，分开后，不要藕断丝连，不然会给自己带来很大麻烦。

▶ 成长第八十三问：如果发现自己或者身边的人可能出现心理问题，我该怎么帮助？

出现心理问题，最怕的就是心理医生的肯定答案，因为相信权威是人的本能。一旦心理医生跟我们说你是中度抑郁，那这句话我们就记在心里了，我们会不自觉地让自己的行为朝着这个方向去靠拢，最后就真的出问题了。如果只是有心理问题的迹象，这个时候正确的做法是：

(1) 不要去看心理医生。看心理医生只会加重"我有心理问题"的思想认知，对接下来的恢复没有任何好处。

(2) 调理身体。精神出问题，一定从调理身体开始。水不流则臭，人不动则病，不管是身体还是心理都容易得病。在我接触的大学生里，曾经有人告诉我，他得了重度抑郁症，心理医生开了药，还建议休学回家治疗。我问他：心理医生说你得了重度抑郁，都有什么症状啊？学生告诉我：天天想着死，各种死法等等。我听完后，就告诉他，你很正常，你所说的症状，我在大学前三年都有过，甚至比你还严重。不过我当时没去看心理医生，后来我找到了自己的奋斗目标，一切就都恢复正常了。

人的心理出问题，本质上是体内的阴寒能量太重，真阳元气生发不出来导致心情低落、负面情绪重、不愿意活动等等。这个时候，最好的方式是让身体动起来。跑步是不错的选择，通过跑步把体内的负能量排泄掉，同时将自身机体的活力提升，阳气生发出来，当体内的"太阳"升起来的时候，乌云自然而然就散开了。当然，如果条件允许，去工地干一个月的活儿也是不错的选择，心理问题自然就好了。

多参加积极向上的活动。尤其是需要大量体力的活动，比如徒步、义工、跑步打卡等等。

成长第八十四问：大学什么时候谈恋爱最合适？

大三之后对于恋爱、结婚都需要以实力来支撑，男人都喜欢有智慧的女性，女人都喜欢强大的男性。所以，出于对自己和对方都负责任的态度，请在大三之后考虑这个事情。具体原因如下：

(1)认识自己。中学时代是读书考试，对于自我的认知都在父母、老师、同学的评价里以及考试的分数中。坦白讲，这些自我认知积极但不全面。到了大学，我们可以利用大学自由的时间参加各种校内校外的活动、社会上的学习论坛、做兼职等等，以此增强自我认知。当我们明白自己内心渴望什么、梦想什么，将来要在哪座城市和什么样的人一起过上什么样的生活的时候，才知道自己适合什么样的另一半。我们对自己了解得越透彻，选择恋爱对象时才会越清晰。

(2)均衡问题。如果自己在大三之前谈恋爱，会面临一个很严重的问题：自己的成长和恋爱对象之间的平衡问题。人的精力都是有限的，放在成长上面多，放在恋爱对象身上就少。举例来说：这个周末你要外出学习，但是恋爱对象想让你陪她去逛街；下周六自己要组织一个很重要的活动，你的恋爱对象家里出了事情，心情极其失落。遇到以上情况怎么办？也有人说，我能兼顾，带着对象办活动、外出学习，但是在这种情况下，我们做事都要考虑另一半的感受，并且其他人也会主动和你保持一定的距离。这对我们扩展人脉、深度交流学习会有很大影响。我们不能给自己制造一个"围城"，不能在该成长、拓宽朋友圈的时候干糊涂事。

时间必须有保障。日久见人心，不管我们因为什么谈恋爱，如果我们真心希望彼此走得长远，就给彼此多一点时间，让彼此成长得更好。

成长第八十五问：如何判断自己是否真的喜欢一个人？

如果做到以下三点，内心还是抑制不住地喜欢对方，那就是真的喜欢了。

(1)了解对方的经历。在对方成长过程中,都经历过哪些事情和哪些人,他面对这些事情和这些人的时候,又是如何处理和应对的,尤其是一些对自己影响重大的事件和重要的人。一个人的经历中,可以直观地感受这个人的内心世界。

(2)了解对方的缺点。喜欢一个人,肯定不只是喜欢他的优点,更要包括他的缺点,尤其是生活中的缺点。将对方的缺点一一罗列出来,结合自己的秉性和习惯,自己能否允许对象身上有这些缺点。再想象一下,这些缺点对生活的具体影响,比如对方不讲究卫生,那可能平时穿衣不讲究、个人生活有点邋遢甚至不喜欢洗脚。这些你能否接受,如果不能接受,你能否改变,自己需要评估一下。

(3)三观合拍。两个人结合,其实就是三观的结合,你对生命意义的看法是奉献,而对方对生命意义没思考过,那么你和他肯定不合适,因为聊不来。

如果你喜欢他的过往,能包容他的缺点,双方三观很合拍,而自己和他在一起时,总是很在意对方对自己的看法,那么,毫无疑问,你喜欢对方了。

▶ 成长第八十六问:临近毕业,还是不敢向暗恋对象表白,该怎么办?

我们不表白,她可能会被别人抢走。如果自己现在已经临近大学毕业,遇到自己喜欢的人,要大胆表白,如果连这点勇气都没有,要么证明自己懦弱,要么就是没有决策力。人生的结果取决于两个因素:一个是自己的努力程度,另一个就是决策力。面对任何需要做重大决策的事情时,一定要问自己以下三个问题,完成决策:

(1)做这个决策,自己将会面临什么局面?将付出什么代价?

(2)不做这个决策,自己将会面临什么局面?将付出什么代价?

(3)这个决策做与不做的两种后果,哪个更让自己不能接受?

遇到难决策的事情时,就按照这个问题的顺序把答案写出来,一个一个地写,答案一目了然。决策力越强的人,把握机会的速度越快,成功的速度也越快。就像表白这件事情,向对方表白了,成功和失败的概率都是50%,但是如果不表白,成功的概率就是0,失败的概率是100%。最重要的是你不表白,连被拒绝的机会都没有,但是万一成功了呢?我们有什么损失呢?人生,宁肯承受失败,也不要留下遗憾!

10 生活健康

▶ **成长第八十七问：大学期间如何减肥？**

关于减肥，其实就是个能量游戏，能量摄入大于能量消耗，就长胖；能量摄入低于能量消耗，就消瘦。听听一年减肥24斤的人是如何从这两方面入手减肥成功的：

(1)能量摄入。肥胖的人大多数一日三餐都吃反了，早上不吃，中午猛吃，晚上狂吃，甚至再来个夜宵。正确的吃法是：把自己想吃的东西都放在早上来吃；中午正常吃饭就行，早上和中午都吃七八分饱，不要吃撑；晚上只喝一碗粥，不吃其他东西，然后早点休息。注意：一日三餐尽量清淡，多蔬菜、多瘦肉，少吃面食和大米饭，其他时间不吃东西，顶多喝白开水。

(2)能量消耗。早上起来跑步二十分钟，慢跑就行，但贵在坚持，一定要每天坚持跑二十分钟。

对于第一条，如果自己抵抗诱惑的能力很弱，最好的办法就是远离诱惑，比如家里不要放零食、不去小吃街闲逛等等。

▶ **成长第八十八问：大学沉迷游戏怎样戒？**

一块土地，不长庄稼就长杂草。同样，人不做正事，就做乱七八糟的杂事，很多人为了消磨时间就沉迷游戏里。所以，沉迷游戏不是游戏的问题，关键是要找到积极正向的事情去做。大学沉迷游戏怎样戒？有以下三点建议：

（1）做兼职。给自己立一条规矩，以后自己的生活费必须自己挣出来，父母给的生活费存起来，定期四年，给自己毕业后用。然后，找到自己身边做兼职的朋友，跟着出去做兼职。

（2）加入一个团队。如果我们管不住自己，那就借助外力帮助自己加入一个优质的团队。不管是社团、早起读书群、锻炼身体群等等都可以，跟着团队走，借助团队的力量来塑造自己。

（3）图书馆。大学里最宝贵的就是图书馆，人生的所有困局，都是自我认知的局限，只有读书才能与过去千年的优秀人物对话，才能与当下时代最牛的人对话，汲取他们的思想，塑造自己的思维模式。一句话：读书是改变习惯、改变命运最快速、最直接的方法。对于女生来说，图书馆就是最好的美容院。

不管用哪种方法，都是自我管理的过程，切忌急功近利，我们的内心要不断强化对游戏的正确认知。游戏就是：工作累了之后放松的工具，也可以作为自己做好一件事之后的奖励。当我们的生命状态进入正能量循环的时候，我们会发现，我们越来越忙，越来越没时间打游戏，心里对游戏的依赖也越来越低，最后甚至讨厌玩游戏，因为我们有太多正向的事情需要做。

▶ 成长第八十九问：我对自己的外表不满意怎么办？

咱们都生活在现实的世界里，每个事物都不完美，虽然有的东西很重要，但是自己就是没有：美貌很重要，但自己刚好没有；高学历很重要，但自己刚好没有；有钱真好，但自己出生在一个贫困家庭，也刚好没有。接受不能改变的，改变自己能够把握的，才是咱们该有的态度。

（1）喜欢自己。自助者天助之，谁都可以不喜欢我，但是自己必须喜欢自己。看着镜子中的自己，你无权否定镜子中的人，因为镜子中的"他"，是父母眼中的宝贝疙瘩。让别人或者自己寻找出身上的优点，一个一个写在纸上，面对这么多优点,不能博得你的满意吗?如果你写不出十个优点,那么你现在需要做的工作不是对外表不满意,而是去寻找这十个优点。

(2)改变自己。美丽精致的外表是父母给的,健康快乐的生活是自己可以争取的。没有别人的美貌容颜,但是我就是比你活得健康、活得快乐,这才是自己的本事。所以从现在开始,关注自己的健康和内在素养,在这上面认真投资,将来进入社会,社会会给你公正回馈的。

(3)活出自己。美貌、身高、能力、正确的三观、知识、心态、眼光等等,这些都是影响人生幸福的因素。在这些因素中,美貌和身高不是最重要的部分,而看不到的知识、心态、能力、眼光等等,才是决定人生幸福的关键因素,这也是符合冰山理论的。优秀的人走在一起,最关键的绝不是容貌,而是彼此三观相投。爱一个人,其实归根到底爱的是这个人的三观。只有活出自己的人,才最有魅力。那些成功的人,都是极度爱自己的人。

▶ 成长第九十问:如果自己身体健康状况不太好,大学里该怎么调节呢?

我大学期间身体状况一直很差劲,但是通过自己的努力,在毕业前把自己的身体给调整好了。这里我可以分享一下经验。

(1)控制住嘴巴。对于生、冷、硬的东西,坚决不要吃。我大学期间得的是胃溃疡和十二指肠炎,我们班里总共有四位同学得了这个病,到毕业的时候,只有我一个人彻底好了,其他三位同学还在吃药。很重要的原因就是:我能管住自己的嘴巴。大学期间从没吃过生冷、硬、辣的东西,就算偶尔吃一次水果,也是用开水烫烫再吃,而我的同学总是馋嘴,过了嘴瘾之后,回来再猛吃药,循环往复。

(2)运动。我最开始的时候肚子太疼不能跑步,就走路,每天晚上在操场走几圈,后来走的时间长了就能慢跑了。对于恢复身体健康来说,静养不如运动,身体机能是越运动越有活力。如果能在白天晒晒太阳就更好了。

(3)睡觉。我在大学期间睡觉也是很成问题的,主要是晚上的时候,自己的眼睛很热、很干睡不着,然后我就用暖瓶的热蒸汽来熏眼睛,后来居然通过这个方法熏好了。晚上尽量在十点半之前睡觉,中午尽量在十二点左右休息。不过在集体宿舍,这个睡觉时间有点不现实。如果你条件允许的话,可以出去租个房子住一段。睡觉对于养身体是至关重要的,一定要重视。

上面说的都是吃和睡,其实对人身体健康影响很大的还有一个因素,那就是情绪。人90%的疾病都和情绪有关,所以请尽量和阳光乐观的朋友待在一起。

▶ 成长第九十一问:如果女孩子晚上需要出行,如何自我保护呢?

如何保护自己,这里给出以下三条建议:

(1)远离危险。避免危险最好的办法就是远离危险。女孩子不要深更半夜独自一人出门,如果迫不得已必须出门,要注意几点:结伴而行、穿着不要暴露、穿运动鞋、向家人说明去哪里大概几点到、走大路不走小路。

(2)朝着有光亮、有人群的地方逃跑。但是如果真的很不幸,被坏人控制住,无法呼救更无法逃跑,已经面临最坏的情况,请大家记住:其他的都不重要,保命要紧。有人会说:士可杀不可辱,我要和对方拼了等等。我们可以选择和对方硬碰,也可以选择鱼死网破,但是我们和坏人的生命价值对等吗?肯定不对等。我们有梦想的指引,有父母的期待,有大好的前程,生命价值是完全不对等的。让坏人付出代价有其他方式,最不可取的就是和坏人当面硬碰硬,一个女孩子,大概率是打不过坏人的。我们从小受到各种教育,但是唯独生命教育是缺失的,急需补上这一课。

(3)报警。无论怎样,一定得报警,用法律去惩治坏人。

11 立志榜样

▶ **成长第九十二问：如何向身边的榜样学习？**

向身边人学习，关键在以下几点：

（1）心态。我曾经外出学习的时候，在学习现场遇到一位七十多岁的老者，老人给我讲过一句话，对我影响很大。她说："我身边的所有人都是老师，只有我自己是学生。"鸟儿起飞的时候，都是先把头低下，然后一跃而起，振翅高飞。这给咱们的启示就是：当一个人把高傲的头低下，打心眼里欣赏身边的人，向身边的人学习时，这就是人生腾飞的开始。为什么很多人很努力、很拼命，但是人生仍然没有大起色，就是因为心态太高傲了。

（2）向身边人学习什么。首先，要向对方学习的就是好习惯，一个人的命运就藏在习惯里，人与人之间的竞争，最后都是习惯的竞争；其次，身边如果遇到有特长的朋友，就研究他、学习他能如此牛的原因，比如他奋斗了多长时间、吃了哪些苦、付出了哪些不为人知的努力，这些对自己的成长都有好处；最后，学习身边很会使用钱的朋友，钱是让我们成长的重要工具，会使用钱是门学问，但很多人不关注这一块，最后钱没有花在更有价值的事情上，错失了很多成长的机会。所以，如果你的身边有生活上很节俭，但是对于学习投资很舍得花钱又很会花钱的朋友，一定要向他靠近并学习。

身边的朋友是大学期间最大的宝库,他们对人的塑造,超过了大学的老师。

▶ 成长第九十三问:如何给自己树立学习榜样?

榜样的树立大致经历这几个过程:喜欢—研究—崇拜。每个人都有喜欢的人物,当你去深入研究这个人物时,自然就会在心里产生一种感觉:我也要成为这样的人。这样,榜样的树立就完成了。关于树立自己的榜样,具体需要注意以下几点:

(1)人物传记。对于青年人,人物传记是必须认真研读的,而研读人物传记要注意两点:一、自己喜欢的人特别是历史上的伟人,都是重点研读对象,多读几位人物传记,会让自己对人物的认知丰富起来,不会钻牛角尖;二、研究一个人的生平,一定要研究这个人的人生发生重大转折的前因后果,以及他面临人生大事时是如何应对的,这些都是自己需要反复研究和学习的重点。

(2)明星也可以是榜样。对于自己喜欢的明星,不要只是喜欢他舞台上的耀眼,要将喜欢上升到榜样高度,必须研究他成功之前是如何奋斗的,学习和铭记明星奋斗的日子、坚守的日子,个人认为是对自己喜欢的明星最大的爱。

(3)榜样可以多样化。榜样不一定是某个具体的人,孔圣人曰:三人行,必有我师焉。身边每个同学朋友,身上肯定都有闪光点,而这些闪光点就是自己学习的地方。比如有的同学早起健身,有的同学热心奉献,有的同学每天早上起床都把被褥叠整齐,有的同学打开水总是给别人带一壶,等等。这些同学都是自己学习的榜样。普通人和别人生活四年,自己还是自己;厉害的人就像磁铁,盯着别人的优点使劲学习,四年后,你还是你,但是人家早已今非昔比。榜样就在身边!

▶ 成长第九十四问:大学期间如何树立阶段性目标?

大学期间的任务从大的方面来说,就三个:完善知识框架、锻炼综合能力、养成受益终身的好习惯。明确了主要任务,接下来就需要对这三项任务进行总体

规划,然后整体推进。对于具体如何做,有以下建议:

(1)完善自己的知识框架。看各方面的书籍,纸质书、电子书都可以。对于年轻人,最重要的书籍是历史人物传记类、企业管理营销类和哲学类。我有一个好朋友,他的哥哥大学学的是机械制造专业,但是大学四年他干了两件事情:第一,保证不挂科,顺利拿到毕业证、学位证;第二,在学校外面租房子,白天在图书馆看书,晚上在出租屋里写笔记。等到大学毕业后,他最大的家当就是厚厚一捆用A4纸打印出来的读书笔记,然后带了五百块钱就到北京闯荡,两年的时间就已经成为一家大公司的中层。他说:自己做得最正确的事情,就是认认真真读了四年书,完善了自己的知识框架。

(2)锻炼自己的综合能力。不管我们参加学生会、做兼职,还是尝试创业,都是很好的锻炼平台。请记住:知识是读书得来的,能力必须通过做事才能获得。要想毕业后少走弯路,在大学期间就尽可能多折腾,瞎折腾也比不折腾强。所有能成功的人,都是能折腾的人。

(3)关于养成习惯,请参考以上大学生百问百答。

如果自己的自律性不行,那就分别找到三个朋友:小李很爱去泡图书馆、小王很爱到社会上折腾、小许有良好的作息习惯。周一到周五的业余时间跟着小李,周末跟着小王,早上跟着小许。大学期间的同学对我们影响最大,也会对我们有所塑造。

12 职业就业规划

> 成长第九十五问:把自己培养成一个什么样的人好就业呢?

中国的大学生毕业后大致就是两种去向:国有企业和私有企业。当然还有去外企的,还有自己创业的,这些占少数,就不再讨论。大学里每年都会有校招会,强烈建议大家一定要去体验一下,了解用人单位的招聘需求,了解自己的综合实力,明白接下来的成长方向。针对这个问题,有以下三点建议:

(1)国有企业。如果你要去国有企业,那么个人的资源是排在第一位的,包括学历、相关证书、人脉等等。国有企业比较看重学历和证书,这个千万要注意。

(2)私有企业。如果你的意向是私有企业,那么个人的能力是排在第一位的,学历和证书肯定也少不了,但是能力是第一位的!我有一个朋友,在新乡一个很普通的二本高校上学,但是大学期间一直在折腾,办活动、参加比赛,大三创业做项目营业额曾达二十多万元。这些经历写在简历上一度很受 HR(人力资源)的青睐,她的简历曾被评为"最牛简历",现在在郑州工作,月薪一万多。

(3)大学期间要涉猎各方面的书籍,要锻炼自己的核心品质和核心能力。因为不管去什么企业,重要的是,我们能为公司创造多少价值,直白地说,就是我们的赚钱变现能力。

最后,如果你特别喜欢一家企业,但是应聘条件达不到,怎么办? 我闺蜜就是一个很好的例子,她就直接跟 HR 申请说,我不要工资,免费干三个月,干得好再说,干不好我直接走人。后来,工作不到两个月,就把招聘合同签了! 有句话特别好,行不行,先占住位置再说!

▶ 成长第九十六问:哪些职场礼仪需要提前知道?

毕业后进入职场,需要知道的职场礼仪有很多,但是也没有想象的那么重要。职场礼仪在职场生涯的权重,其实是很小的,除非在很特殊的场合,职场礼仪才会很重要。

对于小职员,拼得最多的是实力,也就是工作绩效考核分数多少,职场礼仪占比就没有那么高。需要注意的是,职场礼仪不是在进入职场后才开始学习的,而是在大学期间就要开始着手训练,不然,大学期间的很多习惯会成为职场事故。大致需要注意以下三个方面:

(1)穿着打扮。从大学开始,对于穿着的要求就是干净、整洁、得体。把这样的习惯带入职场,会有很好的印象分,哪怕以后只能穿职业装,你身上的职业装也总能比别人更整洁一些。对于女士而言,除了穿衣,还要学会化淡妆。化妆是职场女士的基本技能,把自己收拾得好看一些,不只是让别人舒服,自己也会更自信。

(2)肢体语言。常用的肢体语言有很多,但是请记住"人生三宝":点头、微笑、赞美。想时时刻刻做到以上三点,那就需要极高的内在修养和职场驾驭能力。因为你总会遇到尴尬的局面、复杂的问题和让人不愉快的同事,而"人生三宝",会让你化解尴尬、拉近关系、凝聚人心。

(3)向权威学习。如果真的想深入学习职场礼仪,建议学习金正昆老师的课程或者书籍。他是这方面的权威专家。

成长第九十七问：社会上对人才的标准是什么？

咱们主要讨论私企的人才标准，公司招聘人最看重的就是两点：品行端正 + 赚钱能力。

（1）品行端正意味着我们是个安全的人，赚钱能力说明我们是个能创造价值的人。品行端正是做人的底线，我们有多好，老板需要时间去了解，但品行端正可以说明我们不会坏到哪里去。

（2）对于赚钱能力，我们最好能直接用案例和数据证明自己这方面的能力。比如自己大学期间独立承担一个项目，操盘多少资金，最后赢利多少。如果我们能举出这样的例子，面试就变得非常简单了，老板一旦相信我们有帮公司赚钱的能力，然后再问一些能证明我们品质没问题的问题，面试就基本 OK 了。

但如果我们不能用事实证明自己拥有为公司赚钱的能力，那老板就会通过其他间接途径来确定。问一些大家最常见的问题，比如我们大学期间的学习成绩、学历证书、实习经历、工作经验等等，通过了解这些信息，间接了解我们到底值不值得去下功夫培养，说直白点，就是经过培养，多长时间后，我们拥有给公司赚钱的能力。

在一家公司里，一个人的赚钱能力就是一个人综合能力在数据上的体现，这里面包括我们解决问题的能力、抗压能力、专业技术能力、演讲口才、组织管理、营销技术、文案能力等等。毕业后，我们大多数人会去私企上班，而我们去上班每个月都希望准时领到薪水，也就是钱，那么，我们也必须具备给企业赚钱的能力。

成长第九十八问：如何根据自己的专业，从大一开始就做好大学四年规划？

不管自己大四毕业后是进入社会工作还是继续考研深造，根据自己的专业做好四年大学规划的主题思想就是：基础规划+发展规划。

基础规划就是选定一个职业，然后进行四年的准备。举例来说：如果你学的是化工专业，那么这个专业对应的职业方向就是中学老师、化工工程师、新能源技术研发人员、环境保护专家等。这个时候如果你选择毕业后去中学当老师，那就要详细了解做中学老师需要哪些学历证书、知识储备等等。了解清楚后，自己大学四年的基础规划就清晰了，接下来再根据这个基础规划做目标规划就行了。请注意：这个基础规划与喜欢、爱好不沾边，目的只有一个，即解决自己在社会上的生存问题。任何一个专业都对应很多职业，当选定将来的职业方向后，大学四年就可以进行有目的的学习和考证了。毕业后如果直接工作，这个职业会解决自己在社会上的生存问题，符合先解决生存再谋取发展的职业规划思路。如果考研深造，那自己心里也会更加从容淡定，毕竟自己有了立足社会的资本。

发展规划就是在基础规划的基础上进行拔高学习和训练。发展规划的内容就三句话——学什么：养成受益一生的好习惯，培养自己强大的核心品质和核心能力，完善自己的知识框架；怎么学：做正确且有挑战的事情，比如早起锻炼、去图书馆读书写笔记等等；向谁学：永远向结果比自己好的人学习。

▶ 成长第九十九问：马上毕业了，选择一家什么样的企业是最正确的？

从大一开始，做的一切都是为了开启我们的人生事业；毕业了，更是为我们的人生事业而努力。选择的企业，能具备以下两条就是优秀，能具备三条就是"最正确"的选择了：

（1）梦想。此生为一件大事而来，得找到属于自己的这一件事，自己一辈子要做的一件事，这个就是立志，也是自己的梦想，找到它，就找到了工作的方向和范围。这件事也是自己所热爱的事情，并且能够在此过程中为家族、为社会、为国家，奉献自己的价值。

（2）终身成长。对于选择的企业一定是终身成长的，没有天花板的。这个要看企业老板的格局和梦想,他要做一件什么事?为社会、国家,还是为自己?老板的格局就是企业的未来。再一个要看企业文化、价值观,是否符合你的心理,如果符合,那就没问题了。

(3)财富。这个企业要能够解决你的物质需求,至少满足这四点:①不为生活担忧,能够解决生存问题,能够活得有尊严;②能够赡养父母,给父母一个幸福的晚年;③能够给另一半一个幸福美好的家庭;④能够给孩子一个良好的教育、美好的未来。

▶ 成长第一百问:企业招聘看重的是能力还是文凭?

不管是对企业还是个人,时间都是最宝贵的。招聘也是如此。企业招聘人才的时候,喜欢在招聘条件里加上学历这个条件,目的就是节约招聘的成本,能在花费代价最小的情况下招到自己需要的人。因为拥有高学历或者拥有名校学历的人,是国家通过庞大的教育体系尽量公平地选拔出来的,在这个群体里招聘会大大降低招聘成本。比如,时间会缩短很多。企业没有否定农民兄弟,他们中间也有人才,只是相对来说概率较低。作为企业,如果不依托国家学历等级来招聘,而是在茫茫人海里选拔,招聘成本将会非常高。

各位朋友,如果你是老板,你也不会去茫茫人海中选人的,因为只要公司成立,每天的运营成本都在产生,无时无刻不在花钱。市场竞争如此激烈,每一分钱都要花在刀刃上,怎么可能在招聘上花费钱,甚至很多公司都懒得去名校招聘,因为就算是名校,招聘过来的人还要培养,这都是成本。很多公司连这个成本都不愿意承担,直接找猎头公司挖人,挖过来的人就能马上产生价值。相反,如果你确实是个人才,具备很强大的赚钱能力,哪个老板不喜欢呢?所以,学历是门槛,是敲门砖,真正能在企业走得长远,还得有能力。有人会不依不饶地问:如果非要在学历和能力中间选一个呢?就当前的社会状况,大多数人是要去私营企业工作的,所以我给出的建议是能力。能力是立身之本,学历是锦上添花,当然,前提你得是那块"锦"。

结尾篇

　　一百个问题，一百个答案，历经一百天，分享内容涉及成长、立志、榜样、恋爱、读书等一系列问题。在此期间也收到了很多大学生朋友的私信，很开心能帮助大家解决问题，带领大家一起成长。最后呢，再给大家讲一个故事。在一个山村，有一个非常聪明的小孩，他特别喜欢掏鸟蛋，有一次他在掏鸟蛋的过程中抓住了两只小鸟。他就一手一只拿着，找到了当地最有智慧的老人，并问他："老头子，你告诉我，这两只小鸟是活的还是死的？"老人微微一笑，告诉他："如果我说是活的，你一用力它们就死了；如果我说是死的，你手一伸开，它们就飞走了。其实答案不在于我说什么，而在于你怎么做，因为它们的命运掌握在你的手里。"

　　所以对于我们大家也一样，大学到底怎么过，就像故事中一样，不在于我讲了什么，而在于大家如何去做。大家听了多少不重要，听懂了多少也不重要，如何结合自己去做才重要。